Prémonitions

Du même auteur
aux Éditions J'ai lu

Pour l'amour d'un mercenaire, *J'ai lu* 5698
La belle et le cow-boy, *J'ai lu* 6446
Dans les bras du shérif, *J'ai lu* 6536

Jill Gregory

Prémonitions

Traduit de l'américain
par Julie Guinard

J'AI LU

Titre original :

THUNDER CREEK
A Dell Book, published by Bantam Dell,
a division of Random House, Inc., New York

À ma famille,
avec tout mon amour

Prologue

Elle gisait, froide et inerte, dans la tombe creusée par son assassin, un trou profond dissimulé dans un terrain en friche. Nul ne l'avait jamais trouvée. Nul ne l'avait jamais regrettée. Nul ne l'avait jamais pleurée. À une exception près.

Pluie, neige et tempêtes avaient battu le lieu où elle s'était décomposée ; des années s'étaient écoulées. Les noirs secrets qu'elle avait emportés s'étaient infiltrés depuis longtemps dans la terre, avec son sang.

Mais les secrets n'étaient pas morts. Ils attendaient, tels des vers qui rampaient vers la surface. Bientôt, ils seraient divulgués.

Trois hommes l'avaient bien connue. L'un d'eux l'avait tuée. Un autre avait pleuré sa perte. Lui aussi était mort, à présent.

Les jours d'automne, le vent semblait porter sa voix. Un murmure qui couvrait le gargouillis du ruisseau, le bruissement des feuilles roussies et chuchotait un mot, toujours le même.

Meurtre…

1

Il pleuvait le jour où Katy Templeton avait quitté le ranch familial de Thunder Creek, dans le Wyoming, pour démarrer une existence nouvelle loin de tous ses souvenirs d'enfance, et il pleuvait le jour où elle y retourna. C'était une pluie battante, qui se déversait en rideaux violents, inondait les imposantes montagnes Laramie, détrempait les champs et la magnifique campagne couverte de pâturin où Katy avait vécu jusqu'à ses dix-huit ans.

Les quatorze premières années avaient été heureuses, insouciantes et joyeuses, mais les quatre dernières avaient été un enfer. La jeune fille qui était partie, bouleversée et meurtrie, avait fui le chagrin et la solitude, en se promettant de ne jamais plus regarder en arrière. Mais la femme qui revenait maintenant était déterminée à retrouver une chose qu'elle avait perdue, même si elle ne savait pas au juste de quoi il s'agissait… Pourtant, lorsque sa mère lui avait téléphoné à New York, le dimanche matin, pour lui dire que le restaurant *Chez Bessie* était fermé, que sa grand-mère avait une pneumonie et que son père ne demandait qu'à annuler le voyage à Paris organisé depuis des mois (leurs premières vacances en quatorze ans), Katy avait trouvé tout naturel de rentrer à la maison.

À la maison. Cela signifiait-il encore quelque chose ? se demanda-t-elle avec ironie, en faisant rouler son sac de voyage dans l'aéroport du comté de Natrona, à Casper. Ces dernières années, elle avait vécu dans trop de lieux différents, auxquels elle n'appartenait pas vraiment. Et elle n'était pas certaine non plus d'avoir encore sa place ici, mais on avait besoin d'elle, au moins pendant quelque temps. Alors, elle était venue.

Mais dès l'instant où elle vit son père qui avançait vers elle, son visage grave plus gris, plus sévère et encore plus abattu qu'à l'ordinaire, une boule se forma dans son ventre, et elle se demanda si elle avait bien fait de revenir, finalement. Son père n'était plus le même depuis l'accident, depuis la mort de Matt. Elle non plus, d'ailleurs. Tout avait changé, même Thunder Creek. C'était pour cela qu'elle en était partie.

« Mais Gram a besoin de toi, et maman aussi », se raisonna-t-elle. Et d'une certaine façon, son père aussi. Il emmènerait sa mère à Paris, même si elles devaient toutes les deux l'y contraindre par la force. Tandis qu'elle regardait son père s'approcher d'elle, l'image de sa mère, petite, blonde et ronde, traînant dans Paris un Big John Templeton récalcitrant la fit sourire.

Elle lâcha son sac et se jeta dans les bras de son père.

— Bonjour, papa. Ce n'était pas la peine de te déranger. Je t'avais dit que je pouvais louer une voiture.

— Je peux tout de même bien venir te chercher, pour une fois que tu nous rends visite, grogna-t-il.

Leur étreinte fut brève – Big John avait toujours été avare de témoignages d'affection. Ses yeux gris, de la couleur de la pluie, se plissèrent sous son chapeau tandis qu'il détaillait sa fille, son pull turquoise, sa jupe noire chic et la délicate goutte en diamant qui brillait à sa gorge. On eût dit qu'il se demandait d'où venait cette créature aussi citadine.

— Tu es drôlement sophistiquée, remarqua-t-il.

— J'ai sauté directement dans l'avion en sortant du bureau.

— Quand repars-tu ?

— Quand le moment sera venu.

Elle avait répondu d'un ton égal, puis adouci ses mots par le sourire qui avait séduit banquiers et directeurs généraux dans une demi-douzaine d'États du pays et quelques capitales européennes. Big John faillit le lui rendre, mais il parvint à s'en empêcher. Avec un nouveau grognement, il prit la poignée de son sac à roulettes dans sa main calleuse.

— Allons-y, ta maman a hâte de te voir. Mais si tu crois que ta présence va me faire changer d'avis au sujet de ce satané voyage à Paris, laisse-moi te dire que tu peux tout de suite remonter dans l'avion.

« C'est ce qu'on verra », songea Katy. Mais elle le suivit sans broncher. Ce n'était pas le moment de discuter. Elle avait hérité de son père sa volonté de fer et se sentait parfaitement de taille à lui tenir tête, mais elle avait aussi appris à choisir ses combats et à les livrer en temps voulu.

Pour l'instant, elle allait s'efforcer de s'adapter au brusque changement d'environnement. Le contraste était brutal entre son bureau new-yorkais, qui donnait sur un océan de gratte-ciel étincelants, et cet horizon grandiose de prairies, collines et montagnes ; entre les rues encombrées de New York et ces espaces si vastes et si éblouissants qu'ils vous étreignaient le cœur. Il lui fallait aussi se réaccoutumer à la compagnie de l'homme sombre et buriné qui se dirigeait vers le pick-up avec cette concentration farouche qu'il mettait dans toute chose – qu'il s'agisse d'acheter un cheval dans une vente aux enchères ou de négocier les frais de transport de son bétail ou de son pétrole.

Big John Templeton était un propriétaire de ranch prospère, un homme d'affaires accompli et l'ami de presque tout le monde à Thunder Creek, sauf des quelques imbéciles auxquels il n'aurait adressé la parole pour rien au monde. Mais dans son rôle de mari, songea Katy en coulant un regard en coin vers le visage fermé de son père, il avait besoin d'un bon coup de pied aux fesses, et elle allait se charger de le lui administrer.

Ce n'était qu'une des raisons pour lesquelles elle était venue. L'autre était Gram et le restaurant.

— Comment va Gram ? demanda-t-elle.

Il continuait à pleuvoir à verse, mais Big John Templeton n'aurait jamais eu l'idée d'utiliser un parapluie. Il était coiffé de son sempiternel chapeau, un grand Stetson gris orné d'un bandeau noir, et la pluie dégoulinait en rivières du large rebord.

— Les antibiotiques ont fait effet ?

— Oui. Mais elle est encore trop faible pour quitter son lit.

Katy sortit son parapluie pliant de son sac fourre-tout et l'ouvrit en tressaillant à l'idée que sa grand-mère robuste, qui sentait toujours la tarte au cassis et qui déambulait à travers le restaurant plus vite que n'importe quelle serveuse de quarante ans sa cadette, était allongée dans un lit avec des difficultés respiratoires et pulmonaires.

— Elle va s'en sortir, hein ?

En ouvrant la portière, elle surprit l'expression durcie de son père.

— Difficile à dire. Elle n'est plus toute jeune.

— Mais elle n'a que soixante-quinze ans, papa. Ce n'est pas vieux.

La consternation et l'appréhension avaient fait trembler sa voix, mais elle s'appliqua aussitôt à regagner le sang-froid et le détachement qu'elle avait acquis au cours des dix dernières années, la maîtrise de soi qu'attendait Seth Warfield de sa femme, son associée en affaires et sa compagne de chambre.

— Son cœur n'est plus aussi vaillant qu'autrefois. Prépare-toi à la trouver changée. Tu ne l'as pas vue depuis longtemps.

Alors qu'il démarrait, Katy réalisa avec un petit choc qu'il avait raison. Cela faisait au moins deux ans qu'elle n'était pas venue rendre visite à sa famille, sinon trois.

Elle était partie à l'université avec l'intention de ne plus jamais revenir à Thunder Creek. Plus pour y vivre, du moins. Et elle s'y était tenue : hormis quelques séjours pour Noël, Thanksgiving ou l'anniversaire de sa mère, elle n'avait pas remis les pieds au ranch Triple T. Ses contacts avec ses parents et sa grand-mère se résumaient au téléphone, et ces derniers temps aux e-mails. Elle était devenue une étrangère dans la ville où trônait le restaurant *Chez Bessie*, dans une rue mouchetée de soleil, près de Krane's Drugstore et de l'agence immobilière Turnow & Barnes.

Revenir était trop douloureux. La maison de ses parents et sa ville natale étaient chargées de souvenirs. Des souvenirs de Matt. Et pendant très longtemps, la douleur de l'avoir perdu avait été pareille à un coup de fouet sur le dos d'un cheval. Elle lui donnait envie de galoper, galoper, sans jamais se retourner.

La douleur s'était transformée en un chagrin profond et persistant, caché dans son cœur, mais qui ne la faisait plus fuir en avant. À présent, c'était une autre mort qui la rongeait, différente de l'accident qui avait coûté la vie à son frère, et pourtant familière dans son horreur, cette souffrance mordante, palpitante, destructrice, qui voilait le monde d'un gris marbré et écœurant.

Cette mort, son divorce et l'effondrement de ce qui avait jadis paru être un mariage parfait l'avaient poussée à revenir à la maison, là où on avait besoin d'elle et, curieusement, là où elle avait besoin d'être. Pour l'instant, du moins.

Ils mirent près de deux heures pour regagner le ranch, deux heures pour parcourir les routes ruisselantes de pluie qui serpentaient à travers les collines, les vallons et les vertes prairies. Quand ils arrivèrent en vue de la maison de deux étages qu'avait construite le père de Big John et qu'ils aperçurent les granges, les écuries, les corrals, les enclos et les nombreuses autres dépendances disséminées dans la vallée, au pied des montagnes Laramie, Katy était épuisée.

Elle était arrivée au bureau à 7 h 30 ce matin-là pour tâcher de terminer le plus de projets possible avant de partir en congé, et après la course en taxi précipitée vers l'aéroport, son vol pour Salt Lake City où elle avait transité avant de reprendre un avion pour Casper, puis le long trajet quasi silencieux au côté de Big John dans la campagne battue par la pluie, elle se sentait vidée, sans force. La nuit tombait, mais alors qu'ils se garaient dans la large allée circulaire devant la maison, il se passa quelque chose.

À l'instant précis où Mojo accourait en bondissant et en jappant frénétiquement, aussitôt suivi de sa mère, un torchon jeté sur l'épaule, la pluie cessa, et un rayon de soleil traversa le ciel ardoise. L'espace d'un moment, son éclat argenté illumina la vieille maison et les pins touffus, un peu plus loin. Il éclaira aussi le visage rayonnant de sa mère, et Katy sentit quelque chose glisser de ses épaules, un fardeau sombre, pesant, ancien.

Elle ouvrit la portière et courut vers sa mère.

— Maman ! cria-t-elle en grimpant les marches de la terrasse.

Elle se jeta au cou de sa mère, qui poussa un éclat de rire joyeux et la serra contre elle. Elle sentait bon le pain au levain et le maïs.

— Je suis tellement heureuse de te revoir.

C'était vrai. Elle n'avait pas revu sa mère, ni aucun autre membre de sa famille, depuis qu'elle avait perdu le bébé, depuis son divorce. Un irrésistible flot d'émotions la traversa, des émotions qu'elle s'était efforcée d'étouffer, et elle dut fournir un énorme effort pour ne pas fondre en larmes. Quel bonheur, quel grand bonheur d'être à la maison !

— Les steaks sont presque prêts, déclara sa mère. Si tu veux te changer avant le dîner, c'est le moment. J'ai préparé des épis de maïs bouillis et du beurre doux comme tu l'aimes pour les petits pains.

Puis elle ajouta tout contre l'oreille de sa fille, dans un murmure que seule Katy entendit :

— Je suis si contente que tu sois revenue, Katy.

Il se remit à pleuvoir, et elles rentrèrent à l'intérieur, laissant dehors la nuit froide et humide. Toujours assis dans le pick-up, la gorge nouée, Big John Templeton regarda les deux femmes – l'une grande, mince et élancée, une beauté sophistiquée aux cheveux de la couleur du miel de sapin sauvage ; l'autre, petite et aux rondeurs agréables, vêtue d'un jean, d'une chemise à carreaux et de tennis – disparaître dans la chaleur accueillante de la maison où ils avaient jadis vécu heureux tous les quatre.

Il tapota la tête noire et luisante de Mojo, puis sortit le sac de voyage de Katy sous la pluie qui redoublait, tandis que la nuit commençait à descendre sur les montagnes.

— Gram ?

Katy franchit le seuil de la pièce faiblement éclairée qui avait autrefois servi de chambre d'amis et dans laquelle sa grand-mère s'était installée plusieurs années auparavant.

La première chose qui la frappa fut que Bessie avait maigri. Énormément. Noyée sous un drap blanc amidonné et un couvre-lit en coton bleu ciel, sa grand-mère semblait aussi pâle et fragile qu'un ruban de dentelle ancien. Les longs cheveux gris qui encadraient son visage à la mâchoire carrée étaient ternes, et sa peau habituellement colorée avait pris un teint terreux qui serra aussitôt le cœur de Katy.

— En... entre, ma fille, n'aie donc pas si peur.

La voix de sa grand-mère, habituellement dynamique et sonore, était sourde et râpeuse. Chaque mot semblait lui coûter.

— Je... n'ai jamais mordu personne, je ne vais pas... commencer maintenant.

Elle fut prise d'une violente quinte de toux qui secoua son corps tout entier. Katy respira un grand coup et s'avança vivement jusqu'au lit.

— Allons donc, Gram, même si tu mordais, tu sais bien que tu ne me ferais pas peur, se força-t-elle à dire avec un large sourire.

Elle prit la main que le soleil avait marquée de taches de rousseur, la main qui lui avait appris à monter des blancs en neige et à ajouter la quantité exacte de poivre et d'ail à un rôti de trois kilos. Elle tint cette main tandis que Gram toussait et gémissait en essayant de reprendre son souffle, puis, lorsque la quinte se calma, la vieille femme, qui avait les yeux gris et perçants de Big John, tourna faiblement la tête pour regarder sa petite-fille.

— Je n'ai jamais pu te faire peur, hein, ma Katy, marmonna-t-elle.

— Maman m'a dit que tu n'avais presque rien mangé ce soir. Tu ne voudrais pas un petit morceau de gâteau à la crème et à la banane ?

— Tout ce que je veux, c'est me redresser pour bien te regarder. Aide-moi, s'il te plaît. Cette maudite pneumonie m'a rendue aussi faible qu'un chaton.

Katy remonta les oreillers dans le dos de sa grand-mère et la souleva par les épaules pour qu'elle puisse s'y appuyer.

— Arrête... de faire cette tête inquiète. Je vais me rétablir. Il faut juste me laisser un peu de temps. Tu n'avais pas besoin de venir jusqu'ici. Je suis sûre que tu as mieux à faire que tenir compagnie à une vieille dame malade comme moi.

— Eh bien, tu vois, Mel Gibson était pris, ce soir, alors je me suis dit : « Si j'allais au ranch embêter un peu Gram ? »

Katy sourit et s'assit au bord du lit, heureuse du petit rire qu'avaient suscité ses paroles.

— Ici, tout se déglingue, sans moi, alors j'ai décidé de venir veiller un peu sur vous tous, ajouta-t-elle d'un ton léger.

— Hum... Et toi, qui veille sur toi ? Tu es maigre comme un lacet de chaussure.

— Je vais bien, Gram.

— Il y a quelque chose dans tes yeux. Tu n'es pas heureuse, ma Katykins, pas de sornettes avec moi.

— Je vais bien, je t'assure. Rien n'arrête une Templeton, tu es bien placée pour le savoir.

— Hum.

Gram se détourna légèrement et tendit une main tremblante vers le verre d'eau placé sur sa table de nuit. Katy le lui donna et attendit sans rien dire tandis que sa grand-mère buvait à la longue paille blanche, le verre frémissant entre ses doigts noueux. Elle rendit le verre à Katy, s'humecta les lèvres et examina le visage de la jeune femme qui reposait le verre sur la table.

— C'est ton ex-mari, c'est cela ? Il a fallu qu'il se fasse la belle avec une autre, hein ?

L'indignation faisait frémir sa voix. Une nouvelle quinte de toux la saisit, et elle mit un moment avant de reprendre la parole.

— Et juste après ta fausse couche, en plus.

— Gram...

— Un beau salopard, celui-là. Pas la peine de te lamenter à cause de lui, il n'en vaut pas la peine. Et il ne te méritait certainement pas.

— Je ne me lamente pas à cause de Seth, Gram.

Katy déglutit. C'était vrai… en partie. Quoi qu'il arrive, elle ne voudrait jamais que Seth revienne dans sa vie, pas après ce qu'il avait fait, après tout ce qui s'était passé, mais… mais la douleur restait présente. Cinglante.

— Le divorce a été plus compliqué que je ne l'aurais cru, il a fallu partager l'entreprise et tout ça, mais…

— Et sa petite bimbo, elle lui a passé la bague au doigt ?

— Sa bimbo, Gram ? Comme tu es branchée ! s'exclama Katy en riant.

Mais son rire était forcé. Et Gram s'en rendait compte. Malgré la pneumonie, malgré sa faiblesse, ses yeux restaient vifs, clairvoyants, songea Katy, tandis que sa grand-mère semblait scruter son visage, et peut-être même son cœur, aux rayons X.

— Ta mère m'a dit qu'elle était enceinte, par-dessus le marché.

— Maman parle trop.

Il lui fallut faire un énorme effort pour réussir à garder un ton léger et une expression détendue. Penser au bébé qu'elle avait perdu, à la liaison de Seth et à leur divorce lui brûlait les entrailles. Mais la souffrance la plus vive restait la perte du bébé. C'était le pire supplice qu'elle eût jamais connu, excepté la disparition de Matt. Katy savait qu'elle ne se remettrait jamais de la perte de cette vie minuscule qui avait grandi dans son ventre. Il y aurait toujours un vide en elle, au plus profond de son âme, un vide qui ne serait jamais comblé. Son divorce, elle l'avait digéré, mais la perte du bébé… La douleur continuait à la lacérer comme un éclat de verre, et il en serait ainsi jusqu'à la fin de ses jours.

— Écoute, Gram, ne gaspille pas tes forces à te faire du souci pour moi, dit-elle d'une voix qui ne tremblait presque pas. Je suis venue ici parce que moi, je me fais du souci pour toi.

Bessie Templeton contempla sa petite-fille. Katy s'était changée, elle avait enfilé un pull ample en coton blanc, un jean et des bottes, mais elle restait encore loin de la petite fille à la queue-de-cheval et aux genoux couronnés qui venait servir et faire la vaisselle au restaurant *Chez Bessie* dès qu'elle en avait l'occasion. Katy était devenue une vraie beauté, songea Bessie, le cœur rempli de fierté et d'un amour débordant. Elle était aussi très brillante, mais, heureusement, cela ne lui était pas monté à la tête – contrairement à la petite Winters, qui était partie étudier à Columbia et n'était revenue qu'une fois, à Noël, avec Dieu sait quel diplôme d'histoire médiévale, et qui s'était mise à prendre tout le monde de haut à Thunder Creek. Non, Katy était une fille bien. Et elle méritait mieux que ce que lui avait apporté son égoïste mari.

Ce que voyait Bessie dans les magnifiques yeux gris-bleu de sa petite-fille la tracassait. Il y avait là un voile sombre de tristesse – de la méfiance, aussi, comme pouvait en éprouver une pouliche trop fougueuse dressée au fouet. Mais avec le temps, se dit Bessie avec espoir, sa joie de vivre renaîtrait.

Sa fausse couche et la trahison de son mari l'avaient profondément ébranlée, mais elle gardait la tête haute et le dos droit. Elle était trop forte pour rester longtemps abattue, conclut Bessie, et un lent sourire se dessina sur ses lèvres.

— Se faire du souci, c'est une perte de temps. Soit je me remettrai de cette maudite pneumonie, soit non.

Alors que Katy commençait à protester, le visage marqué par l'inquiétude, Bessie poursuivit avec autorité :

— C'est pour ta mère que tu devrais te faire du mouron. Ton père veut annuler leur voyage en France. Il prétend que c'est à cause de moi. Tu parles !

— Tu as raison. C'est juste un prétexte. Mais maintenant, je suis là pour m'occuper de toi. Et du ranch.

— Exactement. John a beau être mon fils, c'est un imbécile. Pour lui, rien n'existe en dehors du ranch. Mais ta pauvre mère rêve de ce voyage depuis une éternité. Alors ? Vas-tu le laisser imposer sa loi ?

— À ton avis ?

Les yeux gris-bleu, calmes et intenses, de Katy soutinrent le regard perçant et scrutateur de sa grand-mère.

— À mon avis, c'est une bonne chose que tu sois revenue.

Gram s'affaissa de nouveau contre ses oreillers.

— Je crois que je vais dormir un peu, à présent.

— Excellente idée. Pardonne-moi si je t'ai fatiguée.

Sa mère lui avait recommandé de ne pas rester trop longtemps auprès de sa grand-mère. Katy dévisagea un instant la vieille femme avec anxiété, craignant de voir ses traits encore plus tirés que quand elle était arrivée. Puis elle se détourna. Au moment où ses doigts se refermaient autour de la poignée de la porte, la voix de sa grand-mère lui parvint.

— Tu es au courant, pour le restaurant ?

Katy se retourna et répondit :

— J'ai appris qu'il était fermé.

— Je crois que ça va être définitif.

Bessie parlait d'un ton détaché, mais Katy perçut un léger frémissement dans sa voix.

— Je l'ai ouvert il y a plus de quarante ans, à la mort de ton grand-père, et maintenant... c'est la fin.

— Ça m'étonnerait fort, Gram.

Bessie cligna des yeux.

— Il n'y a personne pour le tenir, Katykins. Cette Daffodil Moline qui travaille avec moi n'est même pas fichue de porter un plateau sans le renverser, elle ne saurait jamais...

— Moi, si.

Katy eut un grand sourire.

— C'est l'une des raisons de mon retour. Je veux rouvrir *Chez Bessie*. Faire tourner la boutique jusqu'à ce que tu aies recouvré suffisamment de forces pour reprendre les rênes. Si tu le souhaites, bien sûr.

Après un silence stupéfait, Gram objecta :

— Mais... tu as un métier. À New York. Ton restaurant... toute une chaîne...

— *Chez Bessie* passe en premier. Cela passera toujours en premier, dit Katy doucement.

Elle ressentit un élan étrange et poignant en voyant l'espoir, l'émerveillement et, enfin, une petite parcelle de joie sur le visage de sa grand-mère. Quoi que pût représenter le restaurant pour Katy, il signifiait dix fois plus pour Bessie.

— J'ai pris un congé. D'une durée indéterminée. Cela me laissera le temps de réfléchir, de faire le point et de rouvrir *Chez Bessie*. Ne te tracasse pas. Tu retrouveras un restaurant bourdonnant d'activité dès que tu te sentiras prête à y retourner.

— Je... Mon Dieu... Merci, Katy. Je ne sais que dire.

La gorge nouée, elle vit briller des larmes dans les yeux de Gram. Elle revint auprès d'elle et se pencha pour l'embrasser sur le front. La vieille dame lui serra fort la main.

— Dors, maintenant, chuchota Katy. Si papa se rend compte que je te perturbe, je n'arriverai jamais à le faire partir à Paris.

Elle fut récompensée par un petit rire grêle au moment où elle sortait de la chambre.

2

Katy n'entendit aucun bruit de voix en provenance du rez-de-chaussée lorsqu'elle se rendit dans sa chambre. Elle huma avec bonheur les odeurs de cèdre, de citron et de cannelle qui faisaient partie intégrante de ce vieux ranch. Ses bottes résonnaient doucement sur le parquet en bois verni. Son père devait être en train de lire le *Wall Street Journal* dans le salon, un verre de whisky posé sur la table placée à côté de son fauteuil en cuir vert. Sans doute avait-il allumé la télévision et regardait-il d'un œil un jeu ou une série, le volume baissé. Big John aimait accomplir plus d'une chose à la fois. Quant à sa mère, les paperasseries et les travaux domestiques terminés pour la journée, elle faisait des mots croisés dans la cuisine quand Katy était montée voir Gram. Le guide *Paris pour les nuls* était rangé sur l'étagère, à côté des livres de cuisine. Ses pages semblaient usées, les coins étaient racornis, la couverture en papier glacé ternie.

« Si maman a envie d'aller à Paris, elle ira », songea Katy en pinçant les lèvres et en allumant la lumière de sa chambre. Elle referma la porte, ouvrit son sac de voyage et commença à déballer ses affaires.

Outre son ordinateur portable, elle avait emporté quelques vêtements. Une autre partie arriverait par transporteur d'ici quelques jours, mais le plus gros de ce qu'elle possédait était resté dans son appartement de l'Upper East Side. Elle l'avait sous-loué à la nièce de sa secrétaire, qui venait de trouver son premier emploi à New York chez American Express. Mais Katy n'avait pas envie de penser à New York, ni à son appartement, ni à rien qui lui rappelât la Rattlesnake Cafe Company. Elle aurait tout le temps d'y songer le lendemain, lorsque Seth découvrirait qu'elle avait pris la clé des champs.

Pendant toute la durée du vol, elle s'était entraînée à répéter mentalement la formule : « Adresse-toi à mon avocat. » Dès le lendemain, sans aucun doute, elle aurait à l'employer. Mais ce soir, elle désirait savourer son retour au ranch et ne penser à rien d'autre qu'à s'occuper de Gram, envoyer ses parents en vacances et rouvrir *Chez Bessie*.

Elle s'approcha de la fenêtre et contempla la nuit étoilée. Le ciel s'était dégagé. Les Laramie, au loin, formaient une ombre charbonneuse dont les contreforts, qui dominaient les pâturages verdoyants du ranch Triple T, dessinaient des silhouettes fantomatiques dans la nuit. Mais le bruit des insectes et d'animaux invisibles dans les buissons était réel et vivace, ainsi que le vent froid qui balayait les corrals et faisait bouffer les rideaux en dentelle blanche.

Elle songea à toutes les nuits où elle s'était faufilée par cette fenêtre, s'était accrochée aux branches du saule et s'était laissée glisser à terre pour partir en expédition avec ses meilleurs amis, Margie Birch et Smoke McIntyre. Parfois, ils allaient en vélo jusqu'à Eagle Point ; parfois encore, ils marchaient jusqu'à la rivière et montaient une tente en s'imaginant qu'ils faisaient partie d'un groupe chargé de surprendre les braconniers ou les voleurs de bétail qui pillaient parfois les ranchs de Thunder Creek et des environs. Mais le plus souvent, ils essayaient de suivre Matt et son meilleur copain, Jackson Brent, dans leurs aventures nettement plus audacieuses.

Intrépides et imaginatifs, Matt et Jackson avaient quatre ans de plus qu'eux. Ils rejoignaient d'autres garçons pour des parties de poker dans le cimetière, fumaient des cigarettes, allaient prendre des bains de minuit dans la rivière. Une fois, ils avaient « emprunté » des motos à deux Hell's Angels de passage en ville, qui avaient garé leurs Harley dans le parking du *Tumbleweed Bar & Grill*, et ils avaient passé plusieurs heures trépidantes à faire la course sur le chemin de terre qui menait à la vieille maison délabrée du père de Jackson.

Après cet épisode, le shérif Harvey était venu voir Big John Templeton. À la suite de cette visite, Matt avait été privé de sortie pendant cinq jours. Il avait même raté les essais de football organisés pour repérer les bons éléments parmi les élèves de première du lycée de Thunder Creek. C'était le printemps de ses seize ans, et il était déjà plus grand et plus large d'épaules que la plupart des garçons de son âge – à l'exception de Jackson. Il rêvait d'intégrer l'équipe du lycée depuis longtemps, et voilà qu'on lui interdisait de se présenter aux essais. Naturellement, il avait discuté, protesté et supplié son père de ne faire commencer la punition qu'après la journée d'essais. Mais Big John était resté intraitable, et Dorsey, inflexible elle aussi dans ses principes d'éducation, avait soutenu son mari.

Mais Matt Templeton, le beau Matt, écolier brillant, populaire et doté d'un véritable don pour le dessin, avait décidément tout pour lui : l'entraîneur de l'équipe avait entendu parler de ses talents de sportif, et il lui avait permis de passer les essais après les autres. La suite, tout le monde la connaissait. Matt et Jackson (qui, lui, n'avait jamais été puni pour l'incident des motos et avait pu effectuer les essais le jour prévu) étaient entrés dans l'équipe, et à eux deux, jusqu'à la fin de leurs études secondaires, ils avaient fait la loi sur les terrains de football… et presque partout ailleurs.

Les yeux plongés dans le paysage nocturne, Katy pouvait presque revoir Matt et son meilleur ami courir vers le vieux pick-up de Jackson, comme ils l'avaient fait si souvent. Ils étaient toujours pressés, soit d'aller manger des hamburgers et des milk-shakes au restaurant avant que Gram ne ferme pour la nuit, soit de retrouver Allison Pritchard, la petite amie de Matt, et la fille qui à ce moment-là avait les faveurs de Jackson, soit d'aller repeindre des maisons, des granges ou des palissades, histoire de gagner de l'argent de poche pour l'université.

Leur petite affaire de peinture les avait beaucoup occupés, durant l'automne de leur dernière année de lycée. À ce souvenir, Katy se mit à serrer entre ses doigts les rideaux délicats. Si seulement ils avaient lavé des voitures au lieu de grimper sur des échelles ! songea-t-elle avec une bouffée de douleur. Ou enfoncé des piquets pour dresser des clôtures. Ou travaillé à la station-service de Slade. Et si seulement Jackson Brent n'avait pas demandé à Matt de le remplacer pour repeindre la grange des Jenssen, ce dernier soir, simplement parce qu'il voulait emmener Holly Sue Granger au drive-in. Si seulement Matt était resté à la maison, n'était jamais tombé de cette échelle...

Une vague de tristesse la submergea. Matt continuait à lui manquer. Tous ceux qui l'avaient connu devaient encore le regretter, mais pas comme sa famille. Pas aussi profondément. Il n'y avait jamais eu personne comme lui. Personne d'aussi intelligent, d'aussi drôle, d'aussi facile à vivre, d'aussi talentueux. Et personne n'avait jamais eu autant de projets pour le ranch Triple T, pour l'avenir...

— Je peux entrer, ma chérie ?

La voix de sa mère de l'autre côté de la porte arracha Katy à ses fantômes. Elle s'écarta de la fenêtre et traversa vivement la chambre.

— Bien sûr. Tu as fini tes mots croisés ?

— J'ai tout trouvé ! annonça fièrement sa mère. Savais-tu que la pièce musicale la plus couramment utilisée pour la fin d'un concerto s'appelle un rondo ?

— Euh... je n'en aurais pas mis ma main à couper.

— Tu ignorais que ta vieille mère était si futée, n'est-ce pas ?

— Je sais très bien que tu es futée, maman. Tu t'occupes de la gestion administrative du ranch depuis que vous êtes mariés, papa et toi, et tu ne t'es jamais trompée.

— À vrai dire, il y a eu un problème, une fois, mais c'était une erreur de la banque.

Dorsey Templeton promena rapidement son regard dans la chambre. Elle était restée exactement telle que le jour où Katy était partie à l'université. Les Templeton n'étaient pas de grands adeptes du changement. Mais aujourd'hui, les étagères couvertes de peluches et de trophées de concours hippiques, le poster de Tom Cruise dans *Top Gun*, de même que le couvre-lit jaune décoloré et les coussins aux couleurs du lycée de Thunder Creek, détonnaient avec l'élégante jeune femme qui était copropriétaire d'une des chaînes de restaurants les plus prospères du pays. Une jeune femme qui avait été citée dans *Newsweek* comme l'une des vingt-cinq femmes d'affaires de l'année.

— Il faudrait vraiment qu'on refasse cette chambre, remarqua-t-elle, surtout si tu as l'intention de rester quelque temps. J'aurais dû y penser plus tôt. Si tu veux, je peux aller à Laramie la semaine prochaine et...

— La semaine prochaine ? Maman, je te rappelle que tu seras à Paris, la semaine prochaine.

Sa mère secoua la tête.

— Ton père a décidé que nous ne partirions pas, et il n'en démordra pas. Tu sais bien qu'il n'aime pas quitter le ranch. Il craint toujours que quelque chose de terrible ne survienne en son absence...

— À cause de Matt, soupira Katy. Mais Matt serait tombé de cette échelle même si vous n'aviez pas été à Butte à ce concours hippique. Et papa le sait très bien.

— Je n'en suis pas si sûre, soupira Dorsey. À moins qu'il ne soit simplement superstitieux. Avec les années, il s'est mis dans la tête que s'il s'en va, un désastre va s'abattre sur la maison ou sur quelqu'un qu'il aime. La maladie de Bessie lui apparaît comme un avertissement : « Ne pars pas à Paris. » En plus, avec les problèmes de Cleo, il doit se dire que s'il part…

— Oh, non, qu'a donc Cleo ?

Sa mère se laissa tomber sur le lit.

— Elle est pleine, mais il y a des complications. Un jour où nous la ramenions du pré, la remorque s'est retournée. Cleo a souffert de blessures multiples. C'est en voie de cicatrisation, mais il y a toujours un danger de décollement du placenta. D'autant qu'elle a déjà fait deux fausses couches.

— Je m'en souviens, oui.

Katy s'assit à son tour sur le petit lit étroit. Cleo était son cheval préféré, une magnifique jument alezane avec quatre pattes blanches et un caractère exceptionnellement doux. Elle l'avait pratiquement élevée depuis sa naissance jusqu'à l'âge de deux ans.

— Pauvre Cleo, murmura-t-elle. Quand doit-elle mettre bas ?

— D'ici trois à cinq semaines. Nous devrions être rentrés de France à temps, à moins que les choses ne se précipitent ou ne tournent mal. Mais naturellement, ton père s'est mis dans le crâne que s'il part, Cleo va perdre son petit, Bessie va rechuter et devra être hospitalisée, les bêtes vont attraper la fièvre aphteuse ou Dieu sait quelle autre calamité…

Elle se tapota le front.

— Tout est là-dedans, mais que veux-tu… Impossible de le raisonner.

— À moi de le convaincre que je veillerai au grain en son absence.

— Tu peux toujours essayer, fit Dorsey, sceptique. Je l'ai déjà menacé de l'envoyer passer la nuit dans le salon pendant un mois si nous ne partions pas. Et sais-tu ce qu'il m'a répondu ?

Katy n'était pas certaine d'avoir envie de le savoir.

— Quoi donc ?

— Il a ri, puis il m'a dit que je serais incapable de passer deux nuits sans lui, que ça ne ferait que me punir, moi, et qu'il ne voulait pas que je souffre comme ça. Quel filou !

Elle éclata de rire, à la fois amusée et attristée.

— Mais le pire, c'est qu'il a raison. Mon Dieu, c'est que je l'aime, cet homme-là, malgré son entêtement et sa mine sinistre ! S'il ne parvient pas à se résoudre à partir, il faudra tirer un trait sur ce voyage. Pour l'instant, du moins. Peut-être pourrons-nous partir plus tard, quand Bessie ira mieux et que Cleo aura mis bas…

Mais Katy vit le regard chargé de nostalgie de sa mère et se jura silencieusement qu'elle ne laisserait pas Big John imposer ses quatre volontés. Il était incontestablement têtu et superstitieux, mais il adorait sa femme, et il était temps qu'il commence à le montrer.

« Enfin, je ne suis pas experte en amour et en mariage », songea Katy avec une pointe d'amertume, tout en sortant de son sac ses tennis et ses sous-vêtements. Elle avait cru que Seth l'aimait. Elle avait cru que leur mariage durerait toute la vie. Quelle naïveté !

Mais elle n'était plus la fille jeune et stupide qui avait épousé Seth. Elle avait vingt-huit ans, et elle ne croyait plus au Père Noël, ni à la petite souris, ni aux fins heureuses des contes de fées, avec un mariage et une ribambelle d'enfants. Pas pour elle, en tout cas. Le jour où elle avait formulé la demande de divorce, elle avait décidé que désormais, elle s'en tiendrait à ce qu'elle connaissait, à ce qu'elle savait faire : tenir un restaurant comme elle l'entendait, cuisiner selon son cœur. Elle éviterait les hommes et tous les ennuis qu'ils causaient, et sa vie resterait simple et monacale.

Comme si elle avait lu dans ses pensées, sa mère demanda avec désinvolture :

— Alors, ton divorce... Ça fait trois mois maintenant que tout est réglé. Comment te sens-tu ?

— Bien, maman, répondit Katy d'un ton léger.

Mais le regard de Dorsey était pénétrant, et elle vit les épaules de Katy se raidir, sa bouche se serrer. Et elle maudit intérieurement Seth Warfield, une fois de plus.

— J'imagine à quel point l'année qui vient de s'écouler a été difficile pour toi. J'aurais tant voulu venir, ma Katy, et être à tes côtés... quand tu as perdu le bébé... et que tu as découvert la liaison de Seth, mais...

Elle secoua la tête avec tristesse.

— Pourquoi as-tu refusé ? Pourquoi as-tu préféré traverser cette épreuve sans notre soutien ?

— J'avais besoin de m'en sortir toute seule, maman, dit doucement Katy. Il y a certaines choses auxquelles on doit faire face soi-même. Et je l'ai fait, ajouta-t-elle en prenant une profonde inspiration. Je vais bien, maintenant.

— Juste un peu esquintée, hein ?

— Oui, un peu.

Devant le visage inquiet de sa mère, Katy sourit.

— Mais pas trop.

— Tu verras, ça va te faire du bien de te retrouver parmi ta famille et tes vieux amis. Margie meurt d'impatience de te voir. Lee et elle ont eu leur petit deuxième il y a quinze jours, tu sais. L'aîné a deux ans, c'est une terreur, mais il est adorable. Oh...

Dorsey plaqua une main contre sa bouche.

— Pardon.

Katy s'efforça d'étouffer l'élancement de douleur provoqué par l'évocation de la maternité de son amie d'enfance. Elle était heureuse pour Margie, sincèrement heureuse, mais cela ne l'empêchait pas de souffrir chaque fois qu'elle imaginait bébés et biberons et qu'elle repensait à la petite vie précieuse qu'elle avait perdue un an auparavant.

— Ce n'est pas grave, maman. Je suis contente pour Margie.

Elle ferma le tiroir de la commode et revint s'asseoir sur le lit. Sa mère tenait entre ses mains un singe en peluche que Matt avait gagné pour Katy dans une fête foraine.

— J'irai lui rendre visite demain. Je tiens à voir cette terreur en chair et en os.

— Au fait, Luke Dillard a croisé ton père en ville, hier, et il lui a demandé de tes nouvelles. Il avait appris par Smoke que tu rentrais.

— Comment va-t-il ?

Toujours aussi ignoble ? aurait-elle voulu demander. Alors qu'elle était en seconde et Luke en première, ils avaient tous les deux participé au comité d'organisation du bal annuel, et il lui avait demandé d'être sa cavalière. À la fin de la soirée, il s'était estimé en droit d'obtenir davantage qu'un baiser en guise d'adieu. Bien davantage. Elle avait eu un mal fou à le repousser dans les bois de Bear Trail, où il avait garé la voiture. Et pour couronner le tout, Jackson Brent était arrivé sur ces entrefaites.

La seule personne qu'elle redoutait de rencontrer encore plus que Luke Dillard était Jackson Brent. Mais au moins, elle n'avait pas à s'inquiéter pour cela : Jackson avait quitté la région quelques mois après l'incident en question, et Katy s'en était réjouie. Il suffisait qu'elle croise le meilleur ami de son frère pour qu'une douleur fulgurante lui traverse le cœur. La simple vue de son visage beau et énergique lui rappelait amèrement que s'il n'avait pas eu tant envie de peloter Holly Sue Granger à l'arrière de son pick-up au drive-in, ce soir-là, Matt ne serait pas allé repeindre la grange des Jenssen. Il ne serait jamais tombé de cette échelle. Il serait en vie, aujourd'hui.

— Luke a divorcé, continua sa mère. Dixie est partie vivre à Denver. Il paraît qu'elle s'est remariée, mais lui, non. Et tu te souviens de Wood Morgan, l'aîné des fils Morgan ? Il était à l'école avec Matt, mais dans la classe supérieure, je crois. Eh bien, il a le projet de transformer une parcelle de cinq mille hectares au nord de la rivière en ranch de vacances...

Elles continuèrent à bavarder ainsi agréablement pendant quelque temps, puis Dorsey alla se coucher en bâillant.

Katy songea à en faire autant, mais il était 22h15, et elle se couchait rarement avant minuit. Et même si tard, elle avait généralement beaucoup de mal à s'endormir. Ce soir, elle doutait de trouver facilement le sommeil. Le lendemain, il faudrait qu'elle affronte la ville de Thunder Creek, tous les gens qui la connaissaient depuis qu'elle était bébé, tous ceux pour qui elle était la petite sœur de Matt Templeton. Elle devrait faire face aux questions, aux regards, aux remarques... Dans les petites villes, les gens ont une opinion sur tout le monde et se sentent souvent en droit de l'exprimer.

Mais c'était inévitable. Il faudrait qu'elle se rende au restaurant de Gram pour voir ce qu'il y avait à faire avant de le rouvrir.

Quoi qu'il en soit, le lendemain n'était pas encore là. Elle avait encore des heures à attendre, et elle ne se sentait pas prête à passer ces longues heures à se retourner dans son lit ou à braver les rêves qui la réveillaient parfois en sursaut.

Après un dernier coup d'œil à son lit, elle se dirigea vers la porte.

Dehors, il faisait nuit noire. Le ciel s'était de nouveau couvert, et ni la lune ni les étoiles ne l'éclairaient. Mais Katy connaissait par cœur le chemin de l'écurie, qu'elle atteignit sans trébucher ni hésiter une seule fois. Elle ouvrit la porte, pénétra à l'intérieur et fut surprise de trouver de la lumière. Peut-être son père avait-il eu envie de venir voir Cleo, lui aussi, songea-t-elle.

— Papa ?

Elle entendit un froissement, puis le raclement de bottes sur la paille. Son cœur se mit à battre plus vite. Ce n'était pas son père. Il lui aurait aussitôt répondu.

— Qui est là ? demanda-t-elle.

Elle fit un pas rapide vers la fourche accrochée au mur de l'écurie. Mais, soudain, un homme surgit de l'ombre et lui prit le bras avant qu'elle ne puisse attraper l'arme de fortune.

— Arrête, tu n'en auras pas besoin.

L'homme qui lui serrait le bras n'était pas Big John Templeton. Il était encore plus grand – un mètre quatre-vingt-huit de muscles. Il avait les cheveux aussi noirs que la nuit, un visage dur et beau, et si familier que Katy éprouva un pincement de douleur.

— Jackson Brent ! s'écria-t-elle.

Elle le repoussa instinctivement, pour se donner de l'espace, tandis que la colère et la peine jaillissaient du plus profond d'elle-même. Puis elle le regarda en plissant les yeux dans la lumière tamisée.

— Tu as quitté la ville il y a des années. Alors, que fais-tu à fouiner dans notre écurie ?

3

— Je suis désolé, je ne voulais pas te faire peur.

Jackson leva les deux mains, comme pour lui montrer qu'il était inoffensif. Il avait une voix grave et posée, aussi profonde que dans le souvenir de Katy. Autrefois, cette voix modulée semblait envoûter toutes les filles du lycée de Thunder Creek. Presque autant que son regard bleu et froid et son sourire paresseux.

— Ne panique pas, Katy.

— Réponds. Que fais-tu ici ?

Les yeux bleus de Jackson, de la couleur de l'ardoise, la considéraient, impassibles.

— Je suis venu voir Cleo.

— Peut-on savoir pourquoi ? Tu n'es pas chez toi, ici.

Il haussa les sourcils.

— Ne t'emballe pas, répondit-il sans s'émouvoir. Calme-toi un peu et laisse-moi m'expliquer, tu veux ?

Quelque chose dans son ton atténua la colère frémissante de Katy, qui menaçait de franchir les digues, et elle la ramena rapidement à une boule bien comprimée. Elle n'avait plus quatorze ans, se rappela-t-elle, elle n'allait pas perdre le contrôle d'elle-même, comme le jour de l'enterrement de Matt, où elle avait pleuré, hurlé et ordonné à Jackson de ficher le camp lorsqu'il était venu, pâle et silencieux, rendre un dernier hommage à son meilleur ami. Elle cligna vivement des yeux, chassant cette image de son esprit.

Sa dernière rencontre avec Jackson Brent, la fameuse nuit où Luke Dillard avait essayé de la coincer dans sa Chevrolet, n'avait guère été plus réussie. Ç'avait été tout aussi humiliant, bien que d'une façon différente.

Dans l'un des box, une bête renâcla légèrement. Un peu plus loin, une autre piaffa avec impatience.

— Explique-toi, alors, demanda-t-elle en s'efforçant d'adopter un ton plus neutre.

— Je suis le vétérinaire de Cleo.

Katy en resta sans voix. Jackson appuya ses épaules contre la porte du box et reprit de sa voix grave et sensuelle :

— Elle a une grossesse difficile, et je passe la voir dès que j'en ai l'occasion. En l'occurrence, je viens de recoudre le chien des Anderson. Le vieux Clancy s'est fait renverser par une voiture sur Lost Wolf Road, ce soir. Il a eu de la chance, il s'en tirera. Et comme le ranch des Anderson n'est qu'à quelques kilomètres d'ici, je suis venu voir Cleo.

— Tu es vétérinaire ? s'écria-t-elle, incrédule. Et c'est toi qui t'occupes de Cleo ? Mais je croyais que tu avais quitté la région depuis belle lurette !

— En effet. Je suis revenu il y a six mois. Tu veux vraiment qu'on en discute ?

Il avait dit cela d'un ton léger, comme pour lui soutirer un sourire, mais Katy était incapable de sourire à cet homme. Le simple fait de le regarder faisait resurgir un flot de souvenirs. Des souvenirs de Jackson et de Matt, de leurs aventures, de leurs projets, de leurs copines. Et, elle s'en souvenait maintenant, de tous les animaux égarés qui les accompagnaient systématiquement à l'arrière du pick-up. « Jackson et ses chiens errants », répétait sa mère en secouant la tête avec affection. Sa mère avait toujours eu un faible pour Jackson Brent.

— Non. Que tu vives de nouveau ici ou non, ça m'est égal.

Elle haussa les épaules et passa une main dans ses cheveux pour les repousser en arrière. Il faisait chaud, dans l'écurie. Trop chaud. Mais Jackson, ses larges épaules recouvertes d'un gros pull bleu à capuche, semblait insensible à la chaleur.

— Comment va-t-elle ? demanda Katy d'un ton cassant.

— Qui ?

Jackson l'avait étudiée pendant qu'elle enregistrait ce qu'il venait de lui dire. Il semblait distrait, à présent. Sans doute était-il surpris de voir à quel point la petite sœur de Matt avait changé, se dit-elle avec irritation. Mariée, divorcée, la totale.

— Comment va qui ? répéta-t-il.

— Cleo.

Elle passa devant lui pour aller directement au troisième box. Cleo était là, qui la regardait de ses yeux bruns brillants et vifs. Même dans la faible lumière, sa robe luisait.

— Tu te souviens de moi, ma douce ? demanda-t-elle à voix basse, en tendant la main pour que la jument la renifle.

— Cette jolie demoiselle en bave un peu, mais elle va bien s'en sortir.

— C'est vrai ? Tu as déjà eu affaire à ce genre de cas ?

Katy avait parlé plus sèchement qu'elle n'en avait eu l'intention, comme si elle mettait en doute ses compétences, mais il se contenta de hocher la tête et répondit avec sa nonchalance habituelle :

— Très souvent. Ce n'est pas rare du tout. Bien sûr, il n'y a aucune garantie… L'accident a été sérieux et Cleo a des antécédents, mais je lui ai fait plusieurs échographies, et pour l'instant, tout se passe normalement. Si on s'occupe bien d'elle, et avec un peu de chance, elle devrait mettre bas sans problème. Et j'ai l'intention de bien m'occuper d'elle.

— Et… le poulain ?

— Même chose. Ne t'inquiète pas. Quand on a besoin de moi, je peux arriver très vite.

Katy caressa la crinière de la jument en se demandant si Cleo savait que sa situation était délicate, si elle s'inquiétait pour la petite vie qu'elle portait en elle. La douleur qui ne la quittait jamais vraiment s'intensifia tandis qu'elle passait la main sur la crinière de Cleo. Elle, elle n'avait pas su que sa situation était délicate. Le premier trimestre, durant lequel le risque de fausse couche est le plus élevé, s'était déroulé normalement. Puis, à la fin du cinquième mois, alors qu'elle sentait déjà le bébé bouger, lui donner de petits coups de pied, il y avait eu les contractions, la douleur, la perte…

Elle prit une profonde inspiration.

— Ça va bien se passer, ma fille, chuchota-t-elle. Tout ira bien.

Jackson entra dans le box et s'agenouilla dans la paille pour récupérer son stéthoscope et son thermomètre électronique. Il les rangea dans une petite sacoche noire avec agilité et efficacité, tout en grâce masculine. Sa silhouette athlétique lui parut plus robuste que dans son souvenir. Cet homme grand, musclé et réfléchi, dont une barbe naissante noircissait les joues, n'avait plus grand-chose en commun avec le garçon solidement charpenté et rieur qui criait et sifflait dans le pick-up avec Matt.

Avant de partir, il marqua une pause et posa doucement sa large main sur l'encolure de la jument. Son charme était encore présent, peut-être même intensifié par les années. Jackson Brent possédait une virilité fascinante et impénétrable. Ses larges épaules, ses pommettes hautes, ses muscles tendus, sa force puissante et tranquille contrastaient avec la douceur de son ton et de ses manières, gentillesse surprenante chez un homme aussi imposant que lui.

Les femmes devaient continuer à lui tomber dans les bras, comme l'avaient fait les filles au lycée. Mais Katy se savait vaccinée contre son charme. Quand elle le voyait, elle n'avait qu'une pensée : dommage qu'il n'ait pas grandi un peu plus tôt, qu'il n'ait pas assumé son engagement ce soir d'octobre, quatorze ans plus tôt, lorsqu'il avait promis de repeindre la grange de Bob Jenssen.

— Repose-toi, ma belle, dit-il à la jument. Je reviendrai m'assurer que tu suis bien les conseils de ton médecin.

Il sortit du box et jeta un coup d'œil à Katy.

— Tu restes ?

Elle hocha la tête et s'écarta d'un pas, pour qu'il puisse passer sans la toucher.

— As-tu un téléphone portable ? Au cas où il arriverait quelque chose à Cleo pendant que tu es en visite.

Elle avait dit cela d'un ton sceptique, et il la considéra avec un éclat amusé dans les yeux.

— Oui. Ton père a le numéro. Tu le veux aussi ? Je dois avoir une carte quelque part…

Il commença à fouiller dans la poche de son jean, mais Katy secoua la tête.

— Pas la peine. Je demanderai à papa.

Elle savait qu'elle devait paraître revêche, presque grossière, mais c'était plus fort qu'elle. Jackson Brent réveillait ses pires instincts. Il lui rappelait une époque précieuse perdue à tout jamais, un chagrin qui aurait pu ne pas être et sa conduite furieuse et incontrôlée le jour de l'enterrement de Matt. Elle avait simplement envie qu'il s'en aille.

— Tu m'en veux toujours, hein ?

Il s'immobilisa, les pieds écartés, le regard rivé au sien.

— Dis-moi la vérité, Katy. Je le vois dans tes yeux.

— Ne sois pas ridicule.

— Ça te tourmente que je sois revenu à Thunder Creek. Même après toutes ces années.

— Je suis surprise, voilà tout. Je te croyais loin.

— Et me revoir a tout fait resurgir : Matt, ce fameux soir...

— Oui... Non... Je...

— Tu m'en veux toujours, conclut-il, la mâchoire serrée. Je comprends. Moi aussi, je m'en veux toujours, ajouta-t-il froidement. Comme ça, on est deux.

— Je ne t'en veux pas, Jackson. Je ne t'en veux plus, en tout cas. Simplement... c'est dur, je ne m'attendais pas à te voir ce soir. Mais je ne suis plus la fille de quatorze ans qui a pété les plombs à l'enterrement de Matt. C'est fini, tout ça.

Mais sa voix se brisa, et elle dut prendre sur elle pour endiguer le flot d'émotions qui menaçait de la submerger. D'un ton plus posé, elle reprit :

— Je sais bien que si Matt n'est plus là, ce n'est pas ta faute. C'était un accident, purement et simplement. Je n'avais aucun droit de t'en vouloir. Alors, j'espère... j'espère que tu me pardonnes. Tu as tous les droits de vivre ici, bien sûr, de t'occuper de Cleo, mais...

— Mais ma vue te rend malade.

Elle rougit et secoua la tête.

— Je n'ai pas dit ça.

Jackson soutint son regard, les yeux assombris par une émotion qu'elle ne parvint pas à déchiffrer.

— Tu n'as pas besoin de le dire.

Un silence embarrassé s'installa, que seuls vinrent perturber les bruits des chevaux qui remuaient et respiraient dans leurs box. Jackson la regarda encore un bref instant, puis il se dirigea vers la porte de l'écurie. Avant de la pousser, il se retourna vers elle, le visage fermé.

— Nous serons forcément amenés à nous croiser en ville, mais ne t'inquiète pas, Katy. Je ferai de mon mieux pour t'éviter.

Sur ces mots, il s'en alla dans la sombre nuit du Wyoming. Katy se laissa tomber sur un banc, soudain en proie à une grande lassitude. Son corps était fatigué, son esprit aussi.

Lorsqu'elle avait décidé de rentrer au pays, elle n'avait pas imaginé que Jackson Brent serait à Thunder Creek. Il lui faudrait s'habituer à cette idée. Elle était revenue pour son propre bien, pour Gram, pour sa famille. Et pour réfléchir à sa vie, à ses échecs. Ce n'était pas Jackson Brent qui allait la faire fuir.

De toute façon, il avait dit qu'il l'éviterait. Et elle était déterminée à leur faciliter les choses à tous les deux en restant également en dehors de son chemin.

4

— Katy ! Katy Templeton, attends !

Smoke McIntyre traversa First Street en courant et serra Katy dans ses bras au moment où elle sortait de la voiture de Gram, qu'elle avait garée devant le restaurant. Smoke avait pris quinze kilos depuis le lycée, et sa silhouette autrefois toute mince s'était arrondie, mais hormis cela, sa barbe et les quelques mèches argentées qui se mêlaient à ses épais cheveux bruns, il n'avait guère changé depuis l'époque où Katy, Margie et lui étaient les meilleurs amis du monde.

— Si tu savais comme ça me fait plaisir de te voir ! Tu es superbe, Katy. Si je n'étais pas marié et heureux en ménage, je tomberais *illico* amoureux de toi.

— Tu n'es pas mal non plus, Smoke, répondit-elle avec un grand sourire, en l'embrassant sur la joue. Comment va Ellen ?

— Toujours aussi exigeante avec moi. Mais elle a de la chance, j'adore ça.

Son rire était le même qu'autrefois, généreux et tonitruant.

— Tes parents t'ont prévenue, pour le barbecue ?

— Quel barbecue ?

— C'est le trentième anniversaire de mariage de mes parents, samedi. On organise une grande fête en leur honneur à la maison, Ellen et moi. Si tu viens, je te confierai peut-être ma recette secrète des bonnes grillades épicées.

Il lui fit un clin d'œil.

— Elle est digne de figurer au menu de *Chez Bessie*. Ça pourrait s'appeler Grillades à la Smoke.

Katy éclata de rire.

— J'y réfléchirai.

— À l'inscrire au menu ou à venir au barbecue ?

— Les deux, répondit Katy.

Puis elle lui donna un coup de coude.

— Je plaisante, Smoke, je ne voudrais pas rater ça. Qu'est-ce que j'apporte ?

— Juste ta délicieuse personne, Big John et Dorsey. Tu penses que Bessie sera assez en forme pour venir ?

Katy secoua la tête.

— Alors, qu'est-ce que ça va devenir, ce restau ? demanda Smoke en désignant du menton le panneau « fermé » affiché sur la porte. Si ta grand-mère ne le rouvre pas, tu vas le vendre ?

— Pas question de vendre *Chez Bessie*. Il restera dans la famille.

— J'ai entendu dire que Tammie Morgan lorgnait le pas-de-porte. Elle voudrait en faire une boutique de cadeaux. Wood en a déjà parlé à ton père.

— Personne ne transformera *Chez Bessie* en boutique de cadeaux.

Et surtout pas Tammie Morgan, songea Katy. L'idée que la fille qui avait été sa rivale à l'école vende des bibelots dans le restaurant de sa grand-mère lui donnait envie de hurler.

— Qu'est-ce qu'elle veut faire d'un magasin de cadeaux, de toute façon ? Je croyais que Wood et elle allaient transformer une partie de leurs terres en ranch de vacances. Cela devrait suffire à l'occuper, non ?

— En effet, mais Tammie s'est dit que leurs visiteurs auraient envie de faire des courses en ville pour acheter des souvenirs. Wood et elle veulent rendre Thunder Creek plus accueillant.

— Eh bien, les touristes seront parfaitement accueillis au restaurant. On les servira aussi bien que le reste de la clientèle, décréta fermement Katy en sortant de son sac les clés du restaurant.

— Personnellement, j'en serais ravi. Ce serait trop triste que la fermeture soit définitive. Tu te souviens, quand on est venus ici, toi, Margie et moi, la veille de la remise des diplômes ? Ça a été notre dernière soirée ensemble. Bessie nous a apporté des milk-shakes au chocolat et de la tarte aux pêches.

— Bien sûr que je m'en souviens. Tu nous as annoncé que tu te marierais avec Ellen, dit Katy en souriant. Et Margie a déclaré qu'elle reviendrait à Thunder Creek dès qu'elle aurait obtenu son diplôme d'enseignante.

— Et toi, tu as dit que tu ne reviendrais jamais.

Smoke l'examina, l'air soudain sérieux.

— Alors, Margie s'est mise à pleurer. Moi aussi, mais j'ai prétendu que j'avais une poussière dans l'œil.

Un élan de tendresse saisit Katy tandis qu'elle regardait le visage de Smoke.

— Eh bien, tu vois, je suis revenue. Il faut croire qu'à l'époque, je ne savais pas tout de la vie.

— Nous non plus, Katy.

— On ne savait pas le quart de ce qu'on prétendait savoir, murmura-t-elle en esquissant un sourire.

— En tout cas, tu es célèbre, maintenant, reprit Smoke en secouant la tête. On a tous lu l'article de *Newsweek*. Ta mère en a commandé une vingtaine d'exemplaires au marchand de journaux de Casper. Tu te rends compte, tu figures parmi les vingt-cinq premières femmes d'affaires d'Amérique !

— Et dire que tu m'as connue quand j'ai fait brûler ma première tarte aux pommes ici même, dans cette cuisine ! s'exclama-t-elle en se tournant vers le restaurant.

— Et comment ! C'est moi qui l'ai mangée, ta tarte, et qui ai affirmé qu'elle était bonne. Matt et moi, corrigea-t-il. Il en a même repris une part. Margie, elle, faisait tourner la sienne en rond dans son assiette.

— Oui, et elle s'imaginait que je ne remarquais rien ! En tout cas, pour te remercier, tu auras une part de tarte gratuite la prochaine fois que tu viendras.

— Avec joie.

Smoke la serra de nouveau dans ses bras, très fort, puis il recula tandis qu'elle introduisait la clé dans la serrure.

— Quand comptes-tu rouvrir ?

— Dès que nos fournisseurs pourront assurer une livraison. Probablement mardi.

— Je serai là pour réclamer ma tarte aux pommes. Et n'oublie pas le barbecue de samedi soir.

Katy le regarda remonter la rue à grandes enjambées en direction de la quincaillerie, tourna la clé et franchit le seuil du restaurant. Le simple fait de revoir les tables et les chaises en bois, les quatre banquettes dos à dos sur la droite, le long comptoir avec sa caisse ancienne qu'elle avait appris à utiliser à l'âge de dix ans ramena à la surface un flot de souvenirs. Elle pouvait presque sentir l'odeur des plats de Gram – les gâteaux, les civets et le poulet rôti avec sa purée maison et sa délicieuse sauce, qui en faisaient le plat préféré de la quasi-totalité de la clientèle. Mais aujourd'hui, la salle sombre et silencieuse sentait le renfermé. Le ventilateur fixé au plafond était immobile, les fenêtres closes, aucun gâteau ne refroidissait sur le comptoir sous la fenêtre.

Katy s'imprégna un moment du silence, puis elle jeta un coup d'œil au sol en linoléum bleu récuré, aux murs blancs décorés de vieilles photographies de ranchs remontant à quatre générations et de douces aquarelles qui représentaient les chaînes de montagnes des Laramie et des Tetons.

« Cette fois, j'ai vraiment l'impression d'être rentrée à la maison », songea-t-elle. Il y avait longtemps qu'elle n'avait pas eu le cœur aussi léger. Elle alluma les lumières, s'installa devant une table, dans un coin, et chercha dans son sac un bloc de papier, un stylo, son téléphone portable et son agenda. Puis elle se mit au travail.

Margie Birch n'avait pas changé d'un iota. Elle s'appelait maintenant Margie Davis, mais elle était aussi menue et espiègle qu'autrefois. Ses cheveux auburn, bien que plus courts qu'au lycée, continuaient à boucler autour de son visage à l'ovale parfait. Ses yeux d'un vert limpide étaient toujours légèrement relevés aux coins, ce qui lui donnait une expression perpétuellement interrogatrice.

Elle accourut à la porte, un bébé dans les bras, au moment où Katy claquait la portière de la voiture. En voyant son amie qui montait les marches du perron, elle poussa un cri.

— C'est toi ! J'essaie de te joindre depuis ce matin ! Ta maman m'a donné ton numéro de portable, mais chaque fois que je t'ai appelée, il était coupé. Je t'ai laissé trois messages. Comment vas-tu ?

Elle se jeta au cou de son amie, serrant le bébé contre son épaule et penchant la tête vers celle de Katy dans l'air chaud de mai.

— Je vais bien, et visiblement, toi aussi. Tu as l'air en pleine forme. Qui est cette petite merveille ?

— Cooper. Cooper Randall Davis.

Margie prit le bébé et le tint devant Katy pour qu'elle puisse admirer le petit visage fripé et les grands yeux noirs.

— Est-ce que ce n'est pas la chose la plus adorable que tu aies jamais vue ?

— Absolument, confirma Katy.

Cooper Randall Davis était complètement craquant. Excepté son nez, qu'il tenait de Margie, il était le portrait craché de Lee. Katy sentit une boule se former dans sa gorge. Elle vit Margie qui la regardait, une expression désolée sur le visage.

— Tu veux le tenir ? demanda doucement son amie.

Katy hocha la tête.

— Tiens.

Elle plaça le bébé dans les bras de Katy et toucha l'épaule de son amie. Katy sentit un éclair de douleur parcourir tout son être tandis qu'elle tenait le petit fardeau chaud. Mais un élan de tendresse, aussi, emplit son cœur. C'était doux, c'était agréable, de tenir dans ses bras le bébé de Margie. Cooper était chaud, adorable et en bonne santé. Elle se demanda si son amie se rendait compte de sa chance.

— Entre, on va prendre un café, reprit Margie. Fais attention à ne pas trébucher sur le camion de Dougie. Ce monstre l'a laissé traîner dans l'entrée.

Margie ouvrit en grand la porte-moustiquaire.

— Alors, dis-moi, à quoi bon avoir un portable si tu ne réponds jamais ?

Pendant que Margie préparait le café et disposait des tasses en porcelaine bleue, du lait et du sucre sur la table, Katy s'intéressa au petit visage expressif du bébé. Sans cesser de contempler l'enfant, elle expliqua à Margie qu'après avoir fini de passer ses coups de fil au restaurant, elle avait éteint son portable, afin d'éviter une incessante série d'appels de Seth.

— Seth ? Tu veux dire le salopard ?

— Margie…

— Mais qu'est-ce qu'il te veut encore, hein ?

Margie brancha la cafetière électrique et ramassa un camion de pompiers par terre, qu'elle jeta dans une caisse à jouets en plastique dans un coin de la cuisine.

— C'est à cause du boulot, répondit Katy avec un soupir. Il est furieux que j'aie pris un congé si brutalement et sans lui demander sa permission. Je lui ai simplement envoyé un mémo interne hier matin, une heure avant de décoller, pour lui annoncer que je partais.

Elle esquissa une grimace, qui se transforma en sourire lorsque le nourrisson dans ses bras produisit un gargouillis bruyant.

— Eh bien, bravo ! déclara Margie en plaçant une mèche auburn derrière son oreille. Il ne comprend donc pas que ta grand-mère est malade et que ta famille a besoin de toi ici ?

— Tout ce que comprend Seth, c'est que le *Rattlesnake Cafe* de Boston est en train de se désagréger. Son directeur s'est servi dans la caisse pendant six mois avant qu'on ne s'en rende compte. Et trois cuisiniers ont démissionné successivement du restaurant de Phoenix. Il voulait que j'aille là-bas pour réparer les dégâts. Je lui ai dit que non. Et que j'arrêtais tout.

Elle secoua légèrement la tête.

— Je crois que j'ai vraiment envie de laisser tomber, Margie. Qu'il se débrouille avec mon avocat. Ils n'ont qu'à arranger ça entre eux. En ce qui me concerne, je tire un trait sur la Rattlesnake Cafe Company.

— Mais c'est ton entreprise, Katy ! C'est toi toute seule qui as ouvert le premier *Rattlesnake Cafe* à Chicago. Avant même de rencontrer Seth Warfield.

C'était vrai. Deux ans après la fin de ses études, Katy avait ouvert son premier restaurant, une version miniature, tendance et haut de gamme de *Chez Bessie*, dans un espace guère plus grand qu'un placard. Les jeunes branchés fauchés comme les plus vieux et plus nantis l'avaient plébiscité.

« Une cuisine traditionnelle avec juste ce qu'il faut d'imagination et d'élégance », avait commenté le journaliste du *Tribune* dans une critique dithyrambique. Tous les soirs, les gens faisaient la queue devant le *Rattlesnake Cafe*, dans l'espoir de manger à l'une de ses douze tables. Quand son bail était arrivé à expiration, Katy avait déménagé dans une grande salle, et même avec trente tables et un loyer plus élevé, la foule et l'argent étaient entrés à flots.

Ce succès avait dépassé ses espoirs les plus fous. Certes, elle travaillait sept jours par semaine, s'occupait elle-même de presque toute la cuisine, tenait les comptes et gérait les commandes auprès des fournisseurs. C'était même elle qui avait choisi les petits vases dans lesquels était placé un delphinium, au centre de chaque table. Elle était épuisée, mais heureuse et triomphante.

Puis elle avait rencontré Seth Warfield. Titulaire d'une maîtrise de gestion obtenue à Harvard, Seth avait gagné son premier million dans l'immobilier trois ans après son entrée sur le marché du travail. Il avait gagné son million suivant grâce à une chaîne de cafétérias qui s'était étendue à tout le pays en un temps record, et il cherchait une nouvelle affaire dans laquelle investir. Ayant naturellement entendu parler du *Rattlesnake Cafe*, il y avait emmené dîner une blonde svelte et ravissante. Il avait commandé une côte de bœuf Thunder Creek avec son beurre de cactus et ses pommes de terre aux herbes, suivie d'un gâteau à la rhubarbe. Avant même que n'arrive son cappuccino, il était tombé amoureux de la cuisine, du restaurant… et de la propriétaire.

En y repensant, Katy comprenait exactement pourquoi elle était tombée amoureuse de Seth si éperdument et si vite. Tout en lui était excitant et dégageait de l'énergie. Grand, blond, élégant, sûr de lui, dynamique, il faisait penser à un hors-bord aux lignes sportives et sophistiquées. Dans son sillage, il laissait un tourbillon.

Les premiers temps, entre eux, ç'avait été un festival de champagne et de crème brûlée, de théâtre et de soirées et de nuits torrides et enivrantes.

Seth l'avait convaincue d'embaucher du personnel pour tenir le restaurant, afin qu'elle n'en soit pas prisonnière sept jours par semaine. Il avait également élaboré un projet d'extension et d'investissement pour lui permettre d'ouvrir une chaîne de *Rattlesnake Cafe*, pas trop, juste cinq ou six, dans des villes cosmopolites judicieusement choisies. Il avait demandé à faire partie de ce projet, en tant qu'associé à parts égales. En alliant leurs compétences, avait-il déclaré, ils allaient transformer ce petit restaurant en un élément incontournable de la restauration à travers tous les États-Unis. Et il lui avait aussi demandé de l'épouser.

Elle avait répondu oui aux deux demandes.

Les premières années, tout avait été merveilleux. Puis Katy avait commencé à avoir l'impression que le stress et la course au profit les dévoraient tous les deux. Elle avait éprouvé le besoin de ralentir, de profiter avec Seth de leur succès. Et d'ajouter à tous leurs bonheurs le plus beau des trésors : un bébé.

Un bébé ?

Jamais elle n'oublierait l'expression stupéfaite de Seth la première fois qu'elle avait abordé le sujet, un samedi matin au petit déjeuner, dans leur appartement avec vue sur le lac Michigan.

— Que se passe-t-il ? C'est ton horloge biologique qui te rappelle à l'ordre ? lui avait-il demandé avec méfiance.

Le téléphone avait sonné à cet instant et mis fin à la conversation. Puis Seth s'était éclipsé pour aller courir pendant que Katy répondait à son tour au coup de fil d'une amie. Par la suite, il avait cessé d'éluder le sujet et avait même paru devenir réceptif, surtout lorsque la femme de son frère aîné Richard était tombée enceinte. Seth avait toujours été en compétition avec Richard, et avec le recul, Katy comprenait à quel point la grossesse de sa belle-sœur avait pesé dans la balance.

Trois mois plus tard, elle était enceinte. Aux anges, elle avait dévoré tous les livres sur la maternité qu'elle avait pu trouver. Mais elle n'avait jamais eu la possibilité d'exploiter leur contenu... Ni de tenir son bébé dans ses bras.

Elle l'avait perdu, à la fin du deuxième trimestre, et ne s'en était pas remise. Mais Seth, qui détestait toute forme d'échec et n'était pas homme à se perdre en regrets inutiles, avait fait son deuil du bébé et était passé à autre chose à une vitesse qui continuait à stupéfier Katy.

— J'ai envie de tout recommencer à zéro, confia-t-elle à Margie. Et pour cela, il faut que je coupe les ponts avec la Rattlesnake Cafe Company. Je ne pourrai jamais tourner la page si je reste associée à Seth Warfield jusqu'à la fin de mes jours.

— Entièrement d'accord avec toi, approuva Margie. Alors, que comptes-tu faire ? Ta maman m'a dit que tu envisageais de rouvrir *Chez Bessie*. Tu es revenue à Thunder Creek pour de bon ?

— Ça, je n'en suis pas encore sûre. Je ne suis sûre de rien, en fait, ajouta-t-elle avec un petit sourire triste. Pour l'instant, j'avance au jour le jour. Mais je suis contente de ralentir un peu le rythme, si tu vois ce que je veux dire.

— Pas vraiment ! répondit Margie en riant.

À cet instant, un coup de klaxon retentit, le téléphone sonna et un petit bonhomme roux de deux ans fit irruption dans la cuisine, un ballon orange dans sa main maculée de confiture.

— Je n'ai pas vraiment l'occasion de ralentir, ici... Hé, mon bonhomme, par ici ! ordonna Margie.

Elle décrocha le téléphone sans fil, tout en attrapant un torchon et en s'agenouillant pour essuyer la confiture autour de la bouche de son fils.

Cooper se mit à s'agiter dans les bras de Katy. Elle se leva, l'appuya précautionneusement contre son épaule et lui massa le dos. En jetant un coup d'œil par la fenêtre, elle vit Jackson Brent sortir d'un pick-up Ford noir.

5

— Il vient d'arriver, Lee. Que veux-tu que je lui dise ? D'accord, à tout de suite, mon chéri.

Margie libéra son fils aîné, posa le téléphone et courut à la porte de la cuisine.

— Entre, Jackson ! Lee a pris un peu de retard, mais il sera là d'ici vingt minutes. Je te sers un petit café en attendant ?

— Avec plaisir, Margie. Désolé pour le klaxon, j'avais oublié que le bébé dormait peut-être...

Il s'interrompit en voyant Katy debout dans la cuisine, le petit Cooper niché contre son épaule.

— Je vous dérange, dit-il brièvement.

— Mais non. On échangeait les dernières nouvelles, Katy et moi. Enfin, on essayait. Dougie, qu'est-ce que tu as, à la fin ?

— Z'ai envie d'ayer aux toyettes.

— Eh bien, viens, je t'accompagne. Je vais juste remettre ton petit frère dans son berceau...

Margie prit Cooper des bras de Katy et quitta la pièce, Dougie sur ses talons, en criant par-dessus son épaule :

— Katy, sers-toi de café et donne une tasse à Jackson, tu veux ?

Après son départ, un silence embarrassé s'installa dans la cuisine.

— Tu veux du café ? demanda enfin Katy.

— Non. Je crois que je vais juste aller attendre dans le camion, dit-il en faisant demi-tour.

Il était déjà sur le seuil quand Katy le rappela.

— Attends. Tu ne vas pas passer vingt minutes assis dans ton camion juste pour m'éviter, dit-elle avec agacement.

Elle prit son sac sur la chaise et passa la bandoulière sur son épaule.

— C'est moi qui m'en vais.

Mais Jackson lui barra le passage, s'interposant entre elle et la porte. Sa haute silhouette semblait emplir la petite cuisine tout entière.

— Apparemment, tu viens d'arriver.

— Peu importe. Je reviendrai un autre jour.

Elle voulut passer devant lui, mais Jackson lui prit le bras et déclara froidement :

— Si quelqu'un doit s'en aller, c'est moi. Je vais juste emporter une tasse de café dans le camion. Comme ça, tu ne te sentiras pas coupable de m'éjecter de la maison.

— C'est toi qui as proposé de partir, je te rappelle, rétorqua Katy.

— Parce qu'il ne fait aucun doute que tu préférerais boire un café avec un putois plutôt qu'avec moi.

« Je ne te le fais pas dire », songea-t-elle. Mais elle ne l'aurait avoué pour rien au monde.

— Tu te trompes. Ça m'est parfaitement égal. Nous allons tous les deux rester ici et boire ce café. Tu es satisfait ?

— Si tu me connaissais mieux, répondit-il avec une pointe de moquerie, tu saurais qu'il en faut davantage pour me satisfaire.

— Ah, oui ? répliqua-t-elle avec défi. Et que désire monsieur ? Du lait et du sucre, peut-être ?

— À vrai dire, en ce moment, ce qui me ferait vraiment plaisir, c'est une bière. On meurt de chaud, dehors, et je rêve de quelque chose de frais. Tu crois que Margie serait d'accord ?

Celle-ci revint dans la cuisine sur ces entrefaites.

— Je t'en prie, sers-toi, répondit-elle. Qu'est-ce que j'ai raté ?

— Rien d'important, s'empressa de répondre Katy. Où est ton adorable bébé ?

— Il dort, Dieu merci ! Cela nous laisse une demi-heure de paix, au mieux.

— Maman, viens zouer avec moi. Lis-moi une histoire.

Dougie réapparut en bondissant, sa petite voix haut perchée et impérieuse.

— Pour l'instant, je ne peux pas, Dougie. Tout à l'heure. Dis bonjour à Katy et à Jackson.

Margie prit une bière dans le réfrigérateur et la tendit à Jackson.

— Bonzour, dit Dougie.

— Salut, mon pote, répondit Jackson en tendant sa grande main au bambin.

Dougie lui sourit avec ravissement et lui serra énergiquement la main.

— Et toi, tu veux me lire une histoire ? demanda-t-il avec espoir.

— Il ne peut pas, mon chéri. Il doit aller voir les veaux avec papa.

Elle jeta un regard inquiet à Jackson.

— Pourvu que ce ne soit pas un virus. On en a trois de malades ce matin.

— Nous serons bientôt fixés.

— Mais ze veux qu'on me lise une histoire !

Katy se tourna vers le petit garçon en souriant.

— Je vais t'en lire une, dit-elle en lui tendant la main. Viens, montre-moi ton livre préféré.

Elle fut récompensée par un grand sourire.

— Ze veux l'histoire du cevaille.

Katy leva un regard perplexe vers Margie, qui lui expliqua :

— Il veut parler de *Tony et le poney magique*. Le livre est sur le canapé du salon. Je le lui lis dix fois par jour.

— *Tony et le poney magique*, bien sûr, fit Katy en laissant Dougie l'entraîner hors de la cuisine.

Jackson la suivit des yeux tandis qu'elle disparaissait avec l'enfant dans le couloir.

— Je suis désolée, soupira Margie. Pendant un moment, j'avais oublié… pour toi, Matt et Katy.

— C'est bon.

— Ça a dû être un peu gênant, quand même…

— Ça allait.

— Je suis sûre qu'après toutes ces années, elle ne te tient plus pour responsable de ce qui est arrivé à Matt.

— Tu en es sûre ? Pas moi.

Il avala une gorgée de bière.

— Ma simple vue semble la bouleverser. Malgré ses airs de citadine endurcie.

Son regard s'assombrit au souvenir de Matt.

— Je ne peux pas lui en vouloir, ajouta-t-il.

— C'est juste qu'elle ne s'attendait pas à te voir. Ça fait dix ans qu'elle est partie, et tu étais loin, toi aussi. Te revoir a dû lui rappeler Matt. Il faut laisser passer du temps.

— Elle va rester longtemps à Thunder Creek ?

— C'est possible. Elle veut rouvrir le restaurant en attendant que Bessie aille mieux. Mais je ne sais pas combien de temps elle compte rester, et elle non plus, à vrai dire. Elle a besoin de faire le point.

Il hocha la tête. Il avait vaguement entendu parler du divorce de Katy. Une histoire de mari brillant, d'entreprise en pleine expansion. Elle avait fait une fausse couche, lui semblait-il. Il se demanda si cela expliquait l'expression qu'il avait surprise dans son regard la veille, dans l'écurie, la tristesse qu'il avait discernée aujourd'hui encore dans les profondeurs ardoise de ses yeux. Il savait ce que c'était de voir son univers ébranlé, irrévocablement changé. Il comprenait, pour l'avoir éprouvé lui-même, le besoin qu'elle avait de prendre du recul et de faire le point. Cela lui était arrivé, plus d'une fois.

Et cela l'avait ramené là où il avait commencé. À Thunder Creek. Il se demandait si la petite sœur de Matt en ferait autant.

Quoi qu'il en soit, avec le temps, elle s'habituerait à le voir et cesserait de se raidir comme une pouliche effarouchée chaque fois qu'elle le croisait. Mais peut-être n'était-ce pas entièrement à cause de lui qu'elle réagissait ainsi. Peut-être lui était-il arrivé quelque chose, autre chose que la mort de Matt.

« Ça ne te regarde pas, se dit-il. Le mieux que tu puisses faire pour la petite sœur de Matt, c'est de ne pas te trouver constamment sur son passage. »

Il entendait sa voix, douce et mélodieuse, tandis qu'elle lisait le livre à Dougie dans le salon. Elle avait une jolie voix, apaisante, féminine. D'ailleurs, songea-t-il en repensant à la façon dont sa poitrine tendait son tee-shirt et dont son jean moulait ses longues jambes minces, tout en elle était joli. Et s'il s'était agi d'une autre fille, il aurait déjà calculé combien de temps il lui faudrait pour la mettre dans son lit.

— Merci pour la bière, Margie. Je vais attendre Lee dehors. Katy va revenir ici après avoir lu l'histoire, vous pourrez continuer à papoter.

Il posa la bouteille de bière vide sur le comptoir et sortit sans laisser à Margie le temps de protester. Au même moment, Lee se gara dans l'allée.

Tant mieux, finalement, songea Margie. Elle regarda son mari et Jackson partir en voiture vers le pâturage, puis sortit une poêle pour faire revenir à l'huile d'olive les morceaux de poulet qu'elle avait mis à mariner le matin. Lorsque Katy revint, elle épluchait des pommes de terre devant l'évier.

— C'est bon, la voie est libre. Il est parti.

— Jackson Brent ne me dérange pas, Margie.

— Allons donc. J'ai bien vu ton expression quand tu t'es retrouvée coincée ici avec lui.

— D'accord, je ne raffole pas de ce type, mais c'est tout.

— C'est vraiment quelqu'un de bien, Katy. Et comme vétérinaire, il est merveilleux. Il n'y a que six mois que le docteur Howard a pris sa retraite et que Jackson l'a remplacé, mais je peux te dire qu'il fait du bon boulot. Lee l'adore. Jackson a ouvert sa clinique sur l'emplacement de son ancienne maison... Tu te souviens de la maison des Brent, au bout de Lonetree Road, où il habitait avec son père ?

— Pas vraiment.

Katy n'avait jamais mis les pieds chez Jackson Brent. Matt avait dû y aller, bien sûr, mais lui et Jackson traînaient généralement au Triple T ou au restaurant. Elle se souvenait vaguement du père de Jackson. Clayton Brent était un sinistre épouvantail, avec des cheveux poivre et sel hirsutes et des yeux vitreux. Sans parler de son sale caractère.

Maintenant qu'elle y repensait, elle se rappelait avoir entendu des rumeurs à son sujet, en ville. On racontait que la mère de Jackson s'était enfuie en les abandonnant, son père et lui, que Clayton Brent buvait trop et laissait son petit ranch partir à vau-l'eau.

— Eh bien, la clinique est flambant neuve. Tout y est moderne, sophistiqué.

Margie mit les pommes de terre épluchées sur une planche en bois et les coupa en tranches.

— La moitié des femmes de la ville sont folles de lui, conclut-elle.

— Tant mieux pour elles, fit Katy en allant s'asseoir à table avec sa tasse de café.

— Tu pourras le constater par toi-même samedi au barbecue... Au fait, s'écria Margie en se retournant, Smoke t'a parlé du barbecue ?

— Oui, ce matin.

— Ce sera l'occasion idéale de revoir tout le monde. Des tas de gens parlent de ton retour à Thunder Creek. En particulier...

Elle s'interrompit et adressa à son amie un sourire espiègle.

— Qui ? demanda Katy d'un ton soupçonneux.

Margie retourna à ses pommes de terre.

— Roy Hewett, pour commencer.

— Roy ! Qu'est-ce qu'il devient ?

Katy était sortie avec Roy pendant sa dernière année de lycée.

— Il est gérant de l'agence immobilière. Et il a divorcé de Patty Watkins. Il y a aussi Luke Dillard qui s'intéresse à ton retour. Je m'étonne qu'il ne soit pas encore passé te voir. Il est de nouveau célibataire, lui aussi. Lee l'a vu au *Tumbleweed* l'autre soir, il paraît qu'il n'arrêtait pas de poser des questions sur toi.

— Charmant.

— Qu'est-ce que tu lui reproches ?

Katy n'avait jamais parlé à personne du soir où Luke Dillard s'était jeté sur elle, après le bal du lycée. Ni à Margie, ni à Smoke, ni à ses parents. À l'époque, elle avait un peu honte de ce qui s'était passé et avait le sentiment que c'était en partie sa faute. Ce soir-là, elle avait mis du rouge à lèvres, s'était maquillé les yeux, aspergée de parfum et avait flirté avec Luke. Il avait fallu des années pour qu'elle comprenne que rien dans son attitude ni dans sa tenue ne pouvait excuser la façon dont Luke l'avait traitée. Il avait tout simplement tenté de la violer. Et il l'aurait probablement fait... si Jackson Brent n'était pas intervenu.

Elle inspira un grand coup en se remémorant l'incident. Jackson avait arraché Luke d'elle et lui avait donné un coup de poing en pleine figure. Elle lui avait crié d'arrêter, mais il avait frappé Luke au ventre, puis l'avait fait tomber à terre.

Son estomac se serra lorsqu'elle se rappela qu'elle avait pleuré, chose qui ne lui était pas arrivée depuis l'enterrement de Matt. Les deux fois, Jackson Brent avait été là pour la voir perdre le contrôle d'elle-même. C'était cela, le plus épouvantable. Il ne lui avait pas dit un mot, se contentant de l'aider à grimper dans son vieux pick-up et de la raccompagner chez elle. Et pendant tout ce temps, elle s'était rebellée, lui avait dit qu'elle n'avait pas besoin qu'il la protège, qu'elle savait très bien s'occuper d'elle-même, qu'il n'était pas son grand frère, qu'il ne remplacerait jamais Matt et qu'elle ne voulait plus qu'il se mêle de sa vie privée.

Mais il l'avait sauvée. Sauvée des mains avides de Luke Dillard, de son corps dur et noueux. Et elle ne l'en avait jamais remercié. S'il n'avait pas été là, peut-être aurait-elle réussi à échapper à Luke, à le repousser. Mais peut-être pas. Elle ne le saurait jamais. Le plus difficile pour elle, à l'époque, c'était que le garçon qu'elle avait chassé de chez elle le jour de l'enterrement de son frère lui soit venu en aide. Elle ne voulait pas devoir à Jackson Brent le moindre mot de gratitude.

— Luke est toujours aussi beau gosse, et il a complètement redressé le ranch Dillard depuis que son père et son frère ont péri dans cet accident d'avion et qu'il a repris l'affaire, continua Margie.

Elle mit les pommes de terre dans une casserole d'eau froide et alluma le gaz.

— L'an dernier, il a racheté l'exploitation des Quinn et ajouté leur bétail et cinq mille hectares supplémentaires à ses terres. Et pendant un temps, il est sorti avec Corinne Thomas – tu sais, la serveuse du *Tumbleweed*. Puis elle a rompu, et il a eu une histoire avec une institutrice de Bigrock, mais elle a quitté la ville dès les vacances d'été.

— Je vais devoir en faire autant, si tu continues à me vanter les mérites de tous les célibataires du coin ! fit Katy en lorgnant son amie par-dessus le rebord de sa tasse. Je n'ai besoin d'aucun homme dans ma vie, pour l'instant. J'essaie déjà d'en faire sortir un.

Margie vint s'asseoir sur une chaise à côté de Katy.

— Je sais, excuse-moi. Après tout ce que tu as enduré, je ne devrais pas t'asticoter avec ça. Cela dit, jamais personne ne te fera faire une chose que tu n'as pas envie de faire, pas vrai ? Mais... Non, laisse tomber. Tu as besoin de temps. C'est juste que...

— Quoi ?

— Tu m'as manqué. Et j'espère de tout mon cœur que tu vas décider de rester. Alors, je me dis que si tu rencontrais quelqu'un, un de nos cow-boys maison, cela multiplierait les chances que tu t'installes ici, non ?

Katy adressa un sourire affectueux à son amie.

— Voyons, Margie, je n'ai pas besoin d'un homme pour me retenir à Thunder Creek. J'ai des amis, de la famille, le restaurant... Et tu sais, le plus bizarre, c'est que je me sens autant chez moi ici qu'avant.

Elle tourna la tête pour contempler par la fenêtre le vaste ciel turquoise illuminé par le soleil étincelant, les collines à l'ouest et la fraîche vallée verdoyante au nord, parsemée de bétail qui paissait tranquillement. L'espace d'un instant, la beauté du paysage lui coupa le souffle.

— Ça m'a manqué, tout ça, dit-elle doucement. J'avais presque oublié à quel point c'était beau. Paisible.

Elle se détourna de la fenêtre, croisa le regard compréhensif de Margie et lui sourit de nouveau. Elle se sentait bien ici, dans cette accueillante petite cuisine emplie du délicieux fumet du poulet en train de cuire, avec la voix enfantine de Dougie qui chantait la chanson de *Rue Sésame* tout seul dans le salon.

— En ce moment, c'est de cela que j'ai besoin. De tout ce qui est ici, à Thunder Creek. Quant à l'avenir, ajouta-t-elle avec un haussement d'épaules, qui sait ? En tout cas, c'est ici que je souhaite être pour l'instant.

— Eh bien, voilà la meilleure nouvelle que j'aie entendue depuis longtemps, déclara Margie en se levant pour l'embrasser. Tu ne veux pas rester manger avec nous ? J'ai de quoi nourrir un régiment.

— J'adorerais, mais pas ce soir. Je vais plutôt rentrer affronter mon entêté de père, répondit Katy avec une grimace. Maman et lui sont censés partir à Paris la semaine prochaine, et il cherche tous les prétextes pour annuler le voyage. Or, j'ai la ferme intention de lui faire prendre cet avion, fût-ce sous la menace d'un fusil.

— Des vacances forcées ? fit Margie en souriant. Eh bien, moi, personne n'aurait besoin de me menacer d'un fusil pour me faire partir en voyage.

Dougie se mit à crier dans la pièce voisine, et au loin, elles entendirent Cooper qui commençait à vagir dans son berceau.

— Et peu importe la destination, ajouta Margie avec ferveur.

Katy resta encore une demi-heure. Elle occupa Dougie avec des cubes en mousse colorés pendant que Margie allaitait le bébé, puis mit le couvert et aida son amie à préparer une salade. Lorsqu'elle s'éloigna au volant de la Blazer sur le chemin rocailleux qui serpentait dans la vallée, elle ne put s'empêcher de penser que son bébé à elle aurait près de dix mois, maintenant. L'âge de cavaler partout à quatre pattes, réalisa-t-elle, une boule dans la gorge. Elle aurait dû être en train de préparer son premier anniversaire, d'acheter des ballons, de choisir le gâteau à confectionner…

Elle sentit la douleur familière enfler dans sa poitrine, ses yeux la picoter et s'emplir de larmes qu'elle ravala rapidement. « Allez, cesse de t'apitoyer sur ton sort », se dit-elle.

C'était la phrase que lui resservait Seth. « Reste à la maison à t'apitoyer sur ton sort et à te complaire dans ton malheur si tu veux, Katy. Puisque tu refuses de venir avec moi à la soirée des Allerton, j'irai tout seul. » Dans un sursaut de volonté, elle chassa ces pénibles souvenirs comme elle avait chassé les larmes.

« Pense à autre chose, se dit-elle en respirant profondément. Pense à autre chose. »

Gram et le restaurant. Secouée par les ornières d'un tronçon de route particulièrement cahoteux, elle se concentra sur tout ce qu'il lui restait à faire si elle voulait rouvrir *Chez Bessie* d'ici le mardi suivant. Les questions qu'elle devait poser à Gram à propos de ses fournisseurs et l'impression éventuelle de nouveaux menus se mirent à tourbillonner dans son esprit. Il faudrait aussi qu'elle appelle Daffodil Moline après le dîner et, surtout, qu'elle embauche un autre employé, de préférence un cuisinier à mi-temps qui lui donnerait un coup de main à la cuisine au cas où elle devrait rentrer s'occuper de Gram en l'absence de ses parents…

Absorbée par tout ce qu'elle avait à mettre en branle dans les jours à venir, Katy ne vit pas l'Explorer qui arrivait sur sa droite au moment où elle approchait d'un croisement. Elle entendit un rugissement, un rire haut perché, et soudain, elle vit l'éclat du métal et de la peinture verte, un adolescent au volant à côté d'une fille blonde. Elle poussa un cri et braqua à fond dans l'autre sens.

Dans un crissement de pneus, le 4 × 4 fit un écart et continua son chemin, la ratant de peu. La Blazer sortit de la route, s'enfonça dans un fossé et faillit basculer. Au dernier moment, Katy parvint à la redresser, mais lorsqu'elle percuta le bas-côté, le choc fut tel qu'elle fut projetée en avant comme une poupée de son et que ses dents s'entrechoquèrent.

Pendant un moment, elle ne put rien faire d'autre que respirer, haletante, étourdie et sous le choc. Ses mains tremblaient sur le volant. Son cœur tambourinait.

Puis, lentement, elle tâta ses membres et fut soulagée de constater qu'elle n'avait rien, hormis une légère douleur dans le cou et les épaules. Mais son corps tout entier se raidit quand une Ford Ranger blanche arriva soudain à toute vitesse. Heureusement, le véhicule restait du bon côté de la route. À sa surprise, le conducteur freina brusquement quelques mètres après l'avoir dépassée, puis recula en marche arrière jusqu'à ce qu'il soit à sa hauteur et descendit sa vitre.

— Ça va, madame ? Est-ce que vous êtes… Katy !

Roy Hewett la dévisagea avec stupeur. Avant qu'elle ait pu prononcer un mot, il avait ouvert sa portière et s'avançait vers elle.

— Mais que s'est-il passé ?

Roy avait toujours la même tignasse brune et le même regard marron et sexy qu'au lycée, mais son visage était plus marqué, son corps plus musclé.

— Tu vas bien ?

— Je… Oui, ça va, Roy. Je suis juste un peu secouée.

— Tu es blanche comme un linge. Tu peux bouger ?

— Oui. Enfin… euh… je crois.

— Mon Dieu, Katy, tu savais conduire, pourtant, avant de quitter Thunder Creek ! Il faut croire que tu n'as pas souvent eu l'occasion de prendre le volant à New York.

Le sourire tordu dont elle se souvenait fit frémir les lèvres de Roy, et elle émit un petit rire tremblant. Roy avait toujours su la faire rire.

— Oh, Roy, pitié ! C'est à cause d'une Explorer… Des ados. Ils roulaient comme des dingues. Je n'ai pas vu qui c'était…

— Moi, si. Ils m'ont doublé en trombe il y a une minute, répliqua Roy en pinçant les lèvres. C'était Corey Dillard au volant. Le neveu de Luke. Et Daffodil Moline, qui travaille comme serveuse pour ta grand-mère, était pratiquement sur ses genoux.

— Le neveu de Luke ? Génial, soupira Katy. Il a surgi de nulle part. Je ne l'ai pas vu débouler.

— Il roulait beaucoup trop vite. Ce gamin est complètement déchaîné. Et à mon avis, il boit, en plus.

Roy secoua la tête et ajouta :

— Sa mère l'a envoyé vivre ici avec Luke pendant quelque temps parce qu'il faisait les quatre cents coups à Sioux Falls, où ils se sont installés. Mais on ne peut pas dire que Luke le remette dans le droit chemin. Tu veux sortir de la voiture, histoire qu'on s'assure que tu n'as rien de cassé ?

— Je vais bien, Roy, je te le jure. Il faut que je rentre à la maison, maintenant.

— Je peux au moins t'aider à te dégager de ce fossé...

Vu la position de la Blazer contre les rochers et les buissons, la proposition était tentante. Mais Katy ne voulait en aucun cas commencer à dépendre de quelqu'un à ce stade de sa vie. Surtout pas de son ancien petit copain.

— Ça va aller, Roy, merci. Ne t'inquiète pas pour moi.

— Tu es sûre que tu vas y arriver toute seule ?

— Absolument. Et puis, je dois prouver que la vie à New York ne m'a pas trop ramollie pour Thunder Creek, pas vrai ?

Roy éclata de rire.

— Tu n'as rien besoin de me prouver, à moi. Tu sais quoi ? Je vais rester pour vérifier que tu arrives à sortir du fossé. Tu auras peut-être besoin d'un petit coup de pouce.

Elle n'eut pas besoin de coup de pouce, mais il lui fallut dix minutes de transpiration et de jurons pour remettre la Blazer sur la route. Quand Roy remonta dans sa Ranger et repartit avec un signe amical, elle avait l'impression d'avoir fait du rodéo pendant une heure.

Elle reprit la direction du ranch, en espérant qu'elle aurait le temps de se doucher avant le dîner et son combat suivant : la confrontation avec Big John.

6

— C'est une coalition, ma parole ! Eh bien, laissez-moi vous dire que vous perdez votre temps et que vous gaspillez votre énergie.

Big John Templeton lança un regard noir à sa femme et à sa fille, puis il posa sa tasse de café et repoussa sa chaise.

— Ce voyage à Paris attendra. Ma décision est prise.

— La mienne aussi. Rassieds-toi, papa, nous n'avons pas terminé.

Le ton de Katy était tout aussi ferme que celui de son père. Dorsey jeta un bref coup d'œil inquiet à sa fille et se leva.

— Ne vous disputez pas, soupira-t-elle en débarrassant les assiettes. Si tu ne peux vraiment pas te résoudre à partir maintenant, John, eh bien, nous attendrons...

— Non.

À son tour, Katy repoussa sa chaise et se leva. Son père ne s'était pas rassis, mais il n'avait pas quitté la pièce. Quant à sa mère, qui s'était mise à rincer les assiettes dans l'évier, elle restait tout ouïe.

— Si vous annulez les réservations, vous n'irez jamais à Paris. Ni nulle part, d'ailleurs. Tu passeras ta vie à attendre, maman.

Elle contourna la table pour aller faire face à son père. Leurs deux regards, gris-bleu et anthracite, s'affrontèrent avec une détermination égale.

— Papa, il n'existe pas de moment idéal. Mais je trouve que celui-ci est plutôt mieux choisi qu'un autre. Parce que je suis là. Je peux m'occuper de Gram. Et du ranch. Il n'y a rien qui vous retienne ici. Hormis toi.

— Que sais-tu du ranch ? Cela fait dix ans que tu es partie. Tu ignores où en sont les bêtes, les récoltes, l'exploitation de pétrole...

— J'apprends vite. Et Riley me renseignera. C'est ton contremaître depuis sept ans, n'est-ce pas ? Et puis, Rod et Punchy m'épauleront. Au pire, en cas de problème que nous ne saurions résoudre, je t'appellerai à Paris.

— Tu oublies Cleo. Elle pourrait mettre bas...

— En principe, vous devriez être rentrés à ce moment-là. Quoi qu'il en soit, Jackson Brent s'en occupera. Et de toute façon, papa, tu sais parfaitement que je la surveillerai nuit et jour. J'ai autant envie que toi de voir Cleo donner le jour à un beau poulain en bonne santé.

Une infime fêlure dans la voix de sa fille fit tressaillir intérieurement Big John. Il savait à quel point Katy aimait cette jument. Un lien s'était tissé entre elles dès la première fois que Katy avait posé les yeux sur Cleo. C'était pour elle qu'il l'avait achetée, au départ. Il se demanda si les problèmes de Cleo rappelaient sa propre grossesse à sa fille, si elle souffrait d'imaginer Cleo perdre son petit, comme elle. La pensée que son premier petit-enfant n'ait pas pu voir le jour lui était si pénible qu'il imaginait bien ce que cela devait signifier pour sa fille. Mais si la grossesse délicate de Cleo rappelait de pénibles souvenirs à Katy, elle n'en montrait rien. Hormis ce frémissement presque imperceptible dans sa voix.

Il ne songea même pas à lui poser la question. Big John n'aimait pas aborder des sujets difficiles. Mieux valait s'en tenir aux affaires, se concentrer sur la bonne marche du ranch. Sinon, tôt ou tard, quelque chose tournerait mal, et il faudrait en payer le prix. Et allez savoir quelles catastrophes risquaient de survenir pendant qu'il se prélasserait en vacances en France. À Paris !

— Vous oubliez Bessie, grogna-t-il en décochant un nouveau regard noir à sa femme et à sa fille. Elle est trop faible pour qu'on la laisse seule.

— Elle ne sera pas toute seule, John, si Katy est là, intervint Dorsey d'une voix douce.

Elle se détourna de l'évier et fixa sur son mari un regard calme dans lequel brillait encore une lueur d'espoir. Au moins, Katy avait réussi à faire exprimer à John toutes ses réserves. En général, il restait muet. John Templeton était un homme d'action plus que de paroles. Et il abattait un dur labeur. Depuis la mort de Matt, il avait supprimé de sa vie presque tous les plaisirs et les loisirs pour se concentrer sur le ranch, le bétail, le pétrole, les terres. Son seul passe-temps était sa partie de poker bimensuelle, et son seul plaisir était purement physique : le sexe, aussi intense entre eux qu'au début. Ce n'était que dans ces moments-là qu'il s'autorisait à être tendre, à exprimer les sentiments qu'il gardait enfouis, ceux dont il ne parlait jamais. Le besoin, le désir, la peur, la peine, la joie. Cela, Big John le livrait à Dorsey. Pas avec des mots, mais avec chaque caresse de son pouce calleux sur la joue de sa femme, chaque baiser impérieux et ardent qu'il déposait sur son corps.

Il parlait avec ses yeux, aussi, ces yeux durs et emplis de tristesse, que seul l'éclat de la passion pouvait adoucir. Dorsey savait le comprendre, alors. Elle parvenait toujours à l'atteindre, dans ces moments-là. Mais, sorti de sa chambre à l'édredon bleu et violet et aux délicats rideaux lavande, Big John Templeton était un homme solitaire et stoïque, qui s'exprimait peu et sur une gamme de sujets limitée, un homme qui refusait de partager la joie ou la beauté de la vie, qui avait renoncé à tout cela en enterrant son fils.

— Katy aura bien assez de travail avec le restaurant. Elle ne pourra pas aider Bessie à prendre son bain, à s'habiller, ni lui apporter ses repas et veiller à ce qu'elle n'attrape pas encore de la fièvre, ou parer à je ne sais quel autre problème.

— Tu sais, j'ai passé un bon moment avec Bessie, quand je lui ai monté son plateau, dit Dorsey en s'essuyant les mains avec un torchon et en revenant vers la table. Elle semble se sentir un peu plus forte chaque jour, comme l'avait dit le docteur Evans. Elle envisage même de faire ce voyage à Las Vegas qu'elle avait prévu avec Ada, dans deux ou trois semaines. Et Katy a discuté avec Riley tout à l'heure, poursuivit-elle, sans se laisser impressionner par l'éclair de colère dans les yeux de son mari. Il a dit que Pat viendrait volontiers veiller sur Bessie pendant que Katy travaillerait au restaurant. Ils ont besoin d'arrondir un peu leurs fins de mois, apparemment, avec leur fils qui est à l'université et qui veut entrer à l'école de droit.

— Vous avez réponse à tout, hein ?

Tel un ours, Big John devenait agressif quand il se sentait acculé.

— D'accord, d'accord ! Je ne vais pas me battre contre vous deux, bon Dieu !

Sa bouche se durcit et les rides au coin de ses yeux semblèrent s'accentuer, creusant des sillons encore plus profonds dans son visage buriné.

— Puisque vous y tenez tant que ça, nous le ferons, ce satané voyage. Mais s'il se passe quelque chose en notre absence, Dorsey, vous ne pourrez vous en prendre qu'à vous, Katy et toi.

Il pivota sur lui-même et quitta la cuisine d'un pas lourd qui fit s'entrechoquer les assiettes et les verres dans le vaisselier. Un moment plus tard, elles entendirent la porte d'entrée claquer.

Dorsey se tourna vers sa fille, l'air las.

— Ce n'est pas la peine, soupira-t-elle.

Elle haussa les épaules et commença à rassembler les couverts sur la table.

— Ce voyage était censé nous distraire, mais si c'est pour qu'il soit d'une humeur de chien pendant une semaine...

— Vous partirez, grommela Katy en serrant les dents. Je vais retourner lui parler.

Mais sa mère secoua la tête.

— Pas encore, Katy. Attends. Laisse-le se calmer un peu.

— Mais il faut qu'il comprenne que...

— Personne ne pourra rien lui faire comprendre s'il n'en a pas envie. Il sait très bien, dans le fond, que ce voyage lui ferait du bien, nous ferait du bien à tous les deux. Mais il lui reste à le reconnaître.

Dorsey retourna à sa vaisselle. Pendant un moment, Katy se contenta de l'observer.

Sa mère avait raison. Elle savait elle-même que l'on était bien obligé d'admettre les choses, tôt ou tard. Il lui avait fallu longtemps pour se faire à l'idée que Matt était mort. Et elle avait mis des mois avant de commencer à accepter sa fausse couche. Personne n'aurait pu accélérer ce processus. Ni Seth ni aucun psychothérapeute. Elle avait dû l'admettre seule, à sa façon, à son rythme. Et elle continuait à y travailler. Peut-être cela lui prendrait-il la vie entière.

Mais cela faisait quatorze ans que Matt était tombé de ce toit. Il était temps que son père cesse de se lamenter et recommence à vivre, avant que le reste de son existence ne lui file entre les doigts. Mais cela, c'était à lui de le comprendre.

« Nous ne faisons que lui donner un petit coup de pouce, se dit-elle en posant le reste de petits pois sur le plan de travail. Espérons que cela l'orientera dans la bonne direction. »

Une fois la table débarrassée et la cuisine rangée, elle se sentit épuisée. La journée avait été longue et ses épaules étaient encore endolories après la collision évitée de justesse avec l'Explorer de Corey Dillard. Elle passa la serpillière pendant que Dorsey nettoyait l'évier, puis elle monta voir Gram, afin de lui parler des nouveaux plats qu'elle comptait ajouter à la carte du restaurant. Mais Bessie s'était endormie, et Katy referma sans bruit la porte de sa chambre.

Dans le couloir, elle marqua une pause et contempla un instant la porte opposée, celle de la chambre de Matt. Elle restait toujours fermée. Katy ne l'avait pas ouverte depuis plusieurs années.

Elle hésita quelques secondes, puis, sur une impulsion, tourna la poignée et l'ouvrit. Elle prit une grande inspiration et se raidit, comme pour parer un coup, avant de promener son regard dans la chambre.

Les souvenirs affluèrent si violemment que pendant un moment, la tête lui tourna. La pièce sentait encore vaguement l'odeur de Matt, l'after-shave Brut et le chewing-gum Wrigley's, la sauge et la campagne. À moins que ce ne soit son imagination qui lui jouait des tours tandis qu'elle contemplait les objets familiers de son frère, tous bien époussetés et rangés sur des étagères, comme s'ils attendaient que Matt revienne et reprenne sa vie là où elle s'était interrompue. Il y avait aussi sa tenue de football, ses dessins au fusain, ses chaussures à crampons, ses plaques de concours hippiques et son couvre-lit écossais bleu et vert dont les extrémités frôlaient le sol. Une demi-douzaine de photos encadrées étaient alignées sur les étagères du bureau, et ses dessins préférés étaient punaisés sur le mur. Sur son bureau trônait son carnet de croquis rempli de gribouillages et d'esquisses.

Matt aimait le dessin autant qu'il aimait le football et l'équitation. Il avait reçu sa première boîte de crayons de couleur à l'âge de trois ans et avait dès lors passé son temps à dessiner une chose ou une autre. En quelques coups de crayon, il était capable de capturer la majesté des montagnes ou l'expression gourmande d'un enfant devant un cornet de glace. Il était doué. Assez doué pour faire les beaux-arts s'il l'avait souhaité, mais il avait toujours considéré le dessin comme un passe-temps et avait prévu d'intégrer l'université du Wyoming pour étudier le commerce, afin d'exploiter ses connaissances ensuite en revenant travailler au Triple T.

Le ranch avait été son premier amour, une chose que lui et Big John partageaient, comme ils partageaient la passion des chevaux et de la pêche, mais saisir des images sur le papier, au crayon ou au fusain, avait toujours représenté pour Matt un plaisir particulier.

Son sac à dos encore rempli de manuels scolaires était resté accroché au dossier de sa chaise. Personne n'avait dû l'ouvrir depuis le jour où Matt était mort.

Mais Matt n'était plus là, songea Katy en s'asseyant sur le lit et en regardant autour d'elle. Seules restaient ses affaires. Cela lui faisait du bien de les voir, parce qu'elles lui rappelaient des souvenirs, de merveilleux souvenirs, mais elles ne lui ramenaient pas Matt. Son esprit ne les habitait plus.

Car aujourd'hui, son esprit était en elle.

Stupéfaite, elle resta un moment assise, à digérer ce qu'elle venait de comprendre, à fouiller dans ses souvenirs, en éprouvant pour la première fois plus de plaisir que de souffrance à les laisser revenir à la surface.

Elle se rappela tout ce que Matt lui avait appris : à monter à cheval, à nager, à lancer un ballon. Et aussi, à l'âge de sept ans, à marcher sur une palissade en rondins. Les premières fois, elle était tombée, mais il l'avait rattrapée avant qu'elle ne dégringole dans la poussière. Elle se rappela aussi le soir où, alors qu'elle avait onze ans, il l'avait surprise en train de sortir discrètement de la maison, tartinée de rouge à lèvres Rose Passion et de fard à paupières. Il n'en avait jamais parlé à leur mère, mais deux ans plus tard, il lui avait révélé qu'il l'avait suivie ce soir-là jusqu'à la rivière, pour être sûr qu'elle avait bien rejoint ses copains et qu'ils se contentaient de boire du Coca et de manger des chips.

Elle ne l'avait jamais su, mais il avait toujours été là. Il avait toujours veillé sur sa petite sœur.

Si Matt avait vécu, l'aurait-il prévenue que Seth Warfield n'était pas un homme pour elle ? se demanda-t-elle. Avec son intelligence et son instinct hors du commun, aurait-il su voir ce qu'elle n'avait pas vu ? Aurait-il deviné qu'elle ne pourrait pas compter sur son mari quand elle en aurait besoin ?

Mais même si Matt avait été là pour la mettre en garde, elle ne l'aurait sans doute pas écouté. C'était le genre de chose qu'elle devait découvrir par elle-même, se dit-elle avec amertume.

Elle passa la demi-heure suivante à étudier les dessins et les photographies. Et tandis que les détails de la vie, des amours et des amitiés de son frère lui revenaient, elle oublia sa fatigue.

Soudain, elle regretta que toutes ces photos de Matt et de leur famille restent enfermées dans cette chambre. Elles auraient dû trôner sur le manteau de la cheminée, ou bien dans le bureau de son père. Matt faisait toujours partie de cette famille, après tout. Il n'avait pas à en être exclu et cloîtré dans ce sanctuaire. De cette façon, il vivrait mieux auprès d'eux tous.

Il était temps aussi, décida-t-elle, de trier un peu ses affaires. Elle passa en revue le bureau, les étagères encombrées, le sac à dos encore plein. Instinctivement, elle le décrocha de la chaise, le posa au milieu du lit et l'ouvrit.

Des cahiers, des feuilles volantes et des papiers de chewing-gums remplissaient chaque millimètre carré des poches en toile. Elle retira d'abord les livres – *Histoire du monde contemporain, Introduction au calcul.* Il y avait aussi des crayons, des stylos, une petite brique de lait écrasée, un emballage de barre chocolatée, ainsi qu'un bloc à spirale couvert de gribouillages sur toute la partie supérieure de la première page. En bas de la page, quelques mots étaient griffonnés, chacun sur une ligne différente.

Appeler Allison.

Réviser l'interro de maths.

Raconter au shérif Harvey et à papa.

Et en bas, encore un gribouillage, à ceci près que... Katy regarda plus attentivement. C'était un dessin, une esquisse à l'encre bleue, mais assez nette. Elle représentait une jeune fille aux longs cheveux ondulés, allongée à plat ventre dans ce qui ressemblait à un champ de hautes herbes. À voir l'angle de ses bras, l'éclat terni de ses yeux, la façon dont son visage était à moitié enfoui dans l'herbe, elle semblait...

Morte.

Katy sentit un frisson lui parcourir l'échine. Ses doigts se resserrèrent sur le bloc. Elle relut la liste, examina de nouveau le dessin.

Raconter au shérif Harvey et à papa.

Elle frissonna une nouvelle fois.

De quoi Matt désirait-il parler au shérif Harvey ? Et qui était cette jeune fille ?

Elle voulut poser le bloc sur le lit, mais ne put s'y résoudre. Ses doigts semblaient retenus par une main invisible.

Quelque chose de froid, le souffle d'un fantôme, effleura sa nuque et disparut.

Katy relut ce qui était écrit.

« Ça ne veut rien dire », se répéta-t-elle. Mais ses yeux étaient attirés par l'étrange esquisse de cette fille dans l'herbe. À côté d'elle, il y avait une souche, et à l'arrière-plan, une colline.

— Matt, qu'est-ce que c'est ? chuchota-t-elle en essayant de chasser le malaise qui l'avait envahie.

Avait-il inventé cela de toutes pièces ou s'agissait-il de quelque chose qu'il avait vu ?

Elle tourna la page. La suivante était vierge. Celle d'après aussi.

Cette liste et ce dessin dataient vraisemblablement du jour de sa mort. Peut-être de la veille. Elle ferma les yeux et fouilla dans sa mémoire. Elle était presque sûre que le jour où Matt était mort, il devait réviser un contrôle de maths. Elle se rappelait l'avoir entendu s'en plaindre quand il lui avait dit qu'il devait repeindre la grange des Jenssen parce que Jackson avait un rendez-vous avec Holly Sue Granger ce soir-là. Qu'il serait obligé de réviser en rentrant et qu'il espérait que sa peinture ne lui prendrait pas trop de temps. Qu'Allison était furieuse parce qu'il avait promis de l'aider à préparer les décorations pour le bal de fin d'année et qu'au lieu de cela, il devait non seulement travailler mais étudier.

Appeler Allison.

Katy inspecta rapidement le reste du sac à dos, mais ne trouva rien de plus insolite qu'une lampe de poche, un vieux tee-shirt moisi roulé en boule dans le fond et un dictionnaire de poche anglais-espagnol.

Elle remit tout dans le sac, à l'exception du bloc, et le referma. Puis, après une hésitation, elle arracha la première page du bloc et l'emporta dans sa chambre.

Le dessin la perturbait. Elle ne pouvait s'empêcher de penser que la fille qu'avait représentée Matt ne dormait pas, qu'elle n'était pas simplement allongée dans l'herbe. Qu'elle était morte.

Or, jamais à sa connaissance son frère n'avait dessiné un animal mort, encore moins une personne. Alors, pourquoi, le jour même de sa mort…

Katy respira un grand coup et se dit qu'elle laissait son imagination s'emballer. Elle glissa le dessin dans le tiroir de son bureau, qu'elle referma, puis elle alla s'asseoir devant la fenêtre.

Dehors, les Laramie semblaient proches et menaçantes. Malgré la demi-lune, le ciel était étrangement sombre. Même les ombres des arbres paraissaient plus denses, plus pétries de secrets que jamais. « Tu es ridicule », se morigéna-t-elle. Elle ouvrit la fenêtre et inspira lentement l'air de la nuit chargé du parfum des pins.

Au loin, elle entendit le hululement d'une chouette qui chassait sa proie. Un coyote hurla dans les collines. Le vent se leva, balayant la vallée d'un bruissement de feuillages et d'un son qui ressemblait au battement d'ailes d'un aigle.

Elle resta longtemps assise sur la banquette de son enfance. Et là, le regard perdu dans la nuit et dans l'éclat cristallin de la lune, elle sut ce qu'elle allait faire.

Le lendemain, elle irait trouver le shérif Harvey. Elle lui demanderait si Matt était venu lui parler le jour de sa mort. Et si oui, de quoi.

C'était certainement quelque chose de tout simple, d'anodin, se dit-elle, sans aucun rapport avec ce dessin qui était probablement le dernier que son frère ait jamais fait.

7

— Je te remets une bière, Jackson ?

Corinne Thomas s'arrêta devant la table de Jackson Brent et attendit, la tête inclinée sur le côté, tandis qu'il semblait émerger de sa torpeur. Elle doutait qu'il soit ivre – Jackson ne buvait jamais plus de quelques verres. D'ailleurs, il n'y avait qu'une bouteille de Budweiser sur sa table. Mais il semblait préoccupé, perdu dans ses pensées, au point qu'il n'avait même pas dû l'entendre. Soudain, il remarqua qu'elle se tenait debout à côté de lui et se redressa en sursaut.

— Tout va bien, mon chou, lui dit-elle en riant. Je te demandais juste si tu voulais une autre bière.

— Avec plaisir, Corinne, répondit-il avec un sourire distrait.

— Il y a quelque chose qui ne va pas ? Tu as l'air de drôlement cogiter. Et tu ne danses guère, ce soir, ajouta-t-elle.

Trois ou quatre couples ondulaient sur la piste de danse du *Tumbleweed Bar & Grill*. Au bar, Luke Dillard pivota sur son tabouret et observa Corinne à travers ses yeux plissés, étudiant sa longue chevelure blonde qui brillait sous les lumières tamisées et la façon dont elle tenait son plateau de boissons contre sa hanche.

— Mais c'est peut-être que je n'avais pas encore trouvé la bonne cavalière, dit Jackson avec un grand sourire. Tu veux danser ?

— Ah, enfin ! Je croyais que tu ne me le demanderais jamais.

En riant, il se leva, lui prit son plateau et le posa sur la table. Tandis qu'il la conduisait sur la piste de danse et passait un bras amical autour de sa taille, il s'efforça de comprendre ce qui lui arrivait.

Ce soir-là, après avoir terminé ses visites et s'être occupé de ses propres chevaux, de ses deux chiens et du chat à poil roux qu'il avait adopté quelques mois plus tôt, il s'était senti très agité. Trop agité pour rester chez lui, trop agité pour se détendre.

Le chalet qu'il avait construit, à un kilomètre du ranch où son père s'était soûlé chaque soir à partir du jour où sa mère les avait abandonnés, lui avait paru étrangement oppressant, aussi avait-il emmené Jiggers faire un tour dans les collines. Il avait songé à passer la nuit à la belle étoile – ce qu'il faisait régulièrement quand il avait besoin de décompresser –, mais même cette perspective ne l'avait pas séduit.

Il était donc venu là, boire un verre et danser, parler à des gens et écouter de la musique, dans l'espoir que cela lui changerait les idées. Ou dans l'espoir de rencontrer Kelly Jones et de lui offrir un verre.

Ou de coucher avec elle, corrigea-t-il silencieusement en bavardant avec Corinne sur la piste de danse, tandis que Patsy Cline roucoulait dans le juke-box.

Kelly travaillait à la banque et était très sérieuse dans la journée, mais le soir, elle aimait jouer au billard et se détendre au *Tumbleweed*. Leur relation n'était pas très suivie – parfois ils dînaient ensemble, parfois ils mangeaient du pop-corn en regardant un film, parfois encore ils passaient de longues nuits torrides extrêmement satisfaisantes. Kelly était une très belle rousse aux cheveux courts et au teint laiteux. Ses grands yeux avaient la couleur de l'herbe qui poussait dru dans les prairies du Wyoming. Elle était gaie, agréable, et surtout, après deux divorces, elle n'aspirait pas à une relation sérieuse.

Cela convenait parfaitement à Jackson. L'attachement, l'engagement, *a fortiori* le mariage n'étaient pas faits pour lui. Ni maintenant ni jamais.

Quand on se laissait aller à être trop proche des gens, cela finissait toujours mal. Il l'avait appris bien longtemps auparavant.

Voilà pourquoi il choisissait avec prudence les femmes qui entraient dans sa vie. Il évitait soigneusement celles qui semblaient sentimentales ou qui cherchaient un mari. Il ne voulait ni faire souffrir, ni souffrir – il avait assez souffert vingt ans plus tôt, quand Mary Alice Brent avait disparu à jamais de sa vie.

Son père avait noyé son chagrin dans la bouteille. Jackson s'était promis, en écoutant chaque soir son père ivre sangloter et supplier Mary Alice de revenir, qu'il ne deviendrait jamais comme lui. Il s'endormait au son des cris et des insultes de son père et se réveillait dans les remugles d'alcool renversé, de vomissures et de sueur aigre. Il s'était juré de ne jamais laisser personne, homme ou femme, occuper tant de place dans sa vie.

Puis, en cinquième, Matt Templeton était devenu son meilleur ami, et cette amitié lui avait apporté la joie et la gaieté. La famille de Matt l'avait accueilli comme un deuxième fils, l'avait invité à dîner, à pêcher, à participer aux rassemblements de bétail... La porte des Templeton lui était toujours ouverte. Ils lui avaient donné le sentiment d'appartenir une famille – sentiment dont il ne savait pas, avant de l'éprouver, qu'il lui faisait à ce point défaut.

Puis Matt était mort, et quelque chose en Jackson était mort aussi. La sœur de Matt lui avait reproché l'accident et, sachant qu'elle ne pouvait supporter sa vue, il avait gardé ses distances avec les Templeton.

Il avait redécouvert, alors, à quel point on souffrait quand on devenait proche des gens, quand on aimait trop quelqu'un, quand on se laissait aimer. Car rien ne garantissait que cela pouvait durer, et lorsque ceux que vous aimiez disparaissaient, vous vous retrouviez encore plus seul qu'avant.

La chanson se termina, et le juke-box du *Tumbleweed* se tut, laissant la place au bruit des queues de billard contre les boules, des verres qui s'entrechoquaient, des discussions et des rires. Corinne passa un bras autour de ses épaules et l'observa d'un œil inquiet.

— Qu'est-ce qui ne va pas, Jackson ? Tu n'es pas toi-même, ce soir. Tu as des ennuis avec une femme ? C'est Kelly Jones ?

— Non, répondit-il.

Il se rendit compte au même moment que c'était à moitié vrai. Il y avait bien une femme qui le tracassait, mais il ne s'agissait pas de Kelly Jones. S'il avait espéré la voir ce soir, c'était uniquement pour pouvoir penser à autre chose qu'à la véritable cause de son irritation.

Katy Templeton.

Elle le détestait. Il n'aurait pas dû s'en soucier, il le savait bien, mais curieusement, sa froideur et sa condescendance le blessaient. D'autant plus qu'elle était ravissante. La petite sœur de Matt n'était plus une grande bringue tout en coudes et en genoux, comme à quatorze ans. Elle était belle, elle sentait bon, elle était sexy. Et elle ne lui apporterait que des ennuis.

Nourrir ne fût-ce que l'ombre d'une attirance pour elle n'était ni réaliste ni intelligent. Or, pendant toutes ces années où Jackson n'avait compté que sur lui-même pour gagner de quoi payer ses études de vétérinaire, en cumulant trois petits boulots et en réduisant ses dépenses au minimum, il avait précisément appris à être réaliste et intelligent.

— Il paraît qu'entre Roy Hewett et toi, c'est une affaire qui roule, dit-il à Corinne en la raccompagnant à la table. Peut-être bien que je suis jaloux.

Corinne s'esclaffa en jetant la tête en arrière.

— Mon œil ! fit-elle. Tu es un bon copain, Jackson, mais même si je couchais avec un grizzly, tu t'en ficherais pas mal. Celui-là, par contre, ajouta-t-elle en reprenant son plateau, c'est une autre histoire.

Jackson vit qu'elle jetait un coup d'œil à Luke Dillard par-dessus son épaule.

— Sous prétexte qu'on est sortis ensemble deux ou trois fois, Luke s'imagine que je lui appartiens. Eh bien, il va déchanter, marmonna-t-elle.

Jackson regarda tranquillement Dillard.

— Si ce connard t'embête, préviens-moi, dit-il à Corinne, en soutenant le regard hostile de Dillard.

Dillard baissa les yeux le premier et pivota sur son tabouret pour attraper sa bière.

— Merci, Jackson, mais je me débrouillerai très bien toute seule. Je t'apporte ta bière dans une seconde, lui dit-elle en s'éloignant.

À peine fut-elle partie prendre les commandes à une autre table que Luke Dillard se précipita vers Jackson.

— J'ai failli descendre un de tes clébards, ce matin, Brent. Le rouquin. Il est venu faire peur à mes veaux. Je l'ai pris pour un coyote, et pour un peu, je lui explosais la queue. Tu ferais bien d'empêcher tes bâtards de venir sur mes terres. On ne sait jamais ce qui peut arriver.

Jackson se raidit. Le « bâtard » en question était Ajax, un croisement de setter irlandais et de golden retriever qu'il avait recueilli au bord de la route, famélique, quelques mois plus tôt. Il l'avait ramené chez lui, l'avait nourri, baigné, brossé et avait vite découvert qu'il n'existait pas de chien plus loyal et doté d'un meilleur caractère qu'Ajax.

Jackson fixa l'homme blond aux yeux durs qui se dressait au-dessus de lui et dit doucement :

— J'espère pour toi que ce n'est pas une menace, Dillard.

Luke Dillard haussa les épaules et adressa à Jackson le regard innocent qu'il avait utilisé face à ses professeurs pendant toutes ses études chaque fois que quelqu'un leur envoyait des boulettes de papier mâché dans le dos.

— Un simple avertissement amical, dit-il.

Mais son sourire ne cachait pas l'éclat glacial de ses yeux couleur tabac.

— Eh bien, en voici un pour toi, répondit Jackson en se penchant en arrière sur sa chaise et en considérant son interlocuteur d'un œil flegmatique. S'il arrive quoi que ce soit à un de mes chiens, ou à un autre de mes animaux, je te flanquerai une raclée.

Toute fausse amabilité déserta le visage de Dillard.

— Tu t'en crois capable, Brent ? se moqua-t-il.

— Je ne te conseille pas de me mettre à l'épreuve.

Jackson continuait à parler calmement, sans prendre la peine de se lever. Il vit la mâchoire de Dillard se contracter, puis reporta son attention sur Corinne, qui revenait avec une bière fraîche.

— Merci, Corinne.

— Tout va bien ? demanda-t-elle avec un coup d'œil vaguement inquiet aux deux hommes.

— Impeccable, répondit Dillard en la prenant par le bras. Hé, ma beauté, tu danses ?

— Tout à l'heure, peut-être. Je suis seule à servir pour l'instant. Andi est rentrée chez elle, elle était malade.

Elle dégagea son bras et repartit vers le bar. Pendant un moment, Luke Dillard la contempla d'un air furieux.

Jackson dut prendre sur lui pour ne pas bondir et lui flanquer son poing en pleine figure. Il n'était pas d'humeur à supporter l'arrogance de Dillard, sa fatuité et la façon possessive dont il traitait toutes les femmes qui passaient à moins de trois mètres de lui. Il avait vu le genre de salaud qu'était Dillard des années plus tôt, quand celui-ci avait essayé de violer Katy Templeton, dans les bois de Bear Trail.

Certes, Dillard avait grandi, depuis cet épisode. C'était devenu un homme d'affaires avisé. Il avait étoffé le domaine de ses parents et était à présent considéré comme l'un des propriétaires de ranch les plus prospères de Thunder Creek. Mais il n'en restait pas moins un imbécile et une brute, songea Jackson.

Et un bien piètre exemple pour le fils de son frère.

— Il paraît que ton neveu a failli avoir un accident sur Snake Road, aujourd'hui.

Jackson porta sa bouteille de bière à ses lèvres et avala une gorgée. Les nouvelles voyageaient vite, dans les petites villes, et il était tombé sur Roy Hewett au drugstore.

— Il roulait à fond, reprit-il, et il a fait faire une sortie de route à une autre voiture. Je crois que tu devrais avoir une petite conversation avec lui.

— Et qui a-t-il failli percuter ? Toi ? demanda Luke Dillard avec ironie.

— Katy Templeton. Elle a dû faire un écart et s'est retrouvée dans le fossé.

Dillard enfonça les mains dans les poches de son jean, et Jackson discerna une lueur d'intérêt dans ses yeux.

— Ah, oui ? Dommage. Katy va bien ?

— Pas grâce à Corey.

— Je passerai peut-être rendre visite à Katy et prendre de ses nouvelles, fit Dillard en souriant. Et ne t'en fais pas pour mon neveu. Il est jeune et plein de fougue, c'est tout. Il n'a pas de mauvaises intentions.

— Serre-lui la vis, Dillard. C'est le meilleur service que tu puisses lui rendre. Avant qu'il n'ait de vrais problèmes.

— Regardez donc qui me donne des conseils d'éducation ! Tu as déjà élevé des enfants, Brent ? À moins que tu ne parles d'après l'expérience de ton père... Mais ce vieux Clayton n'était pas exactement un mari ni un père modèle, hein ? Sinon, ta mère ne se serait sûrement pas fait la malle.

Jackson se leva lentement et souplement, mais son poing jaillit tel un éclair et s'écrasa sur la bouche de Dillard avec un craquement sinistre.

Luke Dillard tomba comme une carte à jouer renversée par une pichenette. Du sang gicla de sa lèvre. Jackson respira un grand coup, s'efforçant de contenir la rage qui couvait en lui.

— Espèce de taré, fit Dillard en prenant appui sur ses mains pour se relever.

Jackson s'obligea à ouvrir les poings. Il aurait bien continué à se battre avec Dillard, mais ils n'étaient pas dans une cour de récréation. Et il n'était plus un enfant. « Alors, cesse de te conduire comme un gamin », s'ordonna-t-il.

Mais il avait envie que Dillard se relève et recommence à le provoquer. Il était d'humeur à cogner quelqu'un, et ce salopard qui avait failli violer la sœur de Matt des années plus tôt ferait parfaitement l'affaire.

Et apparemment, à voir Luke Dillard qui se levait pesamment, les yeux injectés de sang, sans paraître remarquer le sang qui coulait de sa lèvre et tachait sa chemise blanche, Jackson allait obtenir exactement ce qu'il souhaitait, pour une fois.

— Qui t'a appris à frapper comme ça, Brent ? Ton vieux ? Il paraît qu'avant de sombrer dans l'alcool, il te battait. Si ça se trouve, il en faisait autant avec ta mère...

Jackson cogna de nouveau. Dillard chancela et recula d'un pas, mais il parvint à garder son équilibre. Il poussa un juron et fonça vers Jackson, tel un taureau enragé. Les deux hommes roulèrent à terre, attirant l'attention des clients, qui se regroupèrent en cercle autour d'eux.

Corinne et le patron du bar accoururent en leur criant d'arrêter.

Dillard balança un crochet du gauche dans la mâchoire de Jackson, mais ce fut le seul coup qu'il put porter. Jackson, lui, le bourra de coups de poing. Dillard tomba en arrière, et sa tête heurta le sol. Jackson aurait pu s'asseoir à califourchon sur lui et continuer à le frapper, mais il se maîtrisa et se dressa au-dessus de lui en respirant bruyamment.

— Ça te suffit ? demanda-t-il simplement.

L'œil droit de Dillard était à moitié fermé.

— Va te faire foutre.

Jackson s'apprêtait à le tirer par le col de sa chemise pour l'obliger à se relever et le frapper encore, mais à cet instant, Corinne intervint :

— Ça suffit, Jackson.

Ses yeux le suppliaient d'arrêter. Lentement, sa colère retomba, et il s'écarta, mettant quelques mètres entre lui et son adversaire.

— Tu as raison, Corinne, ça suffit.

Il prit quelques billets dans sa poche, les lui tendit et se dirigea vers la sortie. Elle le suivit et lui prit le bras au moment où il arrivait à la porte.

— Grands dieux, pour un homme aussi doux avec les animaux, tu as une sacrée droite !

Elle secoua la tête, et l'ombre d'un sourire effleura ses lèvres minces couleur pêche.

— Il n'en vaut pas la peine, tu ne le sais donc pas ? Mais je dois reconnaître que d'après ce que j'ai entendu, il l'a bien cherché.

— Laisse tomber, Corinne. Ce n'était pas très grave, de toute façon.

— J'espère qu'il ne va pas appeler le shérif, reprit-elle, ennuyée, en jetant un coup d'œil vers la salle, où Dillard refusait un sac de glace pour sa lèvre blessée.

Jackson haussa les épaules.

— Qu'il l'appelle, si ça l'amuse.

— Qu'est-ce qui t'a pris, ce soir ? Tu es l'homme le plus calme que je connaisse. Il y a quelque chose qui te ronge, j'en mettrais ma main à couper.

Elle avait raison. Pendant un instant, l'adorable visage de Katy Templeton et ses yeux méfiants lui emplirent l'esprit.

— Tu as déjà eu une démangeaison que tu ne pouvais pas soulager, Corinne ? Voilà ce qui m'arrive. Une sale démangeaison. Mais si je l'oublie assez longtemps, elle finira par disparaître.

— Sans doute, murmura-t-elle, sceptique.

Jackson s'en alla dans la nuit claire et fraîche. Dans le bar, quelqu'un choisit une ballade dans le juke-box, et deux couples avancèrent sur la piste de danse, pendant que Ray, le barman, ramenait Luke Dillard au comptoir et lui offrait une bière.

8

Assise sur une des banquettes du restaurant, Katy examinait la liste des spécialités maison qu'elle avait tapée sur son ordinateur portable : soupe de pois cassés, feuilleté au steak et fromage, poulet coyote. Outre les pâtisseries habituelles – tarte aux pommes, tarte à la rhubarbe, gâteau au gingembre et au cassis –, le dessert spécial de la première semaine serait le gâteau au chocolat Devil Canyon.

Tout se présentait très bien. Elle était excitée d'ajouter quelques plats à la carte. Bien sûr, elle continuerait à servir les classiques de sa grand-mère : pain de viande en sauce, sandwich bacon-laitue-tomate, travers de porc et frites, hamburgers, sans oublier l'incontournable poulet rôti. Pour le petit déjeuner, il y aurait des crêpes, des gaufres et des œufs aux saucisses et bacon, mais elle proposerait également des bagels, des muffins et du fromage blanc au muesli.

En attendant de concevoir et de faire imprimer des menus, elle ajouterait ces nouvelles spécialités sur une feuille à part, ce qui permettrait aux clients de s'y habituer. Et elle devrait former son jeune cuisinier pour qu'il l'aide à préparer les nouveaux plats.

Au moment où cette pensée lui traversait l'esprit, elle entendit un grand fracas de casseroles dans la cuisine, suivi d'un bruit de vaisselle cassée.

— Tout va bien, Billy ?

Elle bondit sur ses pieds et courut vers la petite cuisine ouverte qui donnait sur la salle. Billy Stone, le petit-fils de la meilleure amie de Bessie, Ada, était déjà agenouillé par terre, entre deux grandes poêles et un saladier en verre brisé. Il nettoyait les coquilles d'œuf, les jaunes et le verre répandus dans toute la cuisine.

— Désolé, mademoiselle Templeton, dit-il avec un sourire penaud. J'en portais trop à la fois, je crois.

— Tu vas t'y habituer, Billy.

Elle lui tendit un rouleau d'essuie-tout.

— Fais attention aux bouts de verre. Attends, je vais chercher un balai.

Son téléphone portable sonna au moment où elle sortait du placard balayette et pelle.

— Seth, le moment est mal choisi pour parler. Je suis débordée.

— Écoute, Katy, je me fiche que tu sois débordée, répliqua son ex-mari d'une voix autoritaire. Il faut absolument que tu prennes le premier avion pour Dallas. Et tu dois être à Phoenix lundi matin. C'est la cata, là-bas, et si tu ne...

— As-tu parlé à mon avocat, Seth ? Maxwell t'a sûrement prévenu que je retirais mes billes. J'arrête la Rattlesnake Cafe Company. Tu comprends ? Alors, peu m'importe que les cuisiniers démissionnent, que les systèmes informatiques se plantent ou que les livraisons soient en retard. Cela ne me concerne plus.

Mais il ne l'écoutait pas. C'était le problème, avec Seth, se dit-elle en fermant les yeux un moment et en essayant de chasser le petit nœud de tension qui se formait dans son ventre, comme toujours quand elle devait lui parler ou penser à lui. C'était un homme d'affaires accompli, très fort en calculs et en projections, mais il n'écoutait pas assez les gens – pas plus ceux qui travaillaient pour lui que ceux qui partageaient sa vie. Voilà pourquoi c'était Katy qui avait été la responsable des ressources humaines et de la gestion quotidienne dans l'entreprise.

Mais cette époque était révolue. Elle ramassa le verre cassé pendant que Billy allait chercher une serpillière et un seau et que Seth continuait à lui parler de ses ennuis avec le personnel. « Pour l'instant, tout ce dont j'ai à m'inquiéter, se dit-elle, c'est de faire réparer le ventilateur, de former Billy et d'organiser l'emploi du temps de Daffodil Moline. »

Daffodil lui avait promis d'être là à 11 heures, et il était déjà midi moins le quart. La première chose qu'elle devrait apprendre à cette fille serait la ponctualité. Et la Rattlesnake Cafe Company devrait se passer d'elle.

— Seth... Seth ! Je ne peux rien pour toi, tu comprends ? Appelle Stephie, vois si elle peut t'aider. Oui, je sais, c'était ma secrétaire, mais elle est intelligente, elle connaît bien mon mode de gestion du personnel et elle serait certainement ravie d'aller rendre visite aux managers de Phoenix et de Dallas. Donne-lui une chance, Seth. De toute façon, je ne peux pas le faire et je...

La porte du restaurant s'ouvrit soudain sur une blonde explosive, et elle s'interrompit. La nouvelle venue portait un short en jean Gap, un petit bustier à rayures rose et orange et des sandales noires usées qui dévoilaient des ongles roses. Sa queue-de-cheval rebondit autour de son visage tandis qu'elle faisait irruption dans la pièce. Elle trébucha sur le pied d'une chaise, faillit tomber contre une table, s'étrangla avec son chewing-gum et se redressa *in extremis*.

— Oups ! Zut !

Elle respira un grand coup, mit deux doigts dans sa bouche et en sortit son chewing-gum, qu'elle colla avec insouciance sous une table.

— Mademoiselle Templeton, je suis Daffodil Moline. Désolée d'être en retard, mais j'ai perdu le papier où j'avais noté l'heure, et je ne me souvenais plus trop de ce que vous m'aviez dit. Et puis, tout à coup, pendant que je prenais mon petit déjeuner… Je mange toujours des flocons d'avoine le matin, mais pas des flocons d'avoine tout simples, vous savez, j'aime bien ajouter des raisins secs, des morceaux de banane et des pépites de chocolat. C'est ma mère qui m'a appris à les préparer comme ça quand j'étais petite, et c'est délicieux… Bref, j'étais là, en train de manger, et tout à coup, je me suis rappelé que vous aviez dit 11 heures, alors j'ai tout laissé en plan, j'ai couru dehors et sauté dans le pick-up, et me voilà !

— Seth, dit Katy d'un ton ferme, il faut que je te laisse.

Elle coupa la communication et posa le téléphone sur le comptoir.

— Alors…

L'adolescente avait de grands yeux bleus, qui, bizarrement, n'étaient pas vides, contrairement à ce que l'on aurait pu attendre d'une apparition pareille.

— Tu es Daffodil Moline.

Elle passa devant Billy, que l'arrivée de Daffodil avait rendu muet, et tendit la main à la jeune fille.

— Je suis Katy. Ma grand-mère m'a beaucoup parlé de toi.

— C'est vrai ? Oh, c'est tellement gentil de sa part ! Comment va-t-elle ?

— Mieux, merci. Tu connais Billy Stone ?

— Euh… oui, on peut dire ça, étant donné qu'on est sortis ensemble. C'est de l'histoire ancienne, précisa-t-elle avec un nouveau jet de queue-de-cheval.

Billy se rembrunit.

— C'est sûr, fit-il. Ça a été la plus grosse bêtise de ma vie.

— De la mienne aussi, répliqua Daffodil en plissant les yeux, sa voix soudain plus dure. Ne me dites pas que vous l'embauchez, mademoiselle Templeton… je veux dire, Katy. Je ne crois pas qu'il y ait de la place pour nous deux, ici.

— Ah, bon ? Je suis navrée d'entendre cela.

— C'est que ce serait vraiment gênant pour moi de travailler avec un ex, vous comprenez. Et... et ça ne plairait pas à mon nouveau petit copain. Corey est très jaloux, il n'aime pas que je sois en compagnie d'autres garçons, même si je ne regarde jamais personne, vous pensez, j'ai déjà Corey. Et de toute façon, avec moi, c'est clair : une fois que c'est terminé avec un garçon, c'est terminé, si vous voyez ce que je veux dire.

— Je crois que oui.

Katy lui adressa un sourire chaleureux.

— Eh bien, merci d'être venue. Billy et moi avons beaucoup de travail, alors on va s'y remettre tout de suite. Referme bien la porte en sortant, d'accord ?

— En sortant ? Mais... et mon emploi du temps ? Vous ne m'avez pas parlé de mes horaires. C'est pour cela que je suis venue.

— Oui, mais comme tu m'as dit que...

Katy afficha une expression perplexe.

— Je croyais que tu ne voulais pas travailler avec Billy. Or, je l'ai engagé pour m'aider en cuisine, et je n'ai pas l'intention de le congédier. Il est travailleur, sérieux, désireux d'apprendre, et il va m'être d'une aide inestimable. Alors, si tu refuses de travailler avec lui, je le regrette, mais il faudra que je trouve quelqu'un que cela ne dérange pas.

Du coin de l'œil, elle vit Billy se détendre. Daffodil la fixa, sous le choc.

— Vous voulez dire que vous le préférez à moi ? Mais j'ai de l'expérience !

— Billy sait faire la cuisine, expliqua gentiment Katy. J'ai vraiment besoin de lui, d'autant plus que j'ai ajouté des plats à la carte et qu'il faudra que je m'absente de temps en temps pour aller voir ma grand-mère. Je peux toujours trouver une autre serveuse, alors qu'un cuisinier...

— Non ! s'écria Daffodil. Je... j'ai besoin de ce job. Je dois faire des économies pour la fac et j'ai besoin de ce boulot, répéta-t-elle.

Elle jeta un regard furieux à Billy et ajouta d'un ton désinvolte :

— D'accord. S'il peut supporter de bosser à côté de moi, je m'en arrangerai aussi, pas de problème.

— Dans ce cas, l'affaire est réglée.

Katy réprima un sourire lorsque Billy émit un reniflement désapprobateur, avant de retourner à sa serpillière.

— Viens t'asseoir, Daffodil, qu'on organise ton emploi du temps. J'ai prévu de rouvrir le restaurant mardi, si toutes les livraisons arrivent lundi, comme prévu. J'aurai besoin de toi à 8 heures précises le matin. Fais en sorte de ne pas être en retard.

Ce ne fut qu'en milieu d'après-midi que Katy eut le temps de parcourir les cinq cents mètres qui la séparaient du bureau du shérif Harvey. Elle avait demandé à son père, un peu plus tôt, si Matt lui avait raconté quoi que ce soit de particulier le jour de sa mort, et Big John l'avait regardée comme si elle avait perdu l'esprit. Lorsqu'elle avait insisté, il lui avait rappelé à voix basse que Dorsey et lui étaient à Butte le jour de la mort de Matt. Ils s'étaient certes téléphoné brièvement, mais n'avaient parlé que du concours hippique.

Big John lui avait ensuite demandé pourquoi elle lui posait cette question, et Katy avait décidé de ne pas lui parler du dessin. Pas encore. Ce n'était probablement pas important, alors à quoi bon le perturber pour rien ?

C'était une chaude journée, avec un ciel d'un bleu si limpide et si vaste qu'on aurait pu s'y noyer. La douceur de l'air la berçait, réveillait des sensations oubliées depuis longtemps. Malgré la chaleur, il suffisait pour se rafraîchir de jeter un coup d'œil aux montagnes et de regarder les cascades argentées dégringoler au loin, les plateaux rocheux où les élans surveillaient les vallées et, surtout, la neige scintillante qui décorait les sommets.

La beauté des grands espaces, des montagnes, des vallées verdoyantes l'enveloppa, lui communiqua sa sérénité, apaisa quelque chose en elle. Thunder Creek était l'antithèse des rues encombrées et bruyantes de New York.

Le bureau du shérif Harvey consistait en un bâtiment en brique d'un étage situé au bout de la ville. Elle traversa l'entrée lambrissée rafraîchie par plusieurs ventilateurs, passa devant le bureau désert de la réception. Le shérif se trouvait dans son bureau et tendait une liasse de papiers à une femme au nez crochu sur lequel étaient perchées des lunettes.

— Katy Templeton ! Il était temps que tu reviennes, dis donc !

Les yeux pétillants, Stan Harvey quitta son fauteuil, tandis que la secrétaire s'éloignait avec un hochement de tête à l'adresse de Katy.

— Big John m'a dit que tu allais rouvrir *Chez Bessie*. C'est merveilleux, ma fille !

Le shérif contourna le bureau, un grand sourire sur son visage épais. C'était un homme trapu et robuste, encore en bonne forme physique pour ses cinquante ans. Ses épais cheveux raides étaient aussi bruns qu'avant, toujours coupés en brosse, et son visage au teint coloré était rasé de près. L'éclat de ses yeux brun foncé et son élocution brève et concise trahissaient l'acuité de son intelligence et sa vivacité d'esprit. Il avait exercé à Butte avant de se marier et de s'installer à Thunder Creek. Outre son emploi de shérif, il s'occupait des intérêts pétroliers que le père d'Ardelle, sa femme à présent décédée, avait légués à sa fille et aidait à gérer le Last Trail Ranch, une propriété de deux mille cinq cents hectares qui était dans la famille de son épouse depuis quatre générations.

— Tu vas continuer à servir du poulet rôti et de la purée de pommes de terre, j'espère ? C'est mon menu préféré, comme tu peux le voir, ajouta-t-il en tapotant sa bedaine et en éclatant de rire.

— Absolument, shérif Harvey. Je n'ai rien retiré du menu. Je me suis contentée d'y ajouter quelques petites choses.

— Hou ! là là ! Des plats raffinés et sophistiqués comme on en mange à New York ? plaisanta-t-il.

Katy rit.

— Attendez mardi, vous verrez. Si vous n'aimez pas mon feuilleté au steak et au fromage, c'est moi qui vous offre le repas.

— Ma foi, tu peux compter sur un client, alors. De toute façon, tu es devenue une professionnelle de la cuisine, pas vrai ? Ton papa m'a montré cet article sur toi, dans *Newsweek*. Il n'était pas peu fier, tu peux me croire.

Katy lui sourit, puis son regard tomba sur une photographie encadrée d'Ardelle Harvey posée sur le bureau. Le shérif Harvey avait toujours soigné sa femme avec dévouement et affection. Pendant des années, elle avait souffert d'une malformation cardiaque congénitale, et elle était morte l'année précédente, la veille de Noël.

— Je suis désolée pour Mme Harvey, shérif. C'était une dame charmante.

— Ça, c'est bien vrai. Malgré toutes ses souffrances, elle avait toujours le sourire.

Il poussa un soupir, et son regard se voila.

— Pour être honnête, je me sens un peu perdu, sans elle. C'est difficile de vivre dans cette maison tout seul. Je ne l'ai encore dit à personne, mais j'envisage de vendre le Last Trail et mes intérêts dans le pétrole. J'ai envie de prendre ma retraite, de m'en aller d'ici. Je me verrais bien dans un petit cabanon quelque part dans les Tetons, sans rien d'autre à faire que pêcher, chasser et peut-être commencer ce livre que j'ai l'intention d'écrire.

— J'ignorais que vous vouliez écrire.

— Tu sais, on en voit, des choses, en trente ans d'exercice dans la police. Je crois que je tiens quelques belles histoires. Alors, pourquoi ne pas les raconter ? Je n'ai rien à perdre.

Tout le monde à Thunder Creek savait que le shérif Harvey n'avait pas besoin de travailler pour vivre. Ardelle lui avait légué toute sa fortune, laquelle était considérable. Mais Katy ne pouvait se représenter Thunder Creek sans le loyal homme de loi qui, d'aussi loin qu'elle se souvînt, avait toujours été l'ami de son père et le shérif de la ville.

— Vous allez horriblement manquer à vos partenaires de poker, remarqua-t-elle. Vous continuez à jouer avec M. McIntyre, le docteur Evans et mon père tous les lundis soir, je crois ?

— Oui, mais attention, pas un mot aux flics, hein ? fit-il dans un chuchotement théâtral. Les jeux d'argent sont illégaux, hors du Nevada.

Ils rirent tous les deux.

— Mais tu n'es pas venue ici pour me parler de poker, je suppose. Assieds-toi.

Ses yeux l'examinèrent, calmes et scrutateurs. Il prit place dans son grand fauteuil en cuir noir et posa les mains sur le bureau.

— Que puis-je pour toi, mon petit ?

Katy se surprit à hésiter. À la lumière du jour, loin de la chambre de Matt et de tous les objets qui l'entouraient lorsqu'elle avait regardé les photos et inspecté le sac à dos de son frère, il lui semblait impossible qu'un simple croquis vieux de quatorze ans ait une quelconque signification. Et que l'intention de Matt de « raconter » quelque chose au shérif puisse y être liée.

Et pourtant... ce dessin continuait à la hanter. Elle n'aurait su expliquer pourquoi, mais elle ne pouvait effacer de son esprit cette fille aux longs cheveux ondulés, la façon dont elle était allongée dans l'herbe, le frisson que lui avait donné cette image.

Le shérif attendait patiemment qu'elle lui expose l'objet de sa visite.

— Je suis venue au sujet de Matt, shérif Harvey. J'étais dans sa chambre, hier, et j'ai découvert une liste qu'il avait rédigée, je pense, le jour de sa mort. L'une des choses qu'il avait écrites était : « Raconter au shérif Harvey et à papa. » Je suis curieuse, ajouta-t-elle précipitamment. Matt est-il venu vous voir pour vous parler, avant sa mort ?

— Je ne m'en souviens pas, non, répondit-il, surpris.

— Vous en êtes certain ?

Le shérif plissa les yeux.

— Je ne me rappelle pas grand-chose de ce jour-là, hormis l'accident, mais il me semble que si j'avais parlé avec Matt, je m'en souviendrais. Si quelque chose en particulier te tracasse, une chose que je devrais savoir, je t'écoute, Katy, dis-le-moi. Peut-être pourrai-je t'aider.

Katy entendit des voix derrière la porte – un homme et une femme.

— Le shérif est occupé, mais il n'en a pas pour longtemps, disait la secrétaire.

Katy se sentit soudain stupide de faire perdre son temps au shérif avec une chose aussi vague qu'un vieux croquis et quelques lignes gribouillées, aussi reprit-elle vivement :

— Eh bien, il y a aussi un dessin sur la liste de Matt.

Elle se mordit la lèvre.

— Il est un peu... inhabituel, pour Matt. On dirait le croquis de... d'une fille morte.

Le shérif haussa les sourcils et la dévisagea de son regard pénétrant.

— Tu l'as reconnue ?

— Non... non... Je ne suis même pas sûre qu'elle soit morte. C'est juste un dessin. En bas de la page. Il n'est pas dans le style de Matt, mais cela ne signifie pas pour autant qu'il s'agisse d'une personne réelle, ni qu'elle soit morte.

— Tu veux que j'y jette un coup d'œil ?

— Non. Je... je voulais juste savoir si Matt vous avait signalé quelque chose. Je suis sûre que je m'en souviendrais, si une fille était morte à Thunder Creek en même temps que Matt.

— En tout cas, moi, je m'en souviendrais. Mais si ça peut te soulager, je vais regarder ça...

— Non, non, ce n'est pas la peine.

Katy se leva et remonta la bandoulière de son sac sur son épaule, pressée de s'en aller avant que le shérif n'insiste. La dernière chose dont ses parents avaient besoin, c'était qu'on recommence à parler de l'accident de Matt après toutes ces années, simplement parce qu'elle avait élaboré de vagues spéculations à partir d'un croquis.

— Je vous ai fait perdre assez de temps. Je voulais juste être sûre...

— Tu n'auras qu'à m'apporter ce dessin un de ces jours, dit le shérif en contournant son bureau. Je ne croule pas sous le travail, ces temps-ci, et je ne suis jamais trop occupé quand il s'agit de toi, de Dorsey ou de Big John. En fait, nous avons la chance que notre petite bourgade soit relativement paisible, ce qui rend mon métier plus facile. Pour l'instant, la seule chose qui me tracasse, dit-il avec un clin d'œil, c'est la bousculade qu'il risque d'y avoir au moment où tu rouvriras *Chez Bessie*.

— Je vous appellerai si je n'arrive pas à contenir la foule, promit-elle en s'éloignant.

— Pas la peine. Je serai le premier dans la file d'attente !

Un homme s'extirpa d'un fauteuil de la salle d'attente au moment où elle sortait du bureau. Il portait des lunettes noires d'aviateur et avait la lèvre supérieure enflée. Son profil était taillé à la serpe, ses cheveux blonds coupés court. Des effluves de son eau de toilette coûteuse, aux notes boisées et épicées, parvinrent aux narines de Katy.

— C'est mon jour de chance, dit Luke Dillard. Je me demandais quand je te croiserais.

Il n'avait guère changé depuis le lycée – il était toujours d'une beauté lisse et semblait aussi imbu de sa personne qu'autrefois. Il s'était un peu étoffé, mais son corps restait mince et ferme. À voir ses bottes luisantes, sa chemise noire et son pantalon en toile de bonne coupe, il avait réussi.

Mais tout ce que vit Katy en le regardant fut le garçon qui avait voulu lui arracher sa robe de bal dans les bois de Bear Trail.

— Eh bien, maintenant, tu peux arrêter de te poser la question, répondit-elle en continuant son chemin.

Derrière elle, le shérif accueillit Luke et lui demanda ce qu'il pouvait faire pour lui. Arrivée à la porte, elle crut entendre Luke parler de Jackson Brent. Elle ne ralentit pas, n'hésita pas, se contenta de tourner la poignée et ressortit dans le soleil et la chaleur.

D'un pas rapide, elle remonta la rue en direction du restaurant, en s'efforçant de réfléchir rationnellement.

« Regarde la réalité en face, se dit-elle. Tu ne sauras jamais pourquoi Matt a dessiné cette fille dans l'herbe. Et peut-être que ça n'a pas d'importance. »

Pourtant, ce croquis continuait à l'obnubiler.

Quand la réalité se seraient un peu tassées, après le barbecue, la réouverture du restaurant et le départ de ses parents pour Paris, elle parlerait à quelqu'un d'autre du croquis. À une personne qui avait été plus proche de Matt que quiconque. Plus même que Katy et que Jackson Brent.

Allison Pritchard, la petite amie de Matt.

Si quelqu'un possédait des renseignements sur ce jour d'automne où Matt avait trouvé la mort, songea Katy en clignant des yeux à cause du soleil, c'était Allison.

Et si Allison pouvait répondre aux questions qui la taraudaient, pourquoi ne pas les lui poser, tout simplement ?

9

Deux jours plus tard, Katy passa voir sa grand-mère avant de se rendre au barbecue organisé par Smoke.

— Tu as besoin de quelque chose avant que nous ne partions, Gram ?

— Oui. J'ai besoin que tu viennes ici pour que je puisse t'admirer, ordonna la vieille dame.

Katy obéit en souriant. La femme de Riley, Pat, qui était venue tenir compagnie à Gram, fit un « tss » de plaisir depuis sa chaise.

— Comme tu es jolie !

Ses yeux parcoururent la robe d'été en soie bleue qui mettait en valeur la silhouette mince de Katy et tombait délicatement juste au-dessous du genou. Katy s'était fait une jolie tresse qui lui arrivait au milieu du dos, et elle portait comme seuls bijoux de petites boucles d'oreilles en argent et sa goutte en diamant au bout d'une chaîne. Même ses sandales plates Prada semblaient aussi élégantes et sexy que des chaussures à talons.

— Quel cow-boy t'intéresse ? demanda Bessie.

— John Wayne.

— Il est mort. Allons, lequel ?

— Gene Autry.

— Le cow-boy chantant ? Il est mort aussi, répondit Pat en étouffant un rire.

Gram regardait sa petite-fille avec une résolution toute Templeton.

— Allons, cites-en un bien vivant, ma chérie. Je veux tout savoir. Aucune fille ne peut être si bien pomponnée et si jolie sans avoir un homme en vue.

— J'avoue tout, Gram, soupira Katy. J'ai entendu dire que Butch Cassidy allait enfin se montrer, ce soir. Il hante le ranch de Smoke depuis des années.

Bessie éclata de rire, et Katy vint embrasser sa grand-mère. Gram avait repris quelques couleurs et ses quintes de toux avaient cessé, au grand soulagement de toute la famille.

— J'ai juré de ne plus m'intéresser aux hommes jusqu'à la fin de mes jours, annonça Katy. Ils créent trop de problèmes.

— En voilà une belle vérité, déclara Pat. Votre petite-fille est maligne, Bessie.

— Hum. Une fille maligne qui porte un parfum bien sexy, insista Gram, tandis que Katy roulait des yeux et se dirigeait vers la porte.

— Ne vous faites pas de souci pour nous, ça va très bien aller, reprit Pat en sortant un paquet de cartes de son sac. Nous allons faire un petit black-jack et préparer le voyage de votre grand-mère à Las Vegas, au cas où elle pourrait y aller. Amusez-vous bien.

« Je ne demande pas mieux », songea Katy avec appréhension. Mais cette soirée s'annonçait peu prometteuse.

Elle en avait connu, des soirées, petites ou grandes, à travers tous les États-Unis, et même à l'étranger, mais l'idée de se trouver face à la plupart des habitants de Thunder Creek lui donnait envie de s'enfuir dans les collines. C'étaient les ragots et les chuchotements qui l'effrayaient. Dans une ville de cette taille, tous étaient fatalement au courant de son divorce, de sa fausse couche, de sa vie ratée dans la grande ville. Et ce qu'ils ignoraient, ils le demanderaient.

Enfin, se dit-elle en prenant son sac et en descendant rejoindre ses parents, autant s'en débarrasser d'un bloc plutôt que de devoir distiller des bribes d'informations à ces mêmes personnes quand elles viendraient au restaurant.

Pendant le trajet, ses parents lui annoncèrent qu'ils partiraient à Paris la semaine suivante, comme prévu. Katy en fut ravie. Dorsey et elle avaient donc eu raison des réticences de Big John. Il écouta dans un silence stoïque Dorsey parler de l'hôtel qu'elle avait réservé, des restaurants où elle voulait manger, des visites qu'elle comptait faire. Mais sa bouche était pincée, et il avait visiblement autant envie de partir en voyage que d'aller choisir sa propre pierre tombale chez un marbrier.

Lorsqu'ils approchèrent du ranch d'Ellen et de Smoke, niché dans les collines, Katy songea à l'objectif qu'elle s'était fixé pour la soirée : au lieu de s'inquiéter des questions qu'on allait lui poser, elle en poserait elle-même. Et elle découvrirait ce qu'était devenue Allison Pritchard. Sa mère lui avait dit qu'elle avait épousé un garçon rencontré à l'université et qu'elle n'était jamais revenue à Thunder Creek. Ses parents et son frère avaient déménagé, eux aussi. Ni Dorsey, ni Bessie, ni Margie ne connaissaient le nom de l'homme qu'elle avait épousé, ni n'étaient restées en contact avec elle. Cette soirée serait l'occasion idéale de l'évoquer et de tâcher de retrouver sa trace.

Lorsqu'ils arrivèrent, une petite foule se pressait déjà autour des chaises et des tables installées dehors. Katy repéra près de la grange la vieille amie de sa grand-mère, Ada Scott, qui parlait avec Ralph et Diane McIntyre, les parents de Smoke. Dans la grande cour, Smoke faisait cuire des grillades et des hamburgers. Ellen avait disposé sur les tables des salades de pommes de terre, des plats de haricots et d'épis de maïs, des petits pains au levain dans de grandes corbeilles et une marmite de poulet épicé au riz.

Ses parents se dirigèrent vers la grange pour aller saluer les invités d'honneur, et elle traversa la foule pour entrer dans la maison. Elle trouva Ellen dans la cuisine, en train de mettre la touche finale à un gâteau d'anniversaire au glaçage rose, pendant que Margie prenait dans le réfrigérateur une immense salade de pâtes.

— Te voilà enfin ! s'exclama Margie en apercevant Katy. Tu veux bien sortir les cookies et les brownies ? Lee devait surveiller Dougie, mais ce petit monstre a disparu je ne sais où. Cet enfant me fera mourir, je te jure !

Elle souffla pour chasser les cheveux qui lui tombaient devant les yeux et sortit précipitamment.

Ellen sourit à Katy. Ses cheveux noirs étaient coupés court, ce qui accentuait le côté émacié de son visage.

— J'ai dit à Margie que Doug devait être dans la grange en train de chasser les poulets, mais tant qu'elle ne l'aura pas retrouvé, elle sera dans tous ses états. Ça ne te dérange pas d'emporter les cookies et les brownies ? Ils vont sur la desserte, à côté des chaises, dans la cour… J'ai embauché Daffodil Moline pour s'occuper de mes enfants, mais le bébé vient de se réveiller. Je reviens dans une seconde.

Elle quitta la cuisine, et Katy souleva le grand plat ovale qui regorgeait de pâtisseries. Elle fit demi-tour en direction de la porte et faillit se cogner contre Luke Dillard.

— Hé, là, ma belle, regarde où tu vas.

— Je pourrais te dire la même chose, Luke.

Elle voulut passer devant lui, mais il fit un pas de côté pour se placer devant elle.

— J'aimerais que tu me racontes un peu ce que tu deviens. Ça fait si longtemps…

— Pas assez.

Elle leva les yeux vers lui. Avec sa chemise grise au col ouvert et son pantalon bleu marine, il était beau et policé.

— Voyons, Katy, ne me dis pas que tu m'en veux encore pour ce qui s'est passé il y a des siècles !

— Devine.

— Écoute, je suis désolé, d'accord ? J'étais un gosse, à l'époque, un stupide gamin. Je me suis emporté. J'ai grandi, depuis, au cas où tu ne l'aurais pas remarqué. Et toi aussi.

— Félicitations. Maintenant, pousse-toi, s'il te plaît. J'aimerais sortir.

— Combien de temps vas-tu me fuir comme ça ?

— Je ne te fuis pas, Luke.

Elle planta ses yeux clairs et froids dans les siens. D'une voix basse, presque aimable, elle dit :

— Je m'en vais. Ce n'est pas la même chose. Regarde.

Elle passa à côté de lui, et cette fois, il n'essaya pas de l'en empêcher. Elle sentit son regard sur elle, dans son dos, mais elle ne ralentit pas, ne se retourna pas. Elle poussa la porte-moustiquaire d'un coup de hanche et sortit.

Smoke l'emmena vers la glacière où se trouvaient des bières et des boissons non alcoolisées, et bientôt, elle fut entourée de vieux amis et de voisins. Certains connaissaient sa grand-mère depuis plus d'un demi-siècle, d'autres, comme Kelly Jones – qui travaillait à la banque, lui apprit Margie –, ne vivaient dans le Wyoming que depuis quelques années. Tout était réuni pour que la fête soit réussie : le tourbillon des rires et des voix, les effluves de viande grillée, la beauté radieuse de la soirée. Assise pour dîner sous un arbre avec Margie et sa famille, Roy Hewett et sa petite amie, Corinne Thomas, Ada Scott et plusieurs des amis de sa mère, Katy commença à se détendre.

Elle buvait du café et grignotait un cookie lorsqu'elle aperçut Jackson Brent, la tête penchée, qui écoutait attentivement Kelly Jones. Il y avait quelque chose dans la façon dont la main de Kelly était posée sur son bras, dans leur proximité, qui suggérait qu'ils étaient plus que de simples connaissances. Elle en fut surprise. Personne ne lui avait dit que Jackson Brent sortait avec quelqu'un. Cela n'avait d'ailleurs aucune importance, songea-t-elle en mordant dans son cookie.

Peu importait aussi que Jackson et Kelly forment un couple éblouissant – elle pâle et rousse, lui ténébreux et dangereusement séduisant. Avec son pantalon court blanc et son petit haut rouge, Kelly était le chic décontracté incarné.

« On dirait qu'ils sortent tout droit d'un magazine, d'une publicité pour un parfum ou des pastilles de menthe, songea-t-elle. Ou des préservatifs... »

— Katy... Katy, ma chérie, tu m'entends ?

Ada lui tapait sur l'épaule.

— Pardon, Ada, je rêvassais. Que disiez-vous ?

— Je disais que c'était vraiment gentil à toi d'avoir donné ce travail à Billy au restaurant. Il a tellement envie d'aller à l'université ! J'aimerais bien pouvoir l'aider davantage, mais ce que j'ai ne suffirait même pas à faire vivre une puce. Alors, Billy va devoir payer toutes ses études lui-même. Sauf si je touche le jackpot à Las Vegas avec Bessie !

Elle gloussa.

— Tu te rends compte ? Ce serait quelque chose, pas vrai ? Enfin, pour l'instant, il vaut mieux ne pas compter là-dessus. Billy devra travailler dur, c'est comme ça.

— En tout cas, je suis ravie de l'avoir pour m'aider. S'il le désire, il pourra rester toute l'année scolaire. Nous trouverons des horaires souples qui s'adapteront à ses heures de cours. Je serai triste de le perdre, ensuite...

— Alors, c'est vrai ? demanda derrière elle une voix de femme imbibée de whisky.

Katy tourna la tête et leva les yeux vers le visage anguleux de Tammie Morgan.

— Tu vas rester et tenir *Chez Bessie* ?

— C'est mon projet, oui.

Elle réprima un soupir tandis que Tammie apportait une chaise et s'installait à côté d'elle, obligeant toute la tablée à déplacer les sièges pour lui faire de la place.

— Mais pourquoi ? Et pour combien de temps ? demanda Tammie.

Elle semblait réellement ennuyée, constata Katy. Son ancienne rivale de lycée pinçait les lèvres exactement comme le jour où leur professeur de théâtre leur avait annoncé que Katy avait remporté le premier rôle dans *Oklahoma*, alors que Tammie, d'un an plus âgée, estimait qu'il lui revenait de droit.

— Au moins jusqu'à ce que ma grand-mère soit complètement remise.

— Et si elle décide que c'est devenu trop difficile pour elle ? demanda Tammie vivement. À son âge, ce ne serait pas raisonnable de réintégrer la vie active après une pneumonie. Elle ne voudra peut-être pas reprendre le collier…

— Dans ce cas, je resterai et c'est moi qui tiendrai le restaurant, Tammie.

Tammie repoussa ses longs cheveux noirs, et sa bague en diamant sertie d'émeraudes étincela sous les flammes du soleil couchant. Elle ressemblait à une caricature d'épouse de propriétaire de ranch milliardaire, avec ses bras couverts de bracelets, son chemisier en soie blanche, sa jupe en jean festonnée assortie d'une large ceinture incrustée de turquoises. Elle était bronzée, mince, émaciée par la liposuccion et le centre de remise en forme Canyon Spa, et ses longues boucles d'oreilles en platine étaient serties de minuscules diamants et d'éclats d'améthyste. Ses lèvres charnues étaient de la nuance exacte de ses ongles de mains et de pieds.

— Mais tu dois t'occuper d'affaires autrement plus importantes que *Chez Bessie*, non ? fit-elle en prenant un cookie, dont elle cassa un morceau pour le mettre dans sa bouche. Et tous tes merveilleux restaurants ? Tu préférerais sûrement être à New York, à Boston ou à Dallas plutôt que dans ce trou perdu qu'est Thunder Creek.

— Que reprochez-vous à Thunder Creek ? demanda Ada.

— Rien, rien. Nous adorons Thunder Creek, Wood et moi, mais pour Katy, c'est différent. Nous, nous sommes installés ici, dans notre propre maison, avec un gros ranch à faire tourner, nos enfants, tout ça.

Si elle avait cherché à blesser Katy, c'était réussi. Mais celle-ci demeura impassible, comme elle avait appris à le faire dans d'innombrables réunions – les leçons de Seth en matière de direction d'entreprise avaient porté leurs fruits.

Elle ne réagit pas, ne battit même pas des cils en voyant le lent sourire félin de Tammie se dessiner sur ses lèvres gonflées au collagène.

— Après tout, tu es une citadine, maintenant, Katy. Une fille branchée, libre comme l'air. Quelle chance tu as ! Je suis sûre que tu détesterais te retrouver coincée ici tout un hiver, par exemple.

— C'est gentil de t'inquiéter pour moi, Tammie, mais ça va très bien se passer. Ne te fais pas de souci pour moi. Tu dois déjà avoir assez de préoccupations, avec l'organisation de ton nouveau ranch de vacances.

— Je pense à toi et au ranch de vacances, justement.

Tammie sourit, d'un sourire un tantinet trop blanc pour être réellement beau.

— Wood et moi trouvons que l'emplacement de *Chez Bessie* serait formidable pour une petite boutique de souvenirs. Tu sais que les gens adorent faire des achats et rapporter des bricoles de leurs vacances. Nous sommes en train de racheter plusieurs emplacements, en ville, et nous envisageons de construire une charmante petite artère commerciale, avec un marchand de glaces à l'ancienne, un magasin où l'on vendrait des édredons faits à la main et des antiquités, et cette fameuse boutique de cadeaux. Tu sais, le genre d'endroit où l'on trouve des chapeaux de cow-boy, des ceintures en cuir et des boules de neige. Nous sommes disposés à te racheter le restaurant à un prix très intéressant.

Ada ricana et se pencha en arrière sur sa chaise, un pli réprobateur sur son doux visage. Katy sourit à l'amie de sa grand-mère et se leva.

— C'est très gentil à toi, Tammie, mais *Chez Bessie* n'est pas à vendre. Je suis sûre que Wood et toi trouverez un autre emplacement qui vous conviendra tout aussi bien.

Alors que Tammie ouvrait la bouche pour protester, Katy se pencha vers Ada et lui toucha la main.

— Voulez-vous que je vous apporte du café ? Ou du thé ?

— Non, merci, ma grande. Je crois que je vais aller bavarder avec ta maman. J'ai besoin de changer d'air, ajouta-t-elle à haute et intelligible voix.

Plusieurs personnes lui jetèrent un regard entendu. Puis, sans plus s'intéresser à Tammie, Ada laissa Katy l'aider à se lever, lui tapota le bras et s'en alla tranquillement.

Katy voulut se dérober également, mais en se retournant, elle tomba nez à nez avec Wood Morgan, le mari de Tammie. Ces deux-là étaient en couple depuis toujours, lui semblait-il. Ils sortaient déjà ensemble au lycée.

— Wood, chaton, tu tombes bien, fit Tammie avec un sourire éblouissant. Katy voudrait garder *Chez Bessie* et essayer de le tenir elle-même. J'ai tenté de lui expliquer que ce serait une erreur de ne pas accepter notre offre, mais je n'ai pas réussi à lui faire entendre raison.

Les yeux noisette perçants de Wood étincelèrent sous ses épais sourcils – lesquels, avec sa moustache, étaient les seuls traits marquants de son visage par ailleurs quelconque.

— Tammie a raison, dit-il tout de go à Katy. Tu ne vas pas te mettre sur le dos un restaurant dans une ville comme celle-ci. Regarde-toi : tu es une femme sophistiquée, belle, cultivée. Il faut que tu voyages, que tu danses jusqu'à l'aube, au lieu de te terrer dans un trou pareil.

— Merci pour cette belle harangue, Wood, et pour l'intérêt que tu me portes, mais *Chez Bessie* n'est pas à vendre. Il reste dans la famille.

— Oh, mais c'est que tu n'as pas encore entendu le montant de notre offre ! Si tu veux, je peux passer en discuter avec toi et...

— Ma réponse est non.

Katy réprimait sa colère avec peine. Elle considéra Wood et Tammie tour à tour et ressentit une bouffée de mépris. Elle n'avait jamais cédé à la pression et n'allait pas commencer maintenant. *Chez Bessie* était à elle et à sa grand-mère, ce lieu appartenait à leur histoire, il était chargé de souvenirs irremplaçables. Plutôt mourir que laisser Tammie Morgan arracher les vieilles banquettes, le gril, les tables et ce cher linoléum bleu délavé.

— Je ne changerai pas d'avis, si alléchante que soit votre offre. Trouvez un autre emplacement. Maintenant, si vous voulez bien m'excuser...

Sans leur laisser le temps de discuter, elle s'éloigna et tomba sur Roy Hewett.

— Ah, exactement la fille que je cherchais ! Tu danses, Katy ?

Elle ne s'était même pas rendu compte que Smoke avait augmenté le volume de la musique et que la voix de Shania Twain emplissait le jardin. Plusieurs couples dansaient déjà sur l'herbe, sous les premières étoiles.

Katy sourit à Roy.

— Ce serait avec plaisir, mais... ta copine...

— Corinne a dû partir de bonne heure. La nouvelle serveuse du *Tumbleweed* se fait constamment porter pâle, et il n'y a personne d'autre pour la remplacer.

— Elle a l'air gentille, commenta Katy, tandis que Roy la prenait par la taille et commençait à la faire danser.

— Oui, Corinne est une fille formidable. Mais... on se voit de temps en temps, c'est tout, on n'est pas officiellement ensemble. Tout est encore possible, pour moi...

« Y compris toi. » Il ne le dit pas, mais elle le devina à son regard, à l'intérêt chaleureux qu'elle lisait dans ses yeux bruns.

— Quand tu as quitté Thunder Creek, je croyais que tu ne reviendrais jamais. Et te revoir... ça a fait resurgir des tas de souvenirs.

— Pour moi aussi, Roy.

Elle ne voulait pas le vexer en lui disant qu'elle ne tenait pas à rallumer leur ancienne flamme, ni à en susciter de nouvelle, qu'elle était revenue pour faire le point et non pour se compliquer encore la vie. Or, les hommes vous compliquaient la vie. Aussi changea-t-elle de sujet. Elle l'interrogea sur des gens avec qui ils étaient au lycée, en mentionnant au passage Allison Pritchard.

Malheureusement, Roy n'avait aucune idée de ce qu'elle était devenue. Ada non plus n'avait pas su la renseigner. Néanmoins, Katy s'efforça de ne pas se décourager. Après Roy, Smoke vint l'inviter à danser, puis le père de Smoke, et ensuite Randy Purcell, un solide cowboy qui travaillait au ranch de Lee et Margie.

Ils dansaient à côté de Jackson Brent, qui tenait Kelly Jones serrée contre lui. Katy ne put s'empêcher de remarquer que Kelly murmurait quelque chose à l'oreille de Jackson avec un air séducteur.

« Certaines choses ne changent jamais », constata-t-elle avec agacement. Les femmes continuaient à craquer pour Jackson Brent, comme l'avait dit Margie. Katy avait du mal à refouler son irritation, qui refit surface un peu plus tard, quand elle vit Jackson danser avec une jeune et sérieuse institutrice de Thunder Creek, une fille aux grands yeux et aux cheveux de jais, puis avec Candy Merck, dont le père était propriétaire de la quincaillerie.

Après une heure de danse, elle était hors d'haleine et la tête lui tournait quand Margie vint lui dire au revoir, Cooper endormi dans ses bras. Puis elle aperçut sa mère dans la cour. Elle semblait faire ses adieux, elle aussi.

— Vous partez, maman ?

— Oui, dès que j'aurai retrouvé ton... ah, le voilà. Encore en train de se faire du souci pour Cleo.

En se retournant, Katy vit son père en grande conversation avec Jackson et Ada, du côté des enclos.

— L'accident de la remorque l'a vraiment bouleversé, soupira Dorsey.

Elle glissa un bras sous celui de Katy et l'entraîna vers Big John.

— Il tient absolument à ce que Cleo ait un poulain en bonne santé. Heureusement que Jackson s'occupe d'elle. Il est d'une patience d'ange avec ton père. N'importe quel autre vétérinaire s'arracherait les cheveux s'il lui fallait répondre à toutes les questions que pose ton père, faire tous les examens supplémentaires qu'il réclame...

— Nous ne devrions peut-être pas les interrompre, fit Katy en ralentissant au moment où Jackson levait les yeux vers elles.

Mais sa mère secoua la tête.

— Ton père pourrait parler de cette jument toute la nuit. Je voudrais rentrer m'assurer que Bessie dort bien. Et puis, il faut que je commence à réfléchir à mes bagages. Si je ne fais pas de liste, je suis fichue. J'ai des millions de choses à organiser avant de monter dans cet avion.

Elles rejoignirent le petit groupe, et Dorsey murmura :

— Mais tu n'es pas obligée de partir tout de suite, ma chérie. Reste encore et amuse-toi.

— Allons donc, je suis prête...

— Quoi ? Prête à rentrer ? Déjà ?

Ada eut un claquement de langue réprobateur.

— Katy, mon chou, moi, je suis prête à rentrer, mais pour toi, la soirée ne fait que commencer !

— C'est ce que je viens de lui dire, renchérit Dorsey.

— De mon temps... reprit Ada.

Elle s'interrompit avec un petit rire sec.

— Peu importe, personne ne s'intéresse plus au bon vieux temps. Mais tu es trop jeune et trop jolie pour quitter une soirée alors que le soleil vient tout juste de se coucher. Je parie que tu n'as même pas dansé avec la moitié des jeunes gens qui rêvent de t'inviter. Et vous, Jackson ? Avez-vous dansé avec notre Katy, ce soir ?

— Non, madame, répondit Jackson poliment. Je n'ai pas eu ce plaisir.

— Là, tu vois bien, fit Ada avec un hochement de tête satisfait.

— Ma chérie, Ada a raison, fit Dorsey en promenant son regard sur les danseurs. Reste donc encore un peu. Je suis sûre que tu trouveras quelqu'un pour te raccompagner un peu plus tard. Je demanderai à Smoke...

— Jackson sera certainement assez gentil pour la ramener, n'est-ce pas, Jackson ? pépia Ada.

Pendant un instant, Jackson eut l'air aussi ravi que si on lui avait demandé de marcher pieds nus sur des éclats de verre, mais il se ressaisit rapidement.

— Euh... oui. Bien sûr. Si Katy est d'accord, ajouta-t-il froidement.

Il y avait un défi, subtil mais bien réel, dans le regard indéchiffrable de Jackson. Instinctivement, Katy décida de le relever. Elle n'avait jamais eu peur de rien ni de personne. Ce n'était pas Jackson Brent qui allait l'effrayer.

— Volontiers, répondit-elle avec un sourire forcé. C'est très... gentil de ta part.

— Eh bien, si tout est réglé, allons-y, fit Big John avec impatience. Ada, vous venez avec nous ?

Il emmena Dorsey et la vieille dame vers la voiture, et Katy se retrouva seule à côté des enclos avec Jackson. Les notes assourdies d'une ballade flottèrent jusqu'à eux.

— Autant t'inviter à danser maintenant, dit-il.

— Tu n'es pas obligé de me faire danser, je t'assure. C'était un peu lourd de la part d'Ada, ces insinuations, et je préfère choisir mes partenaires moi-même...

— Moi aussi.

Jackson lui prit le bras alors qu'elle allait se dérober.

— En l'occurrence, c'est toi que je choisis.

Elle leva la tête vers lui. Au moment où leurs regards se croisèrent, elle sentit un tremblement dans tout son corps, semblable au grondement sourd d'une avalanche. Sans rien ajouter, il l'attira contre lui, passa un bras autour de sa taille et prit sa main dans la sienne.

Et avant d'avoir eu le temps de réaliser ce qui lui arrivait, Katy se retrouva en train de danser contre lui, leurs corps serrés ondulant ensemble aux accents de la lente mélodie qui dérivait à travers la nuit.

10

Curieusement, elle se sentait bien, dans ses bras. Des étoiles de plus en plus nombreuses parsemaient le ciel, le chuchotement des créatures nocturnes bourdonnait en même temps que la musique, et le souffle de Jackson Brent lui ébouriffait les cheveux.

Ni l'un ni l'autre ne parlèrent tant que dura le morceau. Puis Jackson s'écarta très légèrement, sans ôter son bras de sa taille ni lâcher sa main.

— Ce n'était pas si désagréable, si ? demanda-t-il.

— Parle pour toi, répliqua-t-elle.

Elle ne fit cependant aucun effort pour se dégager. Il sourit, et ses doigts se déplacèrent légèrement sur les siens.

— On continue ?

Danser avec lui revenait à jouer avec une grenade dégoupillée. « Tu as décidé d'éliminer les complications de ta vie », se rappela-t-elle en contemplant son visage merveilleusement beau et en essayant de ne pas se laisser aspirer par l'intensité du regard bleu qui semblait sonder son âme.

— Je crois qu'on devrait plutôt retourner avec les autres, répondit-elle. On est censés s'éviter, après tout.

— Tu as peur ?

Toujours ce même défi. Un éclat à peine perceptible pétillait dans ses yeux. Elle releva le menton.

— Navrée de te décevoir, mais je n'ai peur ni de toi ni de personne. D'ailleurs, de quoi devrais-je avoir peur ?

— De toi et moi.

Sans réfléchir, Jackson écarta une mèche du visage de Katy. Le sang bouillonnant, il regarda la façon dont la brise faisait onduler sa robe légère autour de son corps souple. S'ils s'étaient trouvés à une altitude un peu plus élevée, elle n'aurait pas pu se contenter d'un tissu si aérien. Elle aurait été frigorifiée, et il aurait dû la réchauffer...

Il interrompit là le fil de ses pensées. Comment pouvait-il divaguer ainsi ? Katy Templeton n'était pas le genre de fille qui recherchait une aventure sans lendemain. Elle sortait d'une sale période de sa vie. Il l'avait compris à la douleur qu'il avait vue dans ses yeux le premier soir, dans l'écurie. Elle était très vulnérable, sous son apparence froide et irréductible. Alors, pourquoi dansait-il avec elle, pourquoi voulait-il la convaincre de revenir dans ses bras ?

Avec les femmes, il s'arrangeait pour que les choses ne deviennent jamais sérieuses, il choisissait des partenaires qui ne cherchaient ni la stabilité, ni les promesses, ni l'amour. Il n'aurait su dire ce que Katy Templeton attendait d'un homme, mais il doutait que ce fût un petit épisode dans le foin et point final. Or, c'était tout ce qu'il avait à offrir à une femme.

— Toi et moi ? répéta-t-elle, incrédule. Il n'y a pas de toi et moi. Nous avons juste dansé ensemble parce qu'une vieille dame bien intentionnée a lancé des appels du pied pas très subtils.

— Tu as raison, dit-il avec désinvolture. N'en parlons plus.

Il se retourna, s'attendant qu'elle lui emboîte le pas, mais elle lui prit le bras.

— Pas si vite, Jackson. Qu'as-tu voulu suggérer ?

— Je croyais que tu étais pressée de rejoindre les autres.

— Oui, mais tu en as trop dit ou pas assez. Mettons les choses au point avant qu'elles ne deviennent compliquées.

— Il n'y a rien à mettre au point. Nous avons dansé, j'ai aimé ça et j'espère que tu peux en dire autant. C'est tout.

Une bouffée de colère envahit Katy. Elle avait parfaitement conscience qu'il éludait sa question. Mais peu importait. Ce qu'il avait failli lui dire, elle préférait ne pas le savoir.

« Toi et moi... »

Oui, décidément, mieux valait ne pas insister.

« Ce n'était qu'une petite phrase toute faite, un bobard comme il doit en servir à toutes les femmes, songea-t-elle avec une pointe de dégoût. Peut-être que ça marche avec d'autres, son baratin, mais je ne tomberai pas dans le panneau. »

Et elle se plaisait à penser qu'elle s'était fait clairement comprendre.

— Parfait, dit-elle avec un haussement d'épaules indifférent.

— Dis-moi juste quand tu seras prête à partir, lança Jackson dès qu'ils eurent regagné la cour et ses lampions.

Partout, des gens buvaient et bavardaient.

— Je suis prête maintenant, mais je me débrouillerai, ne t'inquiète pas.

— Pas question. J'ai promis à ta mère de te raccompagner chez toi.

— Je te libère de ta promesse.

— Je regrette, mais ça ne marche pas comme ça, répliqua-t-il avec un sourire glacial. La parole d'un homme est sacrée. Pour ce genre de choses, je suis assez têtu. C'est un autre de mes défauts, si tu en tiens le compte.

— Je ne prends pas cette peine, rassure-toi.

— Bien sûr. Quoi qu'il en soit, je te raccompagne. Si tu veux partir maintenant, pas de problème, allons-y. Si tu veux rentrer à 3 heures du matin, pas de problème non plus. Je vais jouer aux cartes avec Smoke, Ralph et les autres, dans la cuisine. Préviens-moi dès que tu en auras assez.

Sur ce, il partit rejoindre Smoke, M. McIntyre et Roy Hewett, en grande conversation près du barbecue.

Katy le fixa. Elle le maudissait encore intérieurement pour son arrogance quand Ellen vint la rejoindre, une tasse de café à la main.

— Ah, te voilà... Oh, oh, ajouta-t-elle en suivant le regard de Katy et en voyant son expression, quelque chose ne va pas ?

— Non, rien. C'est une merveilleuse soirée. Je suis juste un peu fatiguée.

Katy remarqua Tammie et Wood à côté de la glacière. Ils regardaient dans sa direction, comme s'ils hésitaient à venir relancer la conversation au sujet de la vente du restaurant. Par pitié, pas eux ! songea-t-elle. Luke Dillard discutait avec une blonde sans charme en jean et bustier violet, mais son regard quitta sa compagne et se posa sur Katy. Lorsqu'elle vit son expression gourmande, elle sentit son estomac se nouer.

Cela suffit à la décider.

— Je crois que je vais rentrer, Ellen. Jackson Brent a proposé de me raccompagner. Je t'aide à ranger un peu, puis je...

— Surtout pas, fit Ellen en agitant la main. Je m'en occuperai plus tard. Mais... Katy, si tu n'as pas envie de rentrer avec Jackson, quelle qu'en soit la raison...

Elle hésita. Ellen, comme tout le monde à Thunder Creek, se souvenait de la scène qu'elle avait faite lors de l'enterrement de Matt, songea Katy.

— Ce doit être délicat pour toi de le revoir, poursuivit Ellen avec calme. Je suis sûre que Smoke te raccompagnera avec plaisir, si tu préfères.

Katy jeta un coup d'œil vers le barbecue, où le shérif Harvey venait de se joindre à Jackson et aux autres. Smoke distribuait des cigares. Elle ne pouvait le soustraire à sa propre fête sous prétexte qu'elle était agacée par Jackson Brent. Et par l'émoi qu'elle avait ressenti durant leur danse.

— Pas la peine de déranger Smoke, répondit-elle. Cela ne me pose aucun problème de rentrer avec Jackson. Aucun.

Une demi-heure plus tard, elle était assise dans la voiture de Jackson, qui roulait sur une route presque aussi étroite et cahoteuse que celle où elle avait croisé Corey Dillard et son 4 × 4.

La pensée de Corey lui rappela un souvenir qu'elle avait presque oublié. Ce serait une manière comme une autre de rompre enfin le silence qui pesait entre Jackson et elle depuis leur départ. Elle lui apprit qu'en sortant du bureau du shérif, elle avait aperçu Luke Dillard et l'avait entendu mentionner le nom de Jackson.

— Cela ne me regarde pas, mais il n'avait pas l'air de te porter dans son cœur.

— Ça ne m'étonne guère. On ne s'est jamais entendus, tous les deux. En fait, je savais qu'il était allé voir le shérif. Il a porté plainte contre moi.

— Mais pourquoi ?

— Parce que c'est un connard.

Jackson coula un regard vers elle.

— Il prétend que mon chien Ajax est allé chez lui chasser son bétail. Il exige que je le garde en laisse, sinon il lui tirera dessus.

— Lui tirer dessus !

— Apparemment, le shérif Harvey l'a un peu calmé et l'a convaincu de ne pas porter plainte, mais Harvey est venu me voir, et maintenant, Ajax est en laisse. Le pauvre, ça ne lui plaît pas du tout.

Jackson savait très bien que la visite de Luke au shérif était une simple façon de se venger de l'incident du *Tumbleweed*. Faute d'avouer au shérif qu'il avait pris une raclée, il s'était plaint du chien.

Les phares éclairèrent brièvement la course d'un renard, qui détala dans un buisson.

— Pauvre Ajax, soupira Jackson. Une fois qu'un animal a goûté à la liberté, il n'aime pas être attaché.

Katy se demanda si Jackson Brent parlait uniquement de son chien. Était-ce une façon de lui faire part de sa philosophie de la vie ? Pensait-il qu'elle risquait de tomber amoureuse de ce méchant bourreau des cœurs épris de liberté ?

— Quelqu'un a déjà voulu t'attacher, Jackson ? demanda-t-elle avec calme.

— Jamais, répondit-il.

Puis il changea adroitement de sujet.

— Que faisais-tu chez le shérif Harvey ? Tu es allée te plaindre de la conduite de Corey Dillard ?

— Comment se fait-il que tu sois au courant ? s'étonna Katy.

— J'ai mes sources.

— C'est-à-dire ?

— Roy Hewett m'en a parlé.

— Ah, je vois… répondit-elle lentement. Mais ce n'est pas pour cette raison que je suis allée voir le shérif. Je… C'est au sujet d'autre chose.

Par la vitre ouverte, elle entendit un bruissement dans les broussailles, puis le hurlement solitaire d'un coyote, au loin.

— Autre chose ? répéta Jackson. Une amende pour avoir traversé hors des passages piétons ? Pour t'être garée en double file devant la quincaillerie ?

Distraite, Katy ne lui accorda même pas un sourire. Elle venait de se rendre compte que Jackson était la seule personne qu'elle n'avait pas interrogée sur Allison. Or, il avait été l'ami le plus proche de Matt... Peut-être était-il au courant du croquis ? De la fille dans l'herbe ?

— Je voulais parler au shérif d'une chose que j'ai trouvée dans la chambre de Matt, l'autre jour. Il s'agit d'un croquis qu'il a dessiné, mais qui ne ressemble pas à ses dessins habituels. Et... j'ai l'impression qu'il l'a fait le jour de sa mort.

Pendant un instant, le silence s'installa. « Le jour de sa mort. » Ce jour-là recelait tant de souvenirs pour eux deux... Il avait bouleversé leur destin à tout jamais.

— Tu as envie de m'en parler ? demanda enfin Jackson.

— Ce croquis représente une fille, dit doucement Katy. Matt l'a dessinée en bas d'une espèce de liste de choses à faire. Sur la liste, il était question de raconter quelque chose à papa et au shérif Harvey. Je pensais que c'était lié au dessin, mais Harvey n'est au courant de rien. Matt n'est pas allé le trouver le jour de sa mort. Et il n'a pas parlé à Big John non plus.

— Qu'est-ce qui a pu te faire penser, dans ce croquis, que le shérif était concerné ?

— Eh bien, la fille semblait... réelle. Très réelle. Tu sais que Matt dessinait toujours des choses qu'il voyait, jamais des choses qu'il imaginait. Alors, je me suis demandé s'il connaissait cette fille... et qui elle était. Parce que c'est un dessin un peu angoissant.

— Ça paraît étonnant, venant de Matt, objecta Jackson. Il voyait dans le monde beauté et fantaisie.

— Je sais. C'est pourquoi ce dessin m'a tellement perturbée. Et j'aimerais bien savoir qui est cette fille. Je ne l'ai pas reconnue, mais je me demandais si c'était quelqu'un que Matt avait vu... dans cette position.

Elle repensa aux yeux fermés, aux bras repliés sur l'herbe.

— Allison est peut-être au courant, poursuivit-elle. Matt a pu lui montrer le dessin ou lui en parler. Mais je ne sais pas où elle habite maintenant. J'ignore même son nom de femme mariée. Tu ne le saurais pas, par hasard ?

— Si. Nous avons toujours gardé le contact, Allison et moi.

— Elle vit encore dans le Wyoming ?

— Elle habite à Medicine Bow. Son mari s'appelle Leggett. Rusty Leggett. Ils ont deux enfants, des garçons. Mais je ne crois pas qu'elle soit vraiment heureuse. J'ai l'impression qu'elle ne s'est jamais remise de la mort de Matt...

— Oh... comme c'est triste !

Katy secoua la tête au souvenir de la jeune fille joyeuse qui avait été amoureuse de son frère.

— Matt était un être exceptionnel. Mais tout de même...

Tout de même, la vie continuait. Ses parents et elle étaient bien placés pour le savoir. La vie changeait, mais elle continuait. Un peu plus vide qu'avant, alors on essayait de combler les manques.

— Tu ne m'as pas dit ce que ce croquis avait d'inquiétant, reprit Jackson en s'engageant dans l'allée de gravier qui menait au Triple T.

Katy réfléchit un instant. Comment dire ? « La fille du dessin a l'air d'être morte » ? « Sa vue me donne la chair de poule » ?

— Le mieux serait que tu le voies. D'ailleurs, j'aimerais bien avoir ton avis.

Cela lui déplaisait d'avoir à dire ces mots à Jackson Brent, mais c'était la vérité : ayant été le meilleur ami de Matt, peut-être pourrait-il l'éclairer sur l'identité de l'inconnue du croquis. Il freina devant la maison, où seules étaient allumées les lumières du porche et de l'entrée.

— Si tu as le temps, je peux te le montrer tout de suite.

— Pas de problème. Je dois dire que tu as piqué ma curiosité.

Et de plus d'une façon, songea Jackson en ouvrant sa portière. Il contourna la voiture pour aider Katy à descendre, en espérant qu'elle ne remarquerait pas son malaise. Il doutait que ce soit une bonne idée de remuer ainsi le passé... Déterrer des événements survenus quatorze ans plus tôt ne risquait-il pas d'amener de nouvelles souffrances ?

Il s'était passé des choses à cette époque qu'il n'avait pas comprises, des choses qu'Allison avait mentionnées. Mais après la mort de Matt, plus rien de tout cela n'avait paru important, et il avait chassé les interrogations de son esprit.

Et voilà que Katy posait des questions. Il voulait voir ce croquis, voir si cela pouvait avoir un rapport avec le comportement de Matt à la fin de sa vie. Mais même après toutes ces années, Jackson était convaincu que Matt n'aurait pas aimé que sa petite sœur découvre son ténébreux secret, quel qu'il ait été.

Malheureusement, Katy ne lui faisait pas l'effet d'une femme qu'on pouvait influencer. En l'aidant à descendre, il vit son expression déterminée. Elle se dirigea vivement vers la maison, sa natte se balançant dans son dos au rythme de ses hanches. Elle ouvrit la porte, et Mojo aboya brièvement pour les accueillir.

— Je vais chercher le dessin, il est dans ma chambre, annonça-t-elle. Je reviens tout de suite, fais comme chez toi.

Elle lui montra le salon, puis le laissa en compagnie de Mojo et monta rapidement l'escalier.

11

Lorsque Katy redescendit, Jackson était assis sur le canapé recouvert de chintz, Mojo blotti à ses pieds. Il n'avait allumé aucune lampe, et le seul éclairage venait du couloir. Elle marqua une pause sur le seuil, le temps de l'observer. Dans la pénombre du salon, ses épaules paraissaient encore plus larges qu'en plein jour. Ses longues jambes étaient étendues devant lui, ses yeux semblaient refléter une humeur sombre.

La maison était silencieuse. Les parfums familiers de cèdre, de citron et de cannelle flottaient dans l'air, portés par la brise qui agitait les rideaux. Elle alluma une lampe d'appoint, à côté du canapé.

— Dis-moi ce que tu en penses.

Elle lui tendit le croquis, s'assit dans un fauteuil en face de lui et observa son visage tandis qu'il survolait la liste établie par Matt. Quand ses yeux descendirent sur le croquis, elle le vit froncer les sourcils.

— Qu'est-ce que c'est que… marmonna-t-il.

— Tu ne trouves pas qu'on dirait que… qu'elle est…

— Morte, acheva-t-il, sous le choc.

— Exactement, murmura Katy, l'estomac noué. Je me suis fait la même réflexion.

Jackson avait les yeux rivés sur le dessin.

— Ce n'est pas seulement sa position et l'angle de sa tête et de ses bras… C'est quelque chose dans le croquis lui-même. Une ambiance. Matt a capturé…

— Une tragédie ? suggéra Katy à voix basse. On ne sait pas exactement pourquoi on ressent ça, mais c'est dérangeant, n'est-ce pas ? Et terrible. C'est le sentiment qu'il a dû éprouver en la regardant...

— À mon avis, il s'agit de quelque chose que Matt a vu. Ce n'est pas imaginaire.

— Alors, tu ne la reconnais pas ?

Sans réfléchir, Katy était venue le rejoindre sur le canapé pour regarder le croquis à côté de lui.

— Non, pas vraiment...

Jackson s'efforça d'écarter la graine d'angoisse qui germait en lui, les souvenirs de Matt lors de cette dernière semaine, tout ce qui avait été incompréhensible, à l'époque. Katy n'avait aucun besoin de savoir tout cela. Mais elle le dévisageait comme si elle devinait qu'il lui cachait quelque chose, aussi ajouta-t-il rapidement :

— Elle me dit vaguement quelque chose. Ces cheveux bouclés...

Il fronça les sourcils, concentré, mais au bout d'un moment, il secoua la tête.

— Il me semble l'avoir vue quelque part, mais je n'arrive pas à me rappeler où.

Cela, au moins, était vrai. Mais Katy ne s'estima pas satisfaite.

— Peut-être qu'Allison pourrait apporter des réponses à nos questions. Il est possible que Matt lui ait parlé de cette fille ou du dessin.

Elle détacha son regard du croquis et fixa Jackson.

— Je ne sais pas pourquoi, mais j'ai besoin de comprendre pourquoi Matt a dessiné une fille morte juste avant de mourir.

— Comment sais-tu à quand remonte ce dessin ?

Elle lui parla du contrôle de maths, de la liste.

— Tu as beaucoup réfléchi à tout ça, on dirait...

— Il faut que je creuse la question jusqu'au bout. Et comme tu ne sais pas qui est cette fille, je pense qu'Allison est la mieux placée pour me renseigner.

Il lui rendit le croquis.

— Tu as sans doute raison. Mais... écoute, tu es sûre de vouloir remuer tout ça maintenant ? Quatorze années se sont écoulées. Il existe probablement une explication tout à fait banale à ce croquis, et en définitive, tu n'auras fait que...

— Découvrir qui est cette fille et pourquoi Matt l'a dessinée, termina-t-elle sans s'émouvoir. C'est exactement ce que j'ai l'intention de faire. Je ne te demande pas ton aide, je voudrais seulement le numéro de téléphone d'Allison. Si tu refuses de me le donner, je me débrouillerai pour le trouver autrement.

— Je n'ai jamais dit que je ne voulais pas te le donner, répliqua-t-il, irrité. Je peux même aller lui montrer le dessin, si tu veux. Tu as assez de choses à faire ici, entre ta grand-mère et le restaurant...

— Pas question, riposta Katy en se levant et en serrant le croquis contre elle. J'irai voir Allison moi-même.

— D'accord.

Jackson se leva à son tour, l'obligeant à lever la tête pour soutenir son regard.

— Ça t'ennuie si je viens avec toi ?

— Ce ne sera pas nécessaire.

— Maintenant que tu m'as montré le croquis, je suis curieux de savoir qui est cette fille, moi aussi. On pourrait y aller le week-end prochain, si tu es libre.

— Rien ne t'oblige à m'accompagner.

— Il y a peu de choses que je fasse par obligation, Katy. Si tu me connaissais un peu mieux, tu le saurais.

Elle réfléchit un instant. Enfin, elle acquiesça d'un signe de tête.

— Comme tu voudras. Bon, reprit-elle d'un ton bref, d'ici là, je me serai organisée pour le restaurant. Si Gram est assez en forme, elle partira samedi matin à Las Vegas avec Ada. Sinon, je verrai si Pat peut rester avec elle. D'une manière ou d'une autre, je me libérerai.

— Je t'appellerai dès que j'aurai pu joindre Allison. En attendant, ne te tracasse pas pour tout ça. Je suis sûr qu'il existe une explication très simple.

Oui, songea Katy en posant le papier sur la table basse, mais laquelle ? Elle devait admettre qu'elle se sentait soulagée que Jackson ne la prenne pas pour une folle. Et qu'il ait le numéro d'Allison. Mais elle ne pouvait chasser ce sentiment d'angoisse qui l'étreignait chaque fois qu'elle pensait au croquis.

Elle le raccompagna jusqu'à la porte, et ils sortirent en silence sous le porche. Dehors, le ciel était parsemé d'étoiles, et les grillons chantaient. Au loin, les Laramie étalaient leur ombre noire sur les forêts de pins et les vastes étendues de champs.

Un coup de vent souffla dans la vallée, et pour la première fois de la soirée, Katy frissonna dans sa petite robe légère.

— Quel effet ça te fait d'être de retour à Thunder Creek ? demanda soudain Jackson en s'arrêtant au bord du porche.

Il se retourna pour l'étudier.

— Je suis contente. Pour l'instant, en tout cas. J'ai l'impression d'être enfin chez moi.

Elle haussa les épaules et émit un petit rire.

— Naturellement, si je reste, il faudra que je me trouve un endroit où habiter. Ma vieille chambre de collégienne ne me convient plus vraiment.

Il sourit.

— Laisse-moi deviner... Les mêmes coussins aux couleurs de l'école, les trophées de concours hippiques, les peluches sur les étagères...

— Comment sais-tu tout ça ? Ne me dis pas que maman organise des visites guidées de ma chambre de jeune fille ! gémit-elle.

— À vrai dire, je ne suis pas remonté à l'étage depuis la mort de Matt, mais je m'en souviens bien. Je me rappelle que tu gardais ta porte ouverte pour guetter notre retour et que tu te précipitais dans sa chambre pour nous supplier d'écouter Dieu sait quelle nouvelle chanson que tu aimais à la radio ou lui demander de t'emmener chez Margie ou chez Smoke. Et il faisait toujours ce que tu lui demandais.

Elle inclina la tête sur le côté.

— Tu veux dire que j'étais une petite peste ?

— Je veux dire que Matt aurait fait n'importe quoi pour toi.

La gorge de Katy se serra soudain. C'était la vérité. Elle leva les yeux vers Jackson, et soudain, une autre pensée lui traversa l'esprit.

— Ce n'est pas pour cela que tu dois en faire autant, Jackson, dit-elle froidement.

Il s'appuya contre la balustrade et la considéra avec amusement.

— Tu crois vraiment que je vais aller avec toi à Medicine Bow parce que Matt aurait voulu que je le fasse ?

— Ce n'est pas le cas ?

Une ombre passa dans le regard de Jackson. Il s'écarta de la balustrade et avança vers elle d'un pas décidé.

— Écoute, c'est peut-être parce que je voulais te surveiller à la place de Matt que j'ai envoyé Luke Dillard mordre la poussière il y a quelques années, dans les bois. Ou peut-être pas. J'en aurais fait autant si je l'avais surpris en train d'arracher la robe d'une autre fille. Mais parce que c'était toi, la sœur de Matt, j'avais aussi envie de le rouer de coups. Et je l'aurais fait, je lui aurais donné une bonne leçon si tu n'avais pas eu l'air tellement effrayée.

Katy frissonna à ce souvenir.

— J'avais peur, c'est vrai, admit-elle.

C'était un ridicule euphémisme.

— Et j'étais gênée, aussi. En fait, j'avais terriblement honte de me retrouver dans cette situation.

— Ce n'était pas ta faute. Tu l'as compris, maintenant, n'est-ce pas ?

— Oui. Mais à l'époque, je pensais que... Enfin, peu importe.

Elle s'interrompit, prit une profonde inspiration et s'obligea à prononcer les mots qu'elle aurait probablement dû dire depuis longtemps.

— Je ne t'ai jamais remercié, pour cette nuit-là. Je... j'étais furieuse qu'on ait dû me venir en aide, surtout toi... et... c'était stupide. Tout comme c'était stupide de te faire cette scène à l'enterrement...

— Tu n'as pas à t'excuser. Tout ça, c'est du passé.

— Je te dois des excuses, insista-t-elle en se mordant la lèvre.

Son père leur avait appris, à son frère et à elle, que les Templeton réglaient toujours leurs dettes. Et qu'ils reconnaissaient leurs erreurs. Elle n'aurait pas dû attendre si longtemps pour faire ses excuses à Jackson.

— J'apprécie ce que tu as fait pour moi à l'époque, dit-elle d'une voix tendue et artificielle.

Voilà, c'était fait. Dorénavant, elle ne lui devrait plus rien. Rien du tout. Elle respira un grand coup et reprit :

— Alors, tu me tiens au courant, pour Allison ?

Elle serra les bras autour d'elle tandis qu'une rafale de vent balayait le porche. Jackson la regarda, tremblante, ses yeux doux et troubles au clair de lune, puis tourna les talons.

— Bien sûr. Rentre avant de te transformer en glaçon. Je t'appelle.

Puis il s'éloigna d'un pas vif. Avant même qu'elle ait eu le temps de respirer, il avait regagné sa voiture.

— Bonne nuit à toi aussi, lança-t-elle sèchement, au moment où la portière claquait.

Elle le regarda partir et écouta le bruit des pneus sur le gravier, tandis que, quelque part dans la nuit, retentissait le cri d'une chouette qui fondait sur une proie invisible.

Et elle sentit les battements irréguliers de son cœur tandis qu'elle s'agrippait à la balustrade en essayant de ne plus penser au dessin de cette fille morte, ni aux yeux perçants de Jackson Brent, ni au garçon de dix-huit ans qu'ils avaient tous les deux perdu quatorze ans plus tôt.

12

— Alors, cette omelette et ce hamburger ?

Daffodil Moline avança d'un pas pressé jusqu'au comptoir, sa queue-de-cheval bondissant dans son dos. Sur son front, des mèches blondes étaient plaquées par la sueur.

— La quatre attend depuis... Ah, ce n'est pas trop tôt ! Donne, Billy. Grouille-toi !

Elle arracha presque des mains de Billy les assiettes garnies qu'il lui présentait et pivota sur elle-même.

— Pas de quoi, grogna-t-il dans son dos, avant de revenir aux cinq autres hamburgers et à l'aile de poulet qui rôtissaient sur le gril.

Daffodil était déjà à la table située près de l'entrée. Elle s'arrêta devant Corey et son oncle Luke.

— Je suis vraiment désolée d'avoir été si longue.

— Pas de problème, ma belle, fit Luke distraitement.

Ce n'était pas l'adolescente blonde aux joues rouges qu'il regardait, mais Katy, qui rendait la monnaie au docteur Evans et à sa femme, à la caisse.

— Assieds-toi et déjeune avec nous, Daff.

Corey lui prit le bras et voulut la faire asseoir à côté de lui, mais elle secoua la tête et se contenta de grignoter une frite.

— Tu rigoles ? Katy va me tuer. Il reste encore une demi-heure avant la fin du coup de feu. Et le shérif Harvey attend son addition.

Elle repartit en hâte vers la cuisine, au moment où Katy quittait la caisse pour aller faire le tour des tables.

Quelle beauté ! se dit Luke en l'admirant. Elle portait une robe d'été framboise, des sandales beiges, et ses cheveux étaient attachés sur sa nuque par une barrette. Décontractée, cool et sophistiquée, mais pas trop. Et sacrément sexy, songea-t-il en sentant son entrejambe durcir tandis qu'elle versait du café à une table, puis s'arrêtait pour papoter avec Agnes Bean, la propriétaire du salon de coiffure situé en face du drugstore.

La clochette de la porte d'entrée tinta, et Ada entra. Un grand sourire illumina le visage de Katy. Elle ôta prestement les assiettes sales de la table d'Agnes et revint un instant plus tard pour conduire Ada à la seule place libre, une petite table pour deux ornée d'un vase de fleurs des champs.

« Elle s'est arrêtée à toutes les tables, sauf à la nôtre », réalisa Luke avec colère. La jolie petite garce lui en voulait toujours.

— Il n'y a pas moyen d'avoir du café, par ici ? demanda-t-il d'une voix forte.

Des têtes se tournèrent vers lui, y compris celle de Katy. Elle prit une cafetière sur le comptoir et se dirigea vers la table des Dillard.

— Le service est lent, Katy. Il va falloir que tu y remédies.

— C'est le premier jour, répondit-elle d'un ton froid, mais poli. Nous ne nous attendions pas à une telle affluence. Nous allons trouver notre rythme.

« Et si tu ne reviens pas le constater, j'en serai enchantée », pensa-t-elle. Elle garda son commentaire pour elle, sachant que Luke la provoquait délibérément.

— Le hamburger est délicieux, dit Corey en lui souriant, la bouche pleine. Et la petite serveuse n'est pas mal non plus, ajouta-t-il avec un petit sourire satisfait.

— Alors, laissez-lui un bon pourboire, dit-elle.

Elle fit mine de s'éloigner, mais Luke lui attrapa le bras.

— Tu ne veux pas venir au *Tumbleweed* avec moi, ce soir, pour fêter la réouverture de *Chez Bessie* ?

— Je ne peux pas.

Elle tenta de se dégager, mais Luke resserra les doigts autour de son bras.

— Ah, bon ? Qu'est-ce que tu as prévu ?

— Me limer les ongles, répondit-elle en le fusillant du regard.

La pression des doigts de Luke s'accentua, et elle dut faire un effort pour ne pas grimacer. Elle n'allait tout de même pas lui accorder ce plaisir.

— Lâche-moi, Luke. Tout de suite. Si tu veux une scène, tu vas en avoir une, dit-elle doucement.

Le bec de la cafetière était juste au-dessus de la tête de Luke. Lentement, elle l'inclina en avant, jusqu'à ce que le liquide noir et chaud se trouve au ras du bec.

Luke cligna des yeux, puis il la lâcha. Elle lui adressa un petit sourire pincé et s'éloigna sans ajouter un mot.

— Tu sais y faire avec les femmes, oncle Luke, pas vrai ? se moqua Corey.

— Ne te mêle pas de ça, petit, fit Luke en jetant un regard d'avertissement à son neveu.

— Qu'est-ce que tu lui as fait ? insista ce dernier. J'ai vraiment cru qu'elle allait te balancer du café sur la tête.

— Que veux-tu ? Katy Templeton a pris un peu la grosse tête, avec les années. Mais je l'ai bien connue, autrefois.

— Vraiment ? Je n'aurais pas dit ça tout à fait de cette façon.

Luke sursauta, tourna la tête et rencontra le visage dur de Jackson Brent.

— D'où tu sors, toi ?

— Peu importe. Mais prends garde à toi, Dillard. Si tu poses encore la main sur Katy Templeton, tu le regretteras.

— Ce n'est pas à toi de me dire ce que je peux ou ne peux pas faire, Brent. Tu te prends pour qui, ma parole ? grommela-t-il en se levant à moitié.

Jackson avait déjà les poings serrés lorsque le shérif Harvey apparut à côté de la table.

— On se calme, les garçons. Que se passe-t-il ?

Sans quitter Luke des yeux, Jackson lâcha :

— Demandez-le-lui.

— Bon Dieu, Brent, tu n'as donc rien de mieux à faire que de te mêler des affaires des autres ? grogna Luke en se levant.

Il s'apprêtait à repousser Jackson quand le shérif posa la main sur son épaule.

— Ça suffit, vous deux. Je sais que le ton grimpe vite entre vous, mais je ne veux pas d'ennuis dans ma ville. Et Katy Templeton ne veut pas d'ennuis dans son restaurant. Faut-il que je vous boucle tous les deux pour trouble de l'ordre public ?

Jackson détacha enfin les yeux du visage empourpré de Luke Dillard. Il réprima un juron en réalisant que tous les clients s'étaient tournés vers eux. Daffodil Moline avait la bouche ouverte et, à côté de la caisse, Katy avait le visage tendu par la colère.

— Ce ne sera pas nécessaire, Stan, fit-il. J'en ai terminé. Je crois que je vais juste prendre un sandwich à la poule mouillée. Je veux dire, au poulet rôti, corrigea-t-il.

Pendant dix longues secondes, il soutint le regard de Luke Dillard. Puis il hocha la tête à l'adresse du shérif et se dirigea vers une banquette qui venait de se libérer.

Daffodil Moline s'empressa de le rejoindre pour essuyer la table. Restée à la caisse, Katy s'efforçait de refouler sa colère. Maudit soit Luke Dillard. Et Jackson Brent avec lui. Malgré l'effervescence et la fatigue dues à l'ouverture, elle avait savouré chaque seconde de cette journée. Jusqu'à cet incident.

Elle s'était débarrassée de Luke Dillard toute seule, mais il avait fallu que Jackson s'en mêle. Oh, cela ne nuirait pas aux affaires ! songea-t-elle avec un soupir. Dans une petite ville, on adorait les potins. Mais Katy estimait qu'elle était déjà la cible de suffisamment de commérages. Elle n'avait pas besoin qu'on en rajoute.

Et surtout pas dans son restaurant.

Elle balaya la salle du regard, en espérant que les clients n'avaient pas saisi l'objet de sa querelle avec Luke. Les gens reportaient déjà leur attention sur leurs assiettes et leur café. Luke et Corey avaient laissé sur la table le montant de l'addition et étaient repartis.

Le shérif Harvey vint la voir à la caisse.

— Tu sais pourquoi ils se volaient dans les plumes, ces deux-là ? demanda-t-il en lui tendant un billet de dix dollars.

— Depuis quand deux cow-boys ont-ils besoin d'une raison pour se voler dans les plumes ? riposta-t-elle avec un sourire forcé. Il suffit que l'un des deux n'ait pas aimé le goût de mon café.

— Moi, je l'ai trouvé délicieux, ton café, affirma le shérif en prenant sa monnaie. Et mon sandwich aussi, Katy. Apparemment, *Chez Bessie* est bel et bien de retour. Tout y est aussi bon qu'avant.

— Tant mieux, déclara-t-elle en préparant l'addition d'Agnes Bean.

Le shérif sorti, elle se dirigea vers la table de Jackson. Daffodil s'apprêtait à prendre sa commande.

— Ada voudrait son dessert, dit-elle avec calme à la jeune fille. Apporte-lui une part de tarte rhubarbe-gingembre, tu veux ? C'est la maison qui la lui offre. Je vais m'occuper de cette table.

Daffodil vit le visage figé de Katy, ses yeux gris-bleu fixés durement sur Jackson Brent, et elle s'empressa d'obéir.

— Je suppose que tu n'as pas envie de te joindre à moi pour déjeuner, dit Jackson avec un sourire engageant.

En guise de réponse, Katy continua à le foudroyer du regard, et il haussa les épaules.

— Je m'en doutais. Alors, que me conseilles-tu ? Tout a l'air très appétissant, sur cette carte...

— Tais-toi, Jackson. Tais-toi, c'est tout ce que je te demande.

Il soutint son regard.

— Allez, vas-y, abreuve-moi d'injures.

— Si je t'abreuvais d'injures exactement comme ça me démange de le faire, la ville entière en parlerait pendant un mois.

— C'est sur ma tête que tu vas renverser du café, maintenant ? J'aurais adoré te voir faire ça à Luke. Mais je préférerais boire le mien dans une tasse.

— Et moi, je préférerais que tu me laisses régler mes affaires toute seule, répliqua-t-elle entre ses dents. Y compris celles qui concernent Luke Dillard.

Elle se glissa sur la banquette, face à lui, et se pencha en avant. La colère bouillonnait en elle, et elle dut prendre sur elle pour ne pas hausser la voix.

— Je n'ai pas besoin que tu t'occupes de lui pour moi. Ni de quoi que ce soit d'autre, d'ailleurs. Je croyais m'être fait clairement comprendre.

— Il t'a fait mal ?

Ces mots, prononcés avec calme, la troublèrent, et pendant un moment, elle fut incapable de parler. Elle jeta un coup d'œil à son bras, où l'empreinte rouge laissée par les doigts de Luke continuait à marbrer sa peau claire.

— Non, non, ce n'est rien du tout, murmura-t-elle.

Elle prit une profonde inspiration. La sollicitude de Jackson, le ton de sa voix avaient ébranlé quelque chose en elle, quelque chose qu'elle s'était efforcée d'étouffer depuis qu'elle avait appris la liaison de Seth. Après l'épouvantable choc causé par cette trahison, elle s'était juré de ne plus jamais avoir confiance en un homme, et voilà que survenait Jackson Brent avec ses magnifiques yeux bleus emplis d'inquiétude...

— Rien qui mérite qu'on se bagarre, dit-elle en redressant les épaules. Et quand bien même, ce serait ma bagarre. Je sais prendre soin de moi. Personne ne t'a demandé de t'en mêler.

— D'accord. Message reçu. Je voulais juste être sûr qu'il...

— Stop ! s'écria-t-elle, si vivement que des clients relevèrent la tête.

Elle se mordit la lèvre et reprit plus posément :

— Je sais me défendre toute seule. Si tu ne peux pas l'admettre...

— Que feras-tu ? Tu me verseras du café sur la tête ? Tu lanceras Mojo sur moi ? Tu me chasseras d'ici ?

— Ne me tente pas, répliqua-t-elle.

Son ton était froid, mais sa peau brûlante. Et pas uniquement à cause de la colère. Cela ne l'aidait pas que Jackson soit si beau, si athlétique. Rasé de près, ses cheveux noirs ébouriffés par le vent et par son chapeau, il avait l'air d'un cow-boy sauvage et endurci, prêt pour un rodéo comme pour un pugilat. Son tee-shirt blanc, son jean et ses bottes mettaient en valeur sa silhouette musclée. Rien qu'à le regarder, elle avait les jambes en compote. Cela ressemblait à ce qu'elle avait éprouvé pour Seth lorsqu'elle l'avait rencontré, mais en plus intense. En plus brut, plus primitif.

Peut-être réagissait-elle ainsi parce qu'il venait de la mettre en colère. Quoi qu'il en soit, ce n'était pas le moment de s'interroger là-dessus. Elle avait un restaurant à tenir. Des gens faisaient déjà la queue à la caisse.

— J'ai du travail.

Elle se leva, mais au moment où elle retournait vers la caisse, Jackson déclara :

— J'ai parlé à Allison, hier soir.

Elle fit volte-face.

— Alors ?

— Tu es occupée, dit-il en montrant la file de clients qui attendaient pour payer.

Son expression était indéchiffrable, mais Katy aurait juré qu'il était ravi de l'avoir piégée.

— J'ai l'intention de passer voir Cleo ce soir. Je te raconterai tout à ce moment-là. Ça te va ?

— Ai-je le choix ?

Il lui sourit, et ses yeux ardoise s'illuminèrent. Katy faillit lui lancer son bloc à la figure, mais elle se contenta de hocher la tête et s'en alla sans ajouter un mot. En s'éloignant, elle se rendit compte qu'elle n'avait même pas pris sa commande. Quand Daffodil passa devant elle avec deux parts de gâteau au chocolat, elle lui demanda d'aller voir si la table cinq s'était décidée.

La table cinq. Voilà tout ce qu'aurait dû représenter Jackson Brent pour elle. Un client parmi d'autres. Le vétérinaire de Cleo. Et une passerelle vers Allison...

Pourtant, d'une certaine façon, elle était contente qu'il vienne ce soir-là, et pas seulement pour qu'il lui raconte sa conversation avec Allison. Elle avait envie de le voir. De se mesurer intellectuellement à lui. De croiser le fer. De lui prouver qu'elle était capable d'affronter n'importe qui, même un impossible cow-boy vétérinaire dont le sourire aurait pu faire fondre de la glace.

S'il la prenait pour un doux agneau qui risquait de s'effondrer à cause d'un crétin comme Luke Dillard, eh bien, il verrait qui elle était, qui elle était devenue.

Elle n'était plus une lycéenne, elle n'était plus une gamine qui pleurait son frère. Elle avait déjà affronté bien pire qu'un imbécile égocentrique comme Luke. Si Jackson voulait savoir qui d'elle ou de lui était le plus brillant, le plus volontaire, elle le lui montrerait.

Mais elle n'irait pas au-delà, se dit-elle en rangeant le billet de dix dollars d'Ada dans la caisse.

13

— Il va te falloir une nouvelle serveuse, on dirait, observa Gram en sirotant son café.

Katy repoussa sa chaise de la table de la cuisine et commença à emporter dans l'évier la vaisselle sale.

— Ça n'a jamais été aussi rempli pour le service de midi. Ni le soir, d'ailleurs, ajouta la vieille dame avec un gloussement satisfait. Il faut croire que *Chez Bessie* a manqué aux habitants de Thunder Creek.

— Toi aussi, tu leur manques, Gram. Tous les clients qui ont franchi le seuil du restaurant aujourd'hui ont demandé de tes nouvelles. Je leur ai dit de ne pas s'inquiéter, que tu étais plus solide et têtue que jamais.

— C'est vrai. Mais dès que les gens se seront habitués à ta bonne cuisine, ils s'empresseront de m'oublier, va.

Bessie regarda son assiette, dans laquelle il ne restait que quelques miettes de gâteau au chocolat et aux noix de pécan, le prochain dessert spécial de la semaine. C'était la première fois qu'elle descendait dîner depuis que la pneumonie l'avait terrassée, et elle avait mangé presque tout son chili au poulet et son pain français aux herbes. Katy avait voulu lui monter un plateau, mais avec sa détermination habituelle, Gram avait affirmé qu'elle était prête à prendre de nouveau ses repas à table.

— Si je ne m'oblige pas à descendre cet escalier au moins une fois par jour, mes jambes vont finir par se ratatiner complètement et je ne saurai même plus marcher, tu comprends ?

— Peut-être, mais inutile de se bousculer, avait protesté Katy.

— Allons donc, je me sens chaque jour plus forte. Tu ne vas pas te mettre à me dorloter comme ta mère, quand même.

Katy avait cédé, et elle constatait avec soulagement, en remplissant le lave-vaisselle pendant que Gram allait s'installer dans le fauteuil préféré de Dorsey, que sa grand-mère était effectivement plus forte. Elle avait aussi meilleure mine et n'avait pas eu de fièvre depuis cinq jours. Sa toux avait quasiment disparu.

Lorsque Big John et Dorsey rentreraient, dix jours plus tard, cette maladie ne serait plus qu'un mauvais souvenir. Et Big John verrait qu'il pouvait quitter le ranch sans qu'un désastre s'abatte sur sa maison ou sa famille.

La veille, en emmenant ses parents à l'aéroport, Katy avait senti à quel point son père était tendu. Big John était demeuré silencieux durant tout le trajet, et Dorsey n'avait même pas fait un effort pour le rassurer. Comme pour compenser la morosité de son mari, elle avait bavardé sans interruption avec Katy. Plus tard, sans aucun doute, elle avait pressé la main de Big John dans l'avion en tâchant de l'intéresser à l'un de ses guides touristiques.

Katy espérait qu'à présent, Big John était tellement captivé par Paris qu'il en oubliait Thunder Creek. Malheureusement, elle en doutait.

Elle était néanmoins soulagée que ses parents n'aient pas annulé leur voyage, que la réouverture du restaurant se soit passée sans catastrophe majeure (excepté une dispute entre Daffodil et Billy à propos du partage des pourboires) et que la santé de Gram continue à s'améliorer.

Les seuls événements qui avaient entaché sa journée étaient l'incident avec Luke Dillard et Jackson, et plus tard, au service du soir, l'arrivée de Wood et Tammie Morgan. Elle se serait bien passée de ces deux clients-là.

Ils avaient commandé des crêpes de maïs farcies au bœuf, des frites et de la tarte aux pommes et s'étaient plaints bruyamment que les frites étaient froides, la viande pas assez cuite, la vaisselle sale et la tarte insipide.

Katy avait été tentée de leur renverser sur les genoux un plat entier de tarte aux pommes nappée de chantilly. Elle savait pertinemment que tout ce qu'elle avait servi aux Morgan était très bon. Ils essayaient simplement de la déstabiliser, de convaincre les gens de Thunder Creek que *Chez Bessie* n'était plus à la hauteur de sa réputation. S'ils espéraient que leurs misérables et puériles manigances l'inciteraient à vendre, ils se fourraient le doigt dans l'œil, songea-t-elle en souriant.

Alertée par un bruit de moteur et l'aboiement de Mojo, elle se retourna et courut vers la fenêtre du salon.

Jackson Brent s'arrêta à deux mètres du porche et descendit de voiture. Le soleil couchant illuminait son visage, sa démarche souple, sa large poitrine, ses épaules solides.

Un petit éclair de feu la traversa, qu'elle s'efforça d'éteindre. Elle serait polie avec Jackson, voire amicale, mais rien de plus.

« Tu as donné ton cœur à Seth, et vois ce que tu as récolté, se morigéna-t-elle. Tu ne vas pas recommencer avec un cow-boy sans foi ni loi qui aime les rousses incendiaires et la bagarre ! »

— Qui est là, Katy ? demanda Gram depuis son fauteuil.

— Jackson Brent. Il m'avait prévenue qu'il passerait voir Cleo, répondit-elle en s'écartant de la fenêtre.

En rentrant du restaurant, elle avait enfilé son vieux short kaki et son tee-shirt rouge, sa tenue des jours de lessive, et avait rassemblé vaguement ses cheveux rebelles en queue-de-cheval. Pas très glamour, pour accueillir le tombeur de Thunder Creek. Mais c'était délibéré. De cette façon, elle découragerait subtilement tout éventuelle avance de la part de Jackson. Elle avait compris, après réflexion, qu'elle était bien trop attirée par lui et qu'elle n'était pas prête à envisager une relation sérieuse avec un homme. Elle était en train de se blinder intérieurement lorsque Jackson monta les marches du porche et frappa deux coups à la porte.

— Eh bien, fais-le entrer, qu'attends-tu ? lança Gram. Je suis restée trop longtemps enfermée, et la vue d'un beau garçon soigne mieux les maux d'une femme que tous les antibiotiques et tous les bouillons de poule du monde.

Katy se redressa et ouvrit. En voyant Jackson, grand, fort et ténébreux, le souvenir de leur danse chez les McIntyre lui revint soudain en mémoire.

— J'espère que je ne te dérange pas ?

Jackson entra sans y avoir été invité, et Katy sentit une vague de chaleur lui parcourir le corps quand il passa devant elle.

— Bonsoir, Bessie.

Ses yeux s'éclairèrent en se posant sur la vieille dame.

— On m'a dit que vous étiez très malade, mais je vous trouve plus jolie qu'un champ de coquelicots. Allez-vous bientôt vous ressaisir et revenir au restaurant ?

— Tu n'aimes donc pas la cuisine de ma petite-fille ? plaisanta Bessie avec un sourire impertinent, tandis que Jackson allait s'asseoir sur le canapé. C'est moi qui lui ai tout appris. Et ce n'est pas peu dire !

— Cela se voit. Sa cuisine est presque aussi sublime que la vôtre. Mais aujourd'hui, elle aurait bien eu besoin d'aide. Il y avait un monde fou. Il lui faudrait quelqu'un pour tenir la caisse à plein temps, à mon avis. D'ici quelques semaines, vous pourrez certainement la seconder, au moins à midi.

— Quelques semaines ? rétorqua Gram. Dis plutôt dans quinze jours, dès que nous serons rentrées de Las Vegas, Ada et moi. J'en ai par-dessus la tête de rester inactive.

— Faut-il vraiment que tu l'encourages, Jackson ? grommela Katy en secouant la tête. Elle a déjà insisté pour descendre dîner. Il ne manquerait plus qu'elle se surmène et fasse une rechute.

Son regard sévère se posa sur le visage espiègle de sa grand-mère.

— Si cela arrivait, Big John ne quitterait plus jamais le Triple T, et tu le sais très bien, ajouta-t-elle.

— Je me demande comment mon propre fils peut être aussi anxieux, soupira Gram en levant la main. Allons, raconte-moi plutôt ce qui t'amène, Jackson. Je suis ravie de ta visite, mais Katy m'a dit que tu venais pour Cleo...

— Et si c'était vous que je voulais voir ?

— C'est vrai, ce mensonge ? minauda Bessie.

— Je voulais aussi dire un mot à Katy. Cela vous ennuie si je kidnappe votre petite-fille une minute, Bessie ?

Le sourire de Gram s'élargit, et ses yeux étincelèrent.

— Si elle veut bien être kidnappée, ce n'est pas moi qui l'en empêcherai.

Elle pouffa et, bien qu'elle ait vu Katy s'empourprer, continua sans vergogne :

— Ada est passée hier. Elle m'a raconté que vous aviez dansé ensemble, samedi.

— Elle nous a forcé la main, fit Katy d'un ton léger.

— Ce n'était pas si terrible que ça, ajouta Jackson en souriant à Bessie.

Le regard de Bessie se posa tour à tour sur les deux jeunes gens, et une ombre de nostalgie passa sur son visage. Lentement, elle s'apprêta à se lever.

— Eh bien, je me réjouis de voir que vous vous entendez bien, tous les deux. Allons, mon vieux corps est un peu fatigué. Je crois que je vais monter me coucher.

Jackson la rejoignit et l'aida à se lever.

— Voulez-vous que je vous accompagne à l'étage ? proposa-t-il.

— Ma foi, je n'ai jamais refusé le bras solide d'un homme charitable.

Menue et alerte, elle leva la tête vers lui et lui adressa un sourire approbateur.

— Tu as toujours été un gentil garçon, Jackson. Et un bon ami pour Matt. Et maintenant, bien sûr, ajouta-t-elle, tu es aussi le plus beau gosse de la ville. Si mon petit-fils avait vécu, il t'aurait fait une concurrence farouche dans ce domaine, mais…

Sa voix s'éteignit.

— Enfin, on ne peut rien y changer, conclut-elle.

Katy aida ensuite Gram à se coucher et à prendre ses médicaments. Lorsqu'elle descendit rejoindre Jackson, elle avait son téléphone portable accroché à une boucle de son short.

— Gram m'appellera si elle a besoin de quoi que ce soit pendant que nous serons dans le paddock, expliqua-t-elle en désignant son téléphone.

Elle baissa la voix pour ajouter :

— Allons parler dehors, je ne veux pas qu'elle entende ce qu'on a à se dire. Ce n'est pas la peine de… de réveiller le passé ou de l'inquiéter inutilement.

— D'accord.

Ils sortirent en silence, Mojo sur leurs talons. Jackson s'arrêta à sa voiture pour prendre son thermomètre électronique et son stéthoscope, puis ils se rendirent au paddock où Cleo paissait avec deux autres chevaux. Les premiers rayons de la lune faisaient ressortir la palissade.

Katy ouvrit la barrière et ressentit un élan d'affection lorsque Cleo hennit doucement et vint se frotter contre son cou.

— Salut, ma belle. Alors, comment vas-tu, aujourd'hui ?

En guise de réponse, Cleo secoua sa crinière. Katy eut un petit rire.

— Cette fois, tu vas avoir un beau poulain, chuchota-t-elle d'une voix frémissante. Une petite beauté, exactement comme toi. Le docteur Brent va y veiller.

— Tu as entendu la dame, Cleo. Voyons un peu où tu en es.

Jackson prit la température de la jument, vérifia son pouls et sa respiration, sans cesser d'observer Katy du coin de l'œil. Elle ressemblait à une New-Yorkaise sophistiquée et délicate, malgré son short et son tee-shirt, mais c'était une vraie fille de ranch du Wyoming, qui savait s'y prendre avec les chevaux.

Quand il eut terminé, elle leva vers lui un regard interrogateur légèrement inquiet.

— Elle se porte bien ?

— Pour l'instant, à merveille.

Le soulagement illumina le visage de Katy, et elle pencha un moment la tête contre les naseaux de l'animal, les yeux fermés. Peut-être se rappelait-elle sa propre grossesse, songea Jackson avec un brin d'émotion.

— Elle est solide, hein ? dit-elle en rouvrant les yeux. Elle a survécu à l'accident, et elle est toujours là, malgré les blessures et le traumatisme.

— Oui. Une vraie Templeton.

— Je n'ai pas subi de traumatisme, dit lentement Katy. C'est juste... arrivé.

Sa voix était si basse qu'il dut pencher la tête pour l'entendre.

— Tu es au courant... tout le monde le sait, je suppose... que j'ai perdu mon bébé ?

— Oui.

Elle pinça les lèvres. Les petites villes... Cela ne l'étonnait pas. Elle déglutit et poursuivit, sans trop savoir pourquoi elle lui disait cela :

— Il n'y a eu aucun avertissement. On n'a rien pu faire. Le cordon ombilical... Il s'est enroulé autour du cou du bébé. Quand je suis arrivée à l'hôpital, il était trop tard.

Elle prit une inspiration profonde et saccadée. Dans le ciel, les étoiles scintillaient, froides et distantes.

— Ça arrive, parfois, dit doucement Jackson. Personne ne sait pourquoi.

Elle hocha la tête et se détourna rapidement, mais il eut le temps d'apercevoir des larmes au coin de ses yeux.

— Je suis désolé, Katy. Désolé pour ton bébé.

S'il l'avait touchée à cet instant, elle se serait enfuie. Elle n'aurait pas pu le supporter. Mais il n'en fit rien. Comme s'il sentait la douleur qui la paralysait et l'isolait des autres, il resta immobile et silencieux pendant qu'elle luttait contre les larmes. Son orgueil l'aida à ravaler les vagues de douleur qui, encore maintenant, auraient pu la submerger si elle s'y était abandonnée.

Au bout de quelques minutes, elle tapota une dernière fois Cleo et se détourna. Au moment où ils sortaient du paddock, elle demanda :

— Alors, raconte-moi ce que t'a dit Allison.

— Elle était contente d'avoir de mes nouvelles. J'ai eu l'impression qu'elle se sentait un peu seule, comme si Thunder Creek lui manquait.

— Tu lui as parlé du croquis ?

— Oui, mais sans le décrire. J'ai seulement dit que tu avais retrouvé un dessin de Matt et que tu voulais le lui montrer. Ça lui a fait plaisir d'apprendre que tu étais revenue. Elle a envie de te revoir.

Le cœur battant, Katy demanda :

— Quand ?

— Samedi après-midi. Ses fils ont une sortie avec les scouts et son mari les accompagne. Elle sera donc seule. Je pourrais passer te prendre à 10 heures, si ça te convient.

Katy s'arrêta sur les marches du porche et se tourna face à lui.

— Tu sais, tu n'es vraiment pas obligé de venir.

— Je sais, oui.

— Tu dois avoir mieux à faire de tes samedis.

— C'est vrai, je pourrais toujours décrocher un rendez-vous avec cette petite génisse de Lonesome Ridge. Et il paraît que les Pfister ont un nouveau chien à châtrer. Super excitant, c'est sûr.

— Et Kelly Jones ? Elle aimerait peut-être que tu l'emmènes pique-niquer ou voir un film...

Un sourire amusé se dessina lentement sur les lèvres de Jackson.

— Ah, c'est donc ça, tu t'interroges sur ma vie amoureuse ?

Katy se serait volontiers donné des claques.

— Ne te flatte pas, rétorqua-t-elle. Je voulais juste être sûre que, simplement parce que je t'ai montré le croquis, tu ne te sens pas obligé de me tenir la main pendant que je poursuis mes investigations.

— Pas de danger. Je ne suis pas très doué pour tenir les mains.

Jackson lui adressa un long regard. L'espace d'un instant, il parut sur le point d'ajouter quelque chose, mais il tourna brusquement les talons, se dirigea vers sa voiture et lança par-dessus son épaule :

— À samedi, alors. 10 heures.

Katy le regarda mettre le contact, allumer la radio, et *Walking Away* de Clint Black se déversa dans la nuit. Sans un geste vers elle, il s'en alla.

Elle resta un moment seule sur le porche, à contempler les montagnes, en s'efforçant de ne pas penser à Jackson Brent, à ses départs expéditifs et aux effets troublants qu'il exerçait sur elle.

14

Les journées s'écoulèrent plus vite que Katy ne l'aurait imaginé. Entre le restaurant, Gram, les coups de téléphone à son avocat, à son ancienne secrétaire et à Seth au sujet de la Rattlesnake Cafe Company, elle n'eut pas une minute à elle pour réfléchir à sa rencontre avec Allison, et moins encore pour regarder le croquis de Matt.

Mais elle se surprit à penser beaucoup trop à Jackson Brent. Elle en venait même à hésiter entre l'envie absurde de vivre une amourette avec lui et celle de couper les ponts.

« Sois adulte », lui soufflait une petite voix. Elle avait vingt-huit ans, elle était bien trop vieille et trop expérimentée pour se mettre dans des états pareils à cause d'un homme ! Surtout un homme avec qui elle partageait un passé aussi amer.

Pourtant, elle ne pouvait s'empêcher de rêvasser à la possibilité de succomber à l'attirance que Jackson exerçait sur elle. Il était terriblement sexy, après tout : des yeux magnifiques, un corps de rêve, un charme dévastateur... Alors, pourquoi ne pas laisser le cœur en dehors de l'histoire et se faire plaisir, tout simplement ? Il devait avoir l'habitude des aventures sans conséquence. Comme des millions d'autres personnes, d'ailleurs.

Mais ce n'était pas son truc à elle.

« Ne serait-il pas temps que tu changes, Katy ? se demanda-t-elle le samedi matin, en enfilant un pull sans manches ivoire et un pantalon en toile kaki. Pourquoi ne pas céder à l'attirance que tu éprouves pour lui et cesser de la combattre ? Ça te le sortira peut-être enfin de l'esprit. »

Le trac lui retournait l'estomac. Il allait bientôt arriver. C'était incroyable. Elle n'était même pas sûre d'avoir de l'estime pour ce type. La plupart du temps, elle le trouvait horripilant. Mais force lui était de reconnaître qu'il y avait de l'électricité entre eux. Des étincelles fusaient. Incendiaires.

« Débranche la prise, se morigéna-t-elle avec colère. Et arrête de cogiter comme une adolescente qui se met du rouge à lèvres pour un premier rendez-vous amoureux. » Elle prit son sac et alla chercher le croquis dans son secrétaire. Sa vue suffit à la distraire de Jackson, et elle sentit un frisson lui parcourir l'échine, comme la première fois qu'elle l'avait regardé. Elle contempla un long moment le profil sinistre de la fille aux cheveux bouclés allongée sur le ventre, puis elle rangea le papier dans son sac.

— Tu as des nouvelles de tes parents ? demanda Jackson en s'engageant sur l'autoroute, une demi-heure plus tard.

Le soleil dardait ses rayons dans un ciel si vaste et d'un bleu si éclatant qu'il en était éblouissant.

Il n'avait prononcé que quelques mots depuis leur départ, pour lui demander si Ada et Gram étaient bien arrivées à l'aéroport. Depuis, Katy cherchait un sujet de conversation pour rompre le silence, mais il l'avait devancée.

— Pas depuis leur coup de fil, le soir de leur arrivée.

Elle fut soulagée que sa voix paraisse si normale.

— Mais je sais exactement ce qui se passe : Big John compte les jours, et maman absorbe tout ce qu'elle peut.

— Ils restent encore une semaine à Paris, c'est cela ?

— À peine. Je n'ai qu'à bien m'occuper du ranch jusqu'à leur retour, et maman aura une chance de repartir en voyage avec mon père avant la fin du prochain millénaire, murmura-t-elle.

— Si je peux te rendre service, tu n'as qu'à me le demander.

— C'est ce que tu es en train de faire. Et je te remercie. On ne découvrira sûrement rien d'extraordinaire – et c'est ce que j'espère –, mais…

— Tu as besoin de savoir.

— Oui. J'ai besoin de savoir.

— C'est compréhensible, répondit Jackson en lui jetant un regard bref. Mais parfois, fouiller dans le passé peut faire plus de mal que de bien.

— Que veux-tu dire ? demanda Katy en contemplant son profil. Tu sais une chose que j'ignore ?

— Pas exactement.

— Tu m'as dit que tu ne connaissais pas la fille que Matt a dessinée…

— C'est la vérité.

Il hésita.

— Je veux seulement dire que lorsqu'on scrute le passé au microscope, on découvre parfois des choses qu'on aurait préféré ne pas voir.

— Tu parles du passé de Matt ?

— C'est valable pour le passé de n'importe qui.

Une bouffée de panique fit tressaillir Katy.

— Je ne suis pas idiote, Jackson. Que sais-tu sur mon frère ? Crache le morceau.

Il continua à regarder la route, droit devant lui, refusant de voir le visage tendu de Katy.

— C'était mon meilleur ami, Katy. Je l'aimais, et je l'ai perdu. Voilà ce que je sais.

— Quoi d'autre ? demanda-t-elle presque sèchement.

Jackson hésita encore, puis décida de lui répondre honnêtement.

— Je sais juste que Matt se conduisait un peu bizarrement, durant la semaine qui a précédé sa mort. Quelque chose le tracassait, mais il n'a pas voulu m'en parler. S'il s'est confié à Allison…

— Bizarrement ? Comment cela, bizarrement ?

— C'est difficile à expliquer. Il était perturbé. Il n'avait pas le moral.

Cela ne ressemblait pas à Matt. Pourquoi n'avait-elle rien remarqué ? « Parce qu'il ne voulait pas que tu le saches », se dit-elle.

— Tu n'en as jamais parlé avec Allison ?

— Une fois ou deux, si, mais je n'ai pas eu l'occasion de creuser le sujet avec elle. Et ensuite, après l'accident, je n'ai pas voulu insister. Elle pleurait chaque fois qu'on mentionnait le nom de Matt, alors… j'ai laissé tomber.

Il haussa les épaules.

— De toute façon, peut-être qu'il ne lui a pas dit ce qui n'allait pas, ou peut-être était-ce quelque chose de stupide. Mais j'avais l'impression qu'ils s'étaient disputés. Rien de plus, si ça se trouve.

Cette fois, il tourna rapidement la tête vers Katy et vit son air soucieux.

— Ça n'a sans doute aucun rapport avec le croquis, ajouta-t-il. Ni avec la fille. Je n'insinue rien, je veux juste te prévenir…

— Je sais. Et ce n'est pas la peine de me mettre en garde.

Elle serrait si fort ses mains sur ses genoux que ses articulations avaient blanchi.

— Mon frère n'a jamais eu à rougir de sa conduite. Je ne crains pas d'apprendre une infamie à son sujet. Je veux juste connaître le pourquoi de ce dessin.

— Moi aussi.

— Alors, pourquoi ne roules-tu pas un peu plus vite ?

Les mots lui avaient échappé. Il devait la prendre pour une véritable garce, mais cela avait été plus fort qu'elle. Malgré elle, l'avertissement de Jackson l'avait ébranlée. Son estomac était complètement noué. Que sous-entendait-il ? Que lui dissimulait-il ?

Elle constata avec irritation qu'il ne tenait aucun compte de sa remarque et n'appuyait pas davantage sur l'accélérateur. Elle s'obligea à s'adosser à son siège et regarda fixement par la vitre, sans même remarquer que le paysage devenait plus plat. Ils gardèrent le silence jusqu'à Shirley Basin, qui abritait l'un des gisements d'uranium les plus riches du monde, et franchirent un panneau en bois géant à l'entrée de Medicine Bow.

La maison d'Allison se trouvait à dix kilomètres à l'ouest de la ville, à l'extrémité d'un chemin de terre poussiéreux. C'était un petit ranch qui aurait bien eu besoin d'un coup de peinture. La voiture s'enfonça dans des ornières sur le chemin qui menait à la grange et aux hangars, puis arriva enfin devant le porche de la maison.

La femme qui ouvrit la porte sourit en les voyant. Ses yeux bruns s'embuèrent tandis qu'ils passaient de Jackson à Katy.

— Katy Templeton, ça alors ! Comme tu as changé !

Allison parcourut d'un regard admiratif la silhouette mince de Katy, le mouvement souple de ses cheveux couleur miel, son pull ivoire et la goutte en diamant à son cou.

— Je n'arrive pas à croire que c'est toi.

— Ça fait bien longtemps, Allison.

L'émotion noua la gorge de Katy tandis qu'elle contemplait l'ancienne petite amie de son frère, debout dans l'encadrement de la porte d'entrée. Combien de fois avait-elle vu Matt et Allison se tenir la main en faisant leurs devoirs sur la table de la cuisine, se pourchasser autour de la grange, s'embrasser sur le porche comme s'ils avaient personnellement inventé la fièvre étourdissante du premier amour ? Combien de croquis de l'élue de son cœur son frère avait-il affichés sur les murs de sa chambre, dans son casier au lycée, et même sur le tableau de bord de sa voiture ?

Mais l'Allison qui se tenait devant elle n'était plus l'adolescente aux cheveux noirs et aux yeux de biche qui avait pratiquement habité chez les Templeton depuis le jour où elle était sortie avec Matt. Allison Leggett avait à peine passé la trentaine, mais de minces filets argentés striaient déjà ses cheveux, et de petites pattes-d'oie marquaient les coins de ses yeux. Ses yeux autrefois vifs et pétillants semblaient fatigués, vaincus. Mais en se penchant pour l'embrasser, Katy reconnut *Charlie*, le parfum qu'avait toujours porté Allison, cette odeur dont Matt restait imprégné pendant des heures... Cela lui rappela des souvenirs, de bons souvenirs.

— Entrez, dit Allison, j'ai fait du café. Vous avez faim ? J'allais préparer quelques sandwiches...

— Non, non, ne te dérange surtout pas pour nous, dit Katy en la suivant dans le salon avec Jackson. Mais je prendrai du café avec plaisir.

— Asseyez-vous où vous voulez, lança Allison pardessus son épaule, avant de disparaître dans la cuisine.

Quelques minutes plus tard, elle revint avec un plateau, trois tasses, du lait, un sucrier et une assiette de cookies.

La maison – le domaine d'Allison, soupçonnait Katy – était aussi agréable et accueillante à l'intérieur qu'elle était mal tenue à l'extérieur. Le salon au plafond bas était meublé d'un canapé vert avec trois coussins à chaque extrémité, d'une table basse en érable et d'un meuble de télévision assorti. Sur le manteau de la cheminée en pierre trônaient des photos de famille encadrées. On y voyait Allison avec un homme petit et trapu en chemise de flanelle et jean. Devant eux se tenaient deux petits garçons souriants aux cheveux noirs.

— Mes fils, expliqua Allison en voyant que Katy regardait les photos. Et mon mari, Rusty. Boyd, notre aîné, est le portrait craché de son père. L'autre, Neddy, mon bébé, a décidé depuis huit jours qu'il voulait être commentateur sportif.

Elle soupira.

— Le mois dernier, c'était star de hip-hop.

— Quelle magnifique famille ! commenta Katy en s'approchant pour observer les photos.

Les garçons semblaient heureux, en bonne santé et pleins d'énergie. Elle eut le sentiment qu'Allison ne se rendait pas compte de sa chance.

— Il a l'air gentil, ton mari.

— Rusty ? Oh, oui ! C'est quelqu'un de bien. Mais il ne s'occupe pas de grand-chose, ici.

Elle fit une grimace.

— J'ai beau le harceler, il ne répare jamais ce qui est cassé, ne repeint pas ce qui a besoin de l'être... Mais je dois reconnaître qu'avec les garçons, il est formidable.

Elle prit une profonde inspiration et baissa les yeux sur ses mains.

— Il est gentil, vraiment gentil, mais ce n'est pas...

Elle se reprit, se mordit la lèvre et se tut. Mais Katy devinait aisément ce qu'elle avait failli dire : « Ce n'est pas Matt... »

— Matt aurait été content de savoir que tu as réussi ta vie avec quelqu'un qui t'aime, dit-elle doucement en regagnant le canapé.

Allison leva les yeux vers elle.

— Je suppose, oui. Mais...

Son regard s'assombrit soudain.

— Mais c'est tellement injuste ! Tu comprends, Katy ? Encore aujourd'hui, je m'interroge, je me demande... pourquoi. Pourquoi a-t-il fallu qu'il meure ? Et qu'aurait été ma vie si... s'il avait vécu ? conclut-elle avec difficulté.

Elle se pencha en avant et prit une tasse, comme si ce geste banal pouvait la ramener à la réalité. Mais ses mains tremblaient, et le café faillit déborder.

Jackson vint s'asseoir sur le canapé et déclara d'un ton apaisant et détaché :

— Oui, on se pose tous la même question. C'est bien de s'interroger. Mais il ne faut pas que cela vienne perturber la vie que tu mènes aujourd'hui. La vie que tu t'es construite. Parce qu'on ne peut pas revenir en arrière. Personne ne le peut.

— Je suis bien placée pour le savoir.

Malgré le sourire qu'Allison essaya d'esquisser, il y avait de l'amertume dans ces mots.

Rusty Leggett savait-il que sa femme ne s'était jamais remise de la perte de son premier amour ? Certainement. Comment aurait-il pu ne pas s'en rendre compte ? Le cœur de Katy se serra pour eux deux, tandis qu'Allison regardait par-dessus le bord de sa tasse, ses grands yeux tristes et stoïques. Quelle existence tragique ! songea-t-elle. Cela lui rappela Seth. Se remettrait-elle de sa trahison ? De ce qu'elle avait perdu avec lui ? Parviendrait-elle un jour à s'offrir corps et âme à un autre, ou finirait-elle comme Allison, à ruminer le passé, sans jamais réussir à tourner la page ?

« Non, jamais, se promit-elle avec ferveur. Matt n'a pas quitté Allison délibérément. Mais Seth m'a trahie. Il a menti. Il m'a abandonnée alors que j'avais désespérément besoin de lui, et il est allé en voir une autre. »

Sa gorge se noua, et pendant un moment, elle ferma les yeux. Elle les rouvrit rapidement en se rappelant la raison de sa visite, prit son sac par terre et l'ouvrit.

— Jackson t'a dit, je crois, que je voulais te demander quelque chose, reprit-elle. En fait, il s'agit plutôt de te montrer quelque chose. Un croquis que Matt a dessiné le jour de sa mort.

— Un croquis de moi ? Matt en a tant fait ! Je me fâchais tout le temps parce qu'il emportait son carnet de croquis partout où il allait. Et ensuite, il accrochait ses dessins dans son casier, au lycée, et ses copains se moquaient de moi...

— Dis donc, ce ne serait pas une pique contre moi, par hasard ? intervint Jackson avec l'ombre d'un sourire. J'étais sans pitié, à l'époque, hein ?

— Bah, je te répondais du tac au tac, et Matt aussi. Toi, tu ne pensais qu'à Holly Sue Granger, de toute façon. Tu la lorgnais comme le loup du petit chaperon rouge. Matt disait qu'il aurait bien voulu que tu oses l'inviter franchement à sortir et que tu cesses enfin d'être obsédé par elle...

Elle s'interrompit soudain et serra les mains sur ses genoux.

— Et finalement, tu es sorti avec elle. Ce soir-là. Le soir où Matt est mort.

Le visage de Jackson s'était fermé. Allison rougit et les considéra alternativement tous les deux. Visiblement, elle se rappelait l'éclat de Katy à l'enterrement.

— Je suis contente de voir que vous avez tous les deux... passé le cap, bredouilla-t-elle. Vous n'êtes plus fâchés... si ?

— Non, bien sûr, répondit Katy.

Mais elle évita le regard de Jackson. Elle lui avait déjà beaucoup pardonné, mais elle n'était pas pour autant obligée de le faire entrer dans sa vie. À présent, ses fantasmes lui paraissaient plus stupides que jamais. D'autant plus que, de toute évidence, il lui avait caché des choses, des choses qu'il aurait pu lui révéler dès qu'elle lui avait montré le dessin. Jamais elle ne deviendrait la meilleure amie de Jackson Brent, ni une de ses maîtresses de passage.

— Tiens, c'est ce croquis, en bas de la page, dit-elle en tendant le papier à Allison. Ce n'est pas toi, mais tu vas peut-être reconnaître la fille...

Allison retint son souffle et murmura :

— On dirait qu'elle est morte !

— C'est aussi l'impression que nous avons eue, Jackson et moi, avoua Katy. Mais à ton avis, s'agit-il de quelqu'un que Matt connaissait ou d'une fille qu'il a inventée ?

Allison avait pâli.

— Il ne l'a sûrement pas imaginée, murmura-t-elle en continuant à examiner le croquis. Matt représentait toujours des choses réelles. Et puis... cette fille me dit quelque chose. Je n'arrive pas à la situer, mais...

Jackson se pencha vers elle.

— Matt t'avait-il montré ce dessin, Ally ? Serait-ce pour cela que cette fille t'est familière ?

— Non, non, je n'avais jamais vu ce dessin avant aujourd'hui. Je m'en souviendrais. C'est tellement différent de tout ce qu'il dessinait. Matt croquait des chats sur des radiateurs, des chevaux dressés sur une falaise au coucher du soleil, de vieilles gens assis sur leur porche en train de se tenir la main... Des choses chaleureuses, joyeuses. Pas... ceci.

— Alors, qui est-ce ? murmura Katy. Essaie de te le rappeler, Allison, s'il te plaît.

— Je ne peux pas... Je ne sais pas... Mais ces cheveux, ces longs cheveux ondulés...

Soudain, elle redressa la tête.

— Je sais qui c'est !

— Qui ? demanda vivement Katy.

— Elle s'appelait Christine... Non, Crystal. Crystal quelque chose. Elle travaillait au *Tumbleweed Bar & Grill.*

— Mais oui, c'est ça !

Jackson se tourna vers Katy, son visage sombre baigné par la lumière qui passait entre les épais rideaux verts.

— Je savais bien que je l'avais déjà vue. Un soir, on est allés en douce au *Tumbleweed*, Matt et moi – on devait être en première, à l'époque. On s'est à moitié cachés à une table au fond de la salle, en espérant que personne ne remarquerait deux lycéens. Crystal travaillait là-bas. Elle nous a servi à chacun une bière avant qu'Elam ne nous repère et ne nous jette dehors à coups de pied aux fesses. Après ça, j'ai dû la croiser en ville une ou deux fois.

— A-t-elle continué à travailler au *Tumbleweed* jusqu'à la mort de Matt ? demanda Katy.

Ce fut Allison qui répondit :

— Je crois, oui. En tout cas, quelques mois avant, elle y était toujours.

Allison reposa le dessin comme si elle ne supportait plus son contact.

— Mon frère est rentré de la fac pendant l'été, et il allait régulièrement au *Tumbleweed*, précisa-t-elle d'une voix tremblante. J'avais deviné qu'il avait un petit faible pour Crystal parce qu'il parlait d'elle de temps en temps. D'ailleurs, une fois, on l'a croisée en ville, et il est devenu écarlate. J'ai compris alors qu'il était fou amoureux d'elle. Mais ils ne sont jamais sortis ensemble. J'ai posé la question à mon frère, un jour. Il m'a dit que Crystal était serveuse au *Tumbleweed* et qu'ils avaient dansé ensemble une ou deux fois, mais qu'elle ne voulait pas sortir avec lui, qu'elle avait déjà un petit ami.

Elle posa de nouveau les yeux sur le dessin, et un muscle de sa joue tressaillit. Brusquement, elle reprit le croquis et le déchira en deux sous les yeux médusés de Katy.

— Allison !

Katy récupéra prestement la feuille avant qu'elle ne la déchire en mille morceaux.

— Qu'est-ce que tu fais ? Nous en avons besoin pour découvrir ce qui...

— Non, Katy, non. Jette ce papier et oublie tout ça.

— Je ne peux pas. Je veux savoir...

— Non !

Allison leva vers elle des yeux fiévreux. Ses lèvres tremblaient.

— Laisse tomber, Katy. Oublie cette histoire. Mon Dieu, Matt était ton frère ! Tu ne peux donc pas le laisser reposer en paix ?

— Cela n'a rien à voir avec le repos de son âme. Peut-être qu'il a été témoin de quelque chose qui est arrivé à cette Crystal...

— Pour l'amour du Ciel, Katy, je te demande de tirer un trait là-dessus ! cria Allison.

Elle voulut attraper la feuille déchirée, mais Katy fut plus rapide et recula en cachant le croquis dans son dos. Allison la regarda un moment, hagarde, puis elle se laissa retomber sur le canapé et prit son visage dans ses mains. Des sanglots secouèrent ses épaules.

— Jackson, dis-lui, toi, murmura-t-elle d'une voix rauque, tandis que des larmes coulaient à travers ses doigts. Dis-lui d'oublier ce satané dessin, de laisser le passé en paix.

— Calme-toi, Ally.

Jackson, surpris lui aussi par sa réaction, la dévisagea un instant, puis se tourna vers Katy.

— Calmons-nous tous, ajouta-t-il d'un ton posé.

Katy lui donna le dessin déchiré et alla s'agenouiller à côté d'Allison. D'une voix douce, elle demanda :

— Allison, je peux t'apporter quelque chose ? Un verre d'eau ?

— Non, rien. Je voudrais juste que vous partiez. Je n'ai plus envie de parler de ce stupide dessin.

— Mais il faut qu'on en parle. Pourquoi l'as-tu déchiré ? J'ai besoin de savoir.

— Non, ça ne sert à rien. Tu n'as rien besoin de savoir sur... cette époque. Sur cette fille.

— Allison, je t'en prie, dis-moi ce que tu sais.

Allison releva son visage baigné de larmes. Du mascara avait coulé sur ses joues.

— C'était un garçon formidable, Katy, chuchota-t-elle. Un petit ami merveilleux. Je l'ai aimé de tout mon cœur. Jusqu'à cette dernière semaine... tout était parfait. Ce n'est pas juste de déterrer maintenant une chose que Matt n'a jamais voulu révéler à quiconque. Pas même à moi.

Katy sentit une bouffée d'appréhension monter en elle.

— Qu'est-ce que Matt n'a jamais voulu révéler ?

Allison la regarda et s'essuya les yeux, étalant un peu plus les traînées de mascara.

— Je ne sais pas vraiment, répondit-elle, si doucement que Katy dut tendre l'oreille pour l'entendre. C'était un secret. Tout ce que je sais, c'est que Matt était particulièrement silencieux, cette dernière semaine, et irritable. Cela ne lui ressemblait pas du tout. Quand je lui ai demandé ce qui n'allait pas...

Elle hésita.

— Il m'a répondu qu'il avait fait quelque chose... quelque chose de terrible, reprit-elle, tandis que ses épaules s'affaissaient. Il a refusé de m'en dire davantage. Il m'a dit qu'il m'aimait, mais...

— Mais quoi ? insista Katy, le ventre noué.

— Mais il était... perturbé, confus. Il disait que si je savais ce qu'il avait fait, je le détesterais. Comme si c'était possible ! ajouta-t-elle en frémissant.

— C'est tout ? demanda Katy, plus vivement qu'elle n'en avait eu l'intention. S'il ne t'a rien dit de plus, pourquoi avoir déchiré ce croquis ?

— Je ne sais pas. Je viens de me souvenir que mon frère disait que Crystal avait un petit ami, au moment même où tu me montres ce croquis de Matt... Je ne savais pas qu'il la connaissait. Pourtant, à l'évidence, c'était le cas.

Elle baissa les yeux et déglutit.

— Et si... s'il m'avait trompée ? Quand elle a dit qu'elle avait un petit ami, elle pensait peut-être à Matt.

Elle s'appuya contre le canapé et serra les bras autour d'elle.

— Mon Dieu, Katy, je préfère ne pas savoir, je préfère me souvenir des choses comme elles étaient !

Mais comment étaient-elles ? se demanda Katy. Le passé qu'elle avait toujours vu si clairement, le passé qu'elle avait cru gravé dans la pierre s'était changé en une image floue et troublante. Son frère, la personne la plus honnête, la plus franche, la plus loyale qu'elle eût jamais connue, avait eu un secret. Et il avait dessiné une fille morte.

« Une fille qui a l'air morte, se rappela-t-elle, tandis qu'un filet de sueur descendait dans sa nuque. Tu n'as aucune certitude... hormis son nom, Crystal. »

— Ne tirons pas de conclusions hâtives, dit Jackson comme s'il lisait dans ses pensées.

Mais les yeux d'Allison passaient de l'un à l'autre, rapides et nerveux.

— Je crois qu'on ferait mieux de laisser tomber toute cette histoire, dit-elle. J'ai un mauvais pressentiment.

Elle fouilla dans la poche de son jean noir, mais ses doigts n'en sortirent rien.

— Mon Dieu, je pourrais tuer pour une cigarette ! Rusty et les garçons m'ont fait arrêter il y a deux mois, mais...

Elle ne termina pas sa phrase. Katy partageait son pressentiment, mais elle s'abstint de le dire. Ce qu'il leur fallait, c'étaient des renseignements, des faits, pour pouvoir avancer.

— Pour trouver la solution, nous devrions procéder par étapes… commença-t-elle.

Allison se leva brusquement et darda sur Katy un regard qui aurait mis le feu à du bois mouillé.

— Je n'ai aucune envie de trouver la solution, déclara-t-elle. Cette histoire appartient au passé. Et le passé est mort avec Matt, c'est ce que l'on me répète constamment. Si Matt avait voulu que je sois au courant, il m'aurait expliqué pourquoi il se conduisait si bizarrement, il m'aurait dit ce que ce pacte signifiait…

— Quel pacte ? demanda aussitôt Katy.

Allison s'immobilisa, et ses joues s'empourprèrent.

— C'est la première fois que tu mentionnes un pacte, intervint Jackson.

— J'ai dû oublier, dit-elle à contrecœur. Matt a évoqué une fois un pacte stupide. Je n'ai jamais pu savoir avec qui il l'avait conclu, ni de quoi il s'agissait. Il m'a juste dit qu'il n'aurait jamais dû accepter. Je n'ai aucune idée de ce dont il parlait.

— Y a-t-il d'autres choses que tu aurais oublié de nous dire ? demanda Katy, dont le cerveau fonctionnait à toute allure.

— Non. Rien. Je te répète que je ne sais rien, hormis…

Allison se mordit la lèvre.

— Je l'ai surpris dans la ruelle qui se trouve derrière le *Tumbleweed*, un jour, et je… je l'ai suivi. Je ne le lui ai jamais dit, mais je l'ai vu parler avec quelqu'un. Se disputer, même.

— Avec qui ?

Les yeux emplis de crainte, Allison regarda Katy.

— Wood Morgan.

Wood Morgan ? C'était le dernier nom auquel Katy s'attendait.

— Matt et Wood n'étaient pas du tout amis !

— Je sais. C'est pour cela que ça m'a paru si bizarre. Ils ne s'étaient jamais entendus, alors je ne comprenais pas ce qu'ils faisaient ensemble dans cette ruelle… En tout cas, je n'ai pas dit à Matt que je les avais vus. Je ne lui ai jamais posé de questions.

« Tu préférais enfouir la tête dans le sable, songea Katy. Tu voulais faire comme si tout allait bien. Mais tu te trompais. »

Mais c'était injuste de sa part de jeter la pierre à Allison. Elle n'avait pas été assez clairvoyante elle-même pour remarquer que le tableau n'était pas tout rose.

— À ton avis, Wood avait-il quelque chose à voir avec le pacte ou avec ce qui tracassait Matt ? Connaissait-il Crystal ?

Allison secoua la tête.

— Je n'en sais rien, répondit-elle d'un ton glacial.

Le regard qu'elle posa sur Katy recelait à la fois de la colère et une prière pathétique.

— Mais je crois que tu commets une grave erreur en remuant le passé.

— Je suis désolée, dit Katy.

Elle se leva et glissa la bandoulière de son sac sur son épaule, en espérant que ni Allison ni Jackson ne remarqueraient à quel point elle était bouleversée.

— Nous t'avons assez embêtée, dit-elle doucement, avant de se tourner vers Jackson. Nous devrions rentrer.

Il se leva et lui tendit les deux moitiés du dessin, qu'elle fourra dans son sac. Allison les raccompagna à la porte.

— Ça m'a fait plaisir de vous revoir, déclara-t-elle.

Il n'y avait ni sincérité ni joie dans ces mots, seulement de la rancœur. Katy hocha la tête, puis, sur une impulsion, elle serra Allison contre elle.

— Merci, Allison. Je suis désolée de t'avoir perturbée ainsi. Je sais que c'était pénible.

Allison ne répondit pas. Jackson l'étreignit à son tour, et ses cheveux striés de gris tombèrent en avant quand elle posa brièvement la tête contre son torse.

— On s'appelle, Ally.

— D'accord. J'espère que vous reviendrez me voir, tous les deux. Mais je ne veux plus entendre parler de cette histoire.

Dans la voiture, Jackson enfonça la clé de contact, puis il se tourna vers Katy.

— Ça va ?

— Ça ira dès que j'aurai découvert ce qui s'est passé il y a quatorze ans, déclara-t-elle avec force, les yeux étincelants de colère. Et pourquoi le soi-disant meilleur ami de mon frère prétend qu'il n'est au courant de rien.

15

Il n'y avait que quelques voitures et camions sur le parking du *Tumbleweed Bar & Grill* lorsque Jackson s'y gara. Il était à peine 19 heures et le bar ne commençait à s'animer vraiment que plus tard dans la soirée, mais cela convenait très bien à Katy. Elle n'était pas là pour boire, ni pour danser. Elle était là pour poser des questions.

Et obtenir des réponses.

Jackson coupa le moteur et tourna la tête vers elle.

— Nous ne devrions pas avoir trop de mal à trouver quelqu'un qui connaissait Crystal, dit-il. Elam est barman ici depuis au moins quinze ans. Et nous pourrons toujours interroger Ted Paxton, le propriétaire, s'il est là ce soir. Mais parfois, il n'arrive pas avant 23 heures ou minuit.

— J'attendrai le temps qu'il faudra...

Katy s'interrompit soudain et fixa quelque chose de l'autre côté du parking.

— Ça alors, tu parles d'une coïncidence ! marmonna-t-elle.

Jackson suivit son regard. Tammie et Wood Morgan sortaient de leur Land Rover flambant neuve et se dirigeaient vers le bar.

— Je ne suis pas vraiment d'humeur à les écouter me seriner que je devrais leur vendre *Chez Bessie*, mais j'aurais quelques questions à poser à Wood.

Katy ouvrit sa portière et ajouta :

— À condition d'éloigner Tammie quelques minutes.

— Je m'en charge, déclara Jackson.

Il descendit de voiture et claqua sa portière au moment où les Morgan disparaissaient à l'intérieur du bar.

Si Wood Morgan avait un lien, quel qu'il fût, avec Crystal, il était évident qu'il n'en parlerait jamais devant sa femme. Tammie était d'une jalousie maladive.

— Viens, dit Jackson. Je t'offre une bière, on verra bien comment ça se présente.

La bière ferait peut-être passer le goût amer qu'elle avait dans la bouche, songea Katy. Et qui n'était pas dû au dîner que Jackson et elle venaient de partager à Eagleton. Les paroles d'Allison lui avaient laissé un gouffre d'angoisse au creux du ventre. Qu'avait-il bien pu arriver à Matt une semaine avant sa mort ?

Jackson avait affirmé ne rien savoir de plus que ce qu'il lui avait déjà dit, et elle le croyait. Mais cela ne la faisait pas avancer. Matt avait dissimulé quelque chose à sa famille et à ses amis, mais quoi ? Même Allison ne savait presque rien.

Un pacte, se rappela-t-elle. Le croquis. Et Wood Morgan…

Le *Tumbleweed* était sombre et sentait le whisky et le tabac. Ils s'installèrent à une table située près du bar, et Corinne vint prendre leur commande. Ce n'était pas Elam qui était de service, mais l'autre barman, Ray, leur apprit-elle. Elam devait arriver à 20 heures.

Dès que Corinne fut partie chercher leurs bières, Tammie quitta sa chaise, à côté du billard, chuchota quelque chose à Wood et vint vers eux, sa bouteille de Budweiser ouverte dans sa main manucurée.

— Elle prend l'initiative, remarqua Jackson. Cela pourrait nous faciliter les choses.

Mais ce que dit Tammie faillit faire oublier à Katy le but de son incursion au *Tumbleweed*.

— Tiens donc, voyez qui est là… Ne me dites pas que vous roucoulez comme des tourtereaux, tous les deux.

Elle haussa les sourcils et leur sourit, ses grosses boucles d'oreilles en argent scintillant à la lumière de la bougie allumée au milieu de la table.

— Je comprends que tu sois trop occupée pour travailler, maintenant, fit-elle en agitant un index sévère vers Katy. Si tu nous vendais le restaurant, tu n'aurais plus à te soucier du manque de personnel, de la lenteur du service, de la pénurie de desserts…

— Qu'est-ce que tu racontes ?

— Tu n'es pas au courant ? demanda Tammie en écarquillant les yeux, avant de secouer la tête. Désolée d'être la porteuse de mauvaises nouvelles, mais plus d'un client de *Chez Bessie* a été mécontent, aujourd'hui. Apparemment, ta serveuse s'est fait la belle avec son petit copain en plantant là le pauvre Billy. Il s'est tué à la tâche à essayer de tout assumer seul, mais évidemment, il était complètement dépassé. On s'est arrêtés pour prendre un dessert, Wood et moi, avec l'architecte qui dessine les plans de notre ranch de vacances, eh bien, il n'y avait plus une seule part de tarte, figure-toi. Rien. Et le café était froid. Plusieurs personnes sont tout bonnement parties avant que leur repas n'arrive, car elles en avaient assez d'attendre.

Le sang de Katy ne fit qu'un tour. « Cette Daffodil Moline, je vais la tuer », songea-t-elle.

— La prochaine fois que vous viendrez, Wood et toi, je vous offrirai café et pâtisseries. Et c'est valable pour tous les clients qui n'ont pas été satisfaits aujourd'hui.

— Comme c'est gentil de ta part ! Mais tu sais, Katy, tu ne devrais pas travailler si dur. J'ignore quel genre de coups tordus te fait ton ex pour le règlement de votre divorce, mais je sais que si tu nous vendais *Chez Bessie*, tu aurais de quoi racheter un restaurant n'importe où dans le monde et embaucher le personnel nécessaire pour le tenir correctement.

Katy bouillait de colère, mais elle réussit à parler d'un ton posé.

— Personne ne me fait de coups tordus, Tammie. Tu as terminé ?

Tammie était sans-gêne, égocentrique, imbue de sa personne et opiniâtre, mais elle n'était pas bête. Elle vit l'éclat menaçant dans les yeux de Katy Templeton, la tension dans son cou mince, et elle se dit qu'elle avait poussé le bouchon assez loin.

— Absolument. Pour le moment, en tout cas.

Elle la régala du sourire gracieux qu'elle réservait aux hommes d'affaires importants que Wood invitait à dîner chez eux, ceux à qui il espérait soutirer quelque chose.

— Réfléchis à ce que je t'ai dit, Katy. Et le jour où tu seras prête à vendre cette vieille bicoque, fais-nous signe.

Katy était tentée de lui jeter sa bière à la figure, mais avant qu'elle ait pu dire ou faire quoi que ce soit, Jackson intervint :

— Je crois que tu t'es parfaitement fait comprendre, Tammie. Laissons tomber le sujet, maintenant. Viens plutôt danser avec moi, ajouta-t-il d'un ton léger, en lui prenant la main.

Tammie battit des cils et se laissa entraîner sur la piste. Katy sortait déjà son téléphone portable. Elle composa le numéro de Daffodil et tomba sur le répondeur.

— Daffodil, c'est Katy, dit-elle sèchement. Rappelle-moi dès que tu auras ce message. Peu importe l'heure. J'attends ton coup de fil.

Elle rangea l'appareil dans son sac et se leva. Deux secondes plus tard, elle s'asseyait à côté de Wood, qui s'était retourné pour regarder danser sa femme avec Jackson.

— J'aimerais te parler, Wood.

— De quoi ?

Son sourire était à la fois chaleureux et rusé.

— De Matt et de toi. Et de cette fille, Crystal.

Était-ce son imagination, ou Wood avait-il pâli sous son hâle ?

— Qu'est-ce que tu racontes ?

Elle se laissa aller contre le dossier de sa chaise, comme si elle avait tout son temps.

— Je parle du pacte, Wood. Tu te souviens du pacte, n'est-ce pas ?

— Je ne vois pas ce que tu veux dire.

Il s'éclaircit la gorge et secoua la tête.

— Tu as trop bu, ma parole, Katy. Tu ne sais plus ce que tu dis.

Il sourit de nouveau, avec un semblant de son assurance habituelle, mais son sourire était forcé. Il était bon comédien, mais pas assez pour duper Katy. Elle excellait à déceler le mensonge – c'était nécessaire lorsqu'on dirigeait une entreprise qui comptait plusieurs dizaines d'employés.

— On peut en parler quand Tammie nous aura rejoints, ou bien on peut en parler tout de suite, reprit-elle d'une voix douce, aimable. Je veux que tu me dises tout ce que tu sais sur Crystal et que tu m'expliques pourquoi Matt et toi avez conclu ce pacte.

— Il n'y a rien à raconter, Katy. Je ne connais pas de Crystal et je n'ai jamais conclu de pacte.

Son ton avait changé. Le choc passé, Wood Morgan avait retrouvé son aplomb. À présent, un éclat glacial luisait dans ses yeux d'homme d'affaires avisé.

— Je ne te crois pas.

— C'est ton problème.

— Je te demande juste des réponses, Wood.

Du coin de l'œil, elle vit Jackson demander à Tammie une nouvelle danse. Le temps pressait…

— Si tu n'as rien à cacher…

— Bien sûr que non, bon sang !

— D'accord. Mais on t'a vu avec Matt dans la ruelle juste avant sa mort, et je sais qu'il avait passé un pacte...

— Tu te prends pour qui ? Agatha Christie ? Columbo ? fit-il d'un ton moqueur, avant d'éclater d'un petit rire sec. En tout cas, tu fais fausse route, ma belle. Je ne sais pas d'où tu sors ces histoires, mais je te conseille de laisser tomber tout ça.

— C'est ce que je compte faire. Dès que tu m'auras dit ce que je veux savoir. Je n'en parlerai pas à Tammie, si c'est ce qui t'inquiète. Donne-moi juste des renseignements...

— Des renseignements de quel genre, Katy ?

Tammie et Jackson étaient à côté d'eux. Wood se leva et prit sa femme par le bras.

— Katy voudrait savoir ce que lui rapporterait précisément le restaurant si elle se décidait à vendre.

— Voilà une bonne nouvelle. Il était grand temps.

Le sourire de Tammie aurait pu embraser les poutres du vaste bar.

— Nous en reparlerons plus tard, ajouta Wood avec désinvolture, avant de déposer un baiser dans le cou de sa femme. En attendant, à nous deux de danser. Ça m'a rendu jaloux comme un tigre de te voir sur la piste avec Jackson.

Sur ce, il s'éloigna, sans un regard pour Katy.

— Il ment, souffla-t-elle à Jackson. Il a nié connaître Crystal, mais quand j'ai mentionné son nom et que j'ai parlé de cette histoire de pacte, j'ai bien vu qu'il était troublé. Et il s'est empressé de changer de sujet dès l'arrivée de Tammie.

— Et si je me chargeais de la suite de cette conversation ? suggéra Jackson en la ramenant à leur table. En voyant que nous nous acharnons tous les deux, il finira par cracher le morceau. Ou par frapper, comme un ours cerné. T'a-t-il menacée ?

— Non, pas exactement. Il m'a simplement dit de laisser tomber. Mais d'un ton assez agressif.

— Ça ne me plaît pas. Sois prudente, Katy. Wood Morgan n'est pas arrivé là où il en est aujourd'hui en semant des pétales de roses.

— Crois-tu que cela m'impressionne ? Mon Dieu, cette histoire me rend folle ! Je veux savoir ce qui est arrivé à Matt avant sa mort. Il faut que je découvre pourquoi il a dessiné ce croquis de Crystal, comment il l'a rencontrée et...

— Et ce qu'elle est devenue, acheva Jackson.

— Oui, approuva Katy, l'air sombre.

— Eh bien, nous le découvrirons, promit-il en buvant une gorgée de bière. J'essaierai de parler à Wood plus tard. Elam ne va pas tarder, ajouta-t-il en jetant un coup d'œil à sa montre. Et pour le restaurant ? As-tu appelé Daffodil ou Billy ?

— J'ai laissé un message à Daffodil, répondit Katy en passant une main nerveuse dans ses cheveux. Je n'aurais jamais dû m'absenter une journée entière.

— Ne te laisse pas abattre par les ragots de Tammie.

— Je n'aime pas l'admettre, mais elle a raison sur un point : il me faut plus de personnel. J'aurais dû embaucher une deuxième serveuse. Je voulais le faire, ajouta-t-elle avec amertume, mais je pensais que ça pouvait attendre un peu. Seth m'a toujours dit qu'en affaires, on ne peut pas se permettre de baisser la garde, sinon... Pourquoi me fixes-tu comme ça ?

— C'est la première fois que tu parles de lui. De ton ex-mari.

— Ah, bon ? C'est possible.

Katy grimaça. Elle prit sa bière et en but une gorgée.

— Seth n'est pas dans mes petits papiers, en ce moment. Je n'aime pas trop parler de lui, ajouta-t-elle d'un ton précipité. Ni penser à lui.

— Est-ce que ça veut dire qu'il compte toujours pour toi ?

La question était venue si vite qu'elle cligna des yeux.

— Qu'il compte pour moi ?

— Oui.

Les yeux bleus de Jackson ressemblaient à du granit dans le bar enfumé.

— Par exemple, si cela t'est parfaitement égal qu'il tombe dans une cage d'ascenseur, cela signifie qu'il ne compte plus pour toi et que tu n'es plus amoureuse de lui.

Était-ce la bière qui lui montait à la tête ou était-elle simplement éprouvée par les émotions de ces derniers jours ? Quoi qu'il en soit, pour la première fois depuis que Seth lui avait annoncé qu'il allait en épouser une autre, Katy s'entendit répondre la vérité sur ses sentiments pour lui, sans bravade ni fausse désinvolture.

— J'y travaille, dit-elle en haussant les épaules. Si tu veux tout savoir, c'est l'une des raisons pour lesquelles je suis venue à Thunder Creek. Pour prendre du recul vis-à-vis de Seth. Faire le point.

Elle reprit sa bouteille, mais soudain, Jackson posa la main sur la sienne.

— Ne te retourne pas, mais Elam vient d'entrer.

Katy promena un regard nonchalant autour d'elle, repéra le brun barbu au visage avenant qui se dirigeait vers le bar et se leva prestement.

— Qu'est-ce que tu attends ? Viens.

— Crystal ? Vous voulez parler de Crystal Kirk ? Bien sûr que je me souviens d'elle.

Le cœur de Katy bondit. Crystal Kirk. Bizarrement, connaître son nom de famille la rendait encore plus réelle. Elle continua à fixer Elam Lowell, se concentrant sur ses yeux bleu pâle presque dépourvus de cils. C'était un grand gaillard aux cheveux raides et à la voix rocailleuse. Ses mains agiles alignaient verres et bouteilles sur le bar pendant qu'il parlait.

— Je sais qu'elle a travaillé ici. Qu'est-elle devenue ? demanda Katy.

— Voyons, ça remonte à quatorze ou quinze ans, je dirais... Oui, je m'en souviens bien. Elle est partie pile quand on a divorcé, Sally et moi. Je me rappelle m'être dit : « C'est trop bête, la voilà qui quitte la ville au moment où je me retrouve célibataire. »

Il pouffa.

— Elle était canon, cette Crystal.

— Tu sais pour quelle raison elle est partie ? intervint Jackson.

Elam haussa les épaules, tout en versant du whisky dans des verres, sur un plateau.

— Elle disait qu'il était temps qu'elle change d'air. C'était une fille sympa, sans problèmes, mais elle était assez secrète. Au début, elle est sortie avec un ou deux clients, et tout à coup, elle a arrêté. Oh, elle était toujours à flirter et rigoler mais, les filles et moi, on se doutait qu'elle voyait quelqu'un en cachette. Bah, on s'en fichait bien, de toute façon. Elle venait toujours à l'heure au travail, elle bossait dur, elle s'entendait bien avec tout le monde, c'était l'essentiel.

Katy se pencha en avant.

— Savez-vous où elle est allée, ensuite ?

— Il me semble qu'elle voulait rentrer voir sa famille.

— Où était-ce ? insista Katy.

Le barman la considéra d'un œil perçant, tandis que Corinne venait lui prendre le plateau des mains.

— Pourquoi vous intéressez-vous tant à Crystal ?

— C'est une longue histoire, Elam, répondit Jackson. Mais c'est important. Nous aimerions la retrouver.

— Je vois. Attendez, que je réfléchisse... fit-il en se grattant la mâchoire, avant de claquer des doigts. Tucson ! Voilà, c'est ça. Elle était de Tucson. Ted l'a payée ce soir-là à la fin de son service, elle a fait ses adieux à tout le monde et elle a annoncé qu'elle prenait le car pour Tucson le lendemain matin.

Corinne revenait déjà vers le bar.

— Deux whiskies pour le shérif Harvey et Bob McCoy, demanda-t-elle, à bout de souffle.

Elle posa quatre bières et une soucoupe de cacahuètes sur un plateau et repartit aussitôt.

— C'est tout ce que je sais, reprit Elam. Je n'ai plus jamais entendu parler d'elle.

— Tu dis qu'elle est sortie avec quelques clients, au début, dit Jackson. Avec qui, tu t'en souviens ?

— Mon Dieu, non, je ne crois pas... Attends voir, si. Il y avait Fred Byers, c'était un jeune employé du ranch Hanging X. Et Luke Dillard. Dès que Crystal a débarqué ici, ils ont tous les deux eu un faible pour elle.

— Luke Dillard est sorti avec elle ? s'écria Katy. Pendant combien de temps ?

— Pas longtemps, si je me souviens bien. Je dirais qu'ils se sont vus une fois ou deux. Ça n'a pas abouti, apparemment. Il était tout gamin, à l'époque, encore au lycée, et je ne le laissais pas entrer ici, mais on le voyait toujours traîner dehors, à attendre que Crystal arrive ou sorte. Maintenant que j'y repense, je me souviens que ça me paraissait bizarre, parce que Crystal avait déjà vingt et un ans... Mais après, j'ai appris qu'elle avait menti sur son âge la première fois qu'elle s'était présentée ici. Elle nous avait montré une fausse carte d'identité, à Ted et moi. Apparemment, elle avait tout juste dix-huit ans.

Dix-huit ans. Le même âge que Matt, songea Katy, la gorge serrée.

— Et Wood Morgan ? Est-elle sortie avec lui aussi ?

— Wood ? Non. Il ne faisait pas partie de ceux qui lui tournaient autour.

— Et Matt Templeton ? demanda Jackson.

Katy retint son souffle, redoutant la réponse d'Elam.

— Non. Je ne les ai jamais vus ensemble, elle et le fils Templeton.

Voyant que Corinne attendait de lui passer une nouvelle commande, il se tourna vers elle.

— C'est tout ce que vous vouliez savoir ? Parce que j'ai du boulot, là.

— Une dernière question, fit vivement Katy. Vous dites que Crystal est partie au moment de votre divorce. Vous vous rappelez la date exacte ?

— Nous avons signé les papiers le 15 octobre 1988. Le jour le plus triste de ma vie. Crystal a dû partir quelques jours avant ou après, je ne sais plus.

Katy déglutit, le cerveau en ébullition. Matt était tombé du toit des Jenssen le 19 octobre 1988. Était-ce le jour où Crystal Kirk avait démissionné et quitté Thunder Creek ? S'agissait-il d'une simple coïncidence ?

Était-elle vraiment partie, d'ailleurs ? Peut-être n'avait-elle jamais pu le prendre, ce car. Peut-être lui était-il arrivé une chose monstrueuse, impensable... une chose que Matt avait dessinée avant de mourir...

Jackson la prit par le bras.

— Merci, Elam. Si jamais tu te rappelles quelque chose, passe-moi un coup de fil, d'accord ?

— Bien sûr, vieux.

Déjà, Jackson la ramenait à leur table.

— Katy, tu vas bien ?

Elle avait les lèvres sèches et savait qu'elle devait être livide. Mais elle hocha la tête.

— Il est arrivé malheur à Crystal Kirk, Jackson. Je le sais, je le sens.

— Ça commence à en avoir l'air, en effet.

— Elle est morte. Et Matt l'a vue. Toi aussi, tu as cette impression, n'est-ce pas ?

— Ce n'est pas impossible, répondit Jackson, prudent.

— Il faut que nous contactions sa famille. Que nous sachions si elle est vraiment rentrée chez elle, s'ils l'ont revue. Alors, nous saurons avec certitude…

À cet instant, le téléphone portable de Jackson sonna.

— Jackson Brent, répondit-il, sans détacher son regard de Katy.

Elle vit ses poings se serrer, ses yeux s'assombrir dans la lumière tamisée. Puis ses articulations blanchirent autour de l'appareil.

— Quoi ? Attends-moi. J'arrive.

Il rangea prestement son téléphone et lui prit le bras.

— Viens.

— Où allons-nous ? Que s'est-il passé ? Ô mon Dieu, c'est Gram ? C'est Cleo ?

Jackson jeta de l'argent sur la table et l'entraîna vers la porte.

— C'était Hatcher, mon contremaître. Quelqu'un a détaché mon chien Ajax, et il s'est enfui. L'un des ouvriers vient de le trouver en train de ramper dans le pâturage. En sang. Il a reçu un coup de fusil.

Elam laissa passer dix bonnes minutes après le départ de Katy Templeton et de Jackson, puis il se dirigea nonchalamment vers les toilettes. Personne. Il sortit son téléphone portable et composa rapidement un numéro.

— On a des ennuis, lâcha-t-il quand Wood Morgan répondit à son propre portable, dans le bar. Oui, c'est ça. La fille Templeton. Et Jackson Brent. Il faut que tu réfléchisses à ce que tu veux que je fasse.

16

Katy faisait les cent pas dans la salle d'attente de la clinique vétérinaire, l'esprit fiévreux. Malgré son agitation, elle remarqua le curieux mélange de tristesse et de gaieté qui caractérisait le décor de la clinique. Elle n'avait jamais mis les pieds auparavant dans le ranch des Brent, n'avait jamais vu à quoi ressemblait la maison avant que Jackson ne la transforme en clinique, mais elle pouvait le deviner d'après le mobilier : le vieux canapé déprimant aux coussins verts décolorés, le fauteuil à bascule délabré... Le sol en lino blanc, visiblement récent, et les murs peints en un beige chaleureux contrastaient avec le reste de la salle d'attente, où seul le tapis rayé bleu et jaune semblait neuf.

La clinique était silencieuse. Trop silencieuse. Jackson avait conduit comme s'il avait le diable à ses trousses, la mâchoire contractée, le visage gris, les lèvres pincées. Puis il avait disparu avec Hatcher dans une pièce qui avait dû être autrefois la cuisine et qui avait été transformée en une salle d'examen et d'opération d'un blanc étincelant. Katy avait entraperçu un éclair de sol immaculé et de murs bleus, un chien au poil roux enveloppé dans une couverture ensanglantée. Elle avait entendu les jappements et les cris pitoyables de l'animal avant que la porte ne se referme derrière Jackson.

Comment pouvait-on être assez cruel pour tirer sur un chien... ou sur une jeune fille comme Crystal Kirk ?

Et Matt ? Si Crystal était bel et bien morte, comment l'avait-il su, et pourquoi l'avait-il dessinée ?

Un sinistre pressentiment l'envahit. Elle se laissa tomber en tremblant sur le canapé défoncé et inspira profondément pour essayer de se calmer.

Là, assise dans l'ancienne maison des Brent, tandis que Jackson tentait de sauver son chien, elle se demanda s'il existait un lien entre ce que Matt avait vu et dessiné et sa mort. Avait-il réellement été victime d'un accident ? Et la mort de Crystal ? Avait-elle été accidentelle ou quelqu'un l'avait-il tuée ?

« Matt, que s'est-il passé ? songea-t-elle. Quel secret as-tu emporté avec toi ? »

Elle se sentait à la fois nauséeuse et fébrile. Il fallait qu'elle sache. Pour Matt et pour Crystal, il fallait qu'elle découvre la vérité. Le mot « meurtre » surgissait régulièrement dans son esprit, et chaque fois, elle le chassait. En aucune façon Matt n'avait pu être lié à un meurtre, se répétait-elle. Mais le nœud dans son estomac se resserrait à chaque minute.

Lorsque la porte de la salle d'examen se rouvrit, elle se raidit et concentra ses pensées sur Jackson. Il semblait harassé. Ses yeux étaient du bleu orageux qui précède le tonnerre.

Il était suivi d'Hatcher, un petit homme au long cou osseux et aux yeux gris pénétrants.

— Ajax… commença-t-elle.

— Il va s'en sortir.

Toute la tension accumulée depuis le moment où Hatcher l'avait appelé l'avait déserté, et il paraissait maintenant très las et étonnamment vulnérable. L'espace d'un instant, elle vit le fantôme d'un enfant hanté par la solitude et l'incertitude, enfermé dans le corps d'un homme en mal de réconfort. Instinctivement, elle s'approcha de lui et le serra brièvement contre elle. Puis, tout aussi vivement, elle recula et se demanda pourquoi elle avait fait cela.

— Je suis contente que tu l'aies sauvé, dit-elle.

— Cette fois, je l'ai sauvé, répondit-il en fixant un point au loin. Mais ce n'est pas terminé.

Le garçon vulnérable et l'homme las avaient disparu. L'âme solitaire s'était cachée, et elle contemplait désormais le regard froid d'un homme dont la colère était maîtrisée, un homme qui semblait se blinder contre toute autre émotion.

— Jackson...

Mais il s'écarta d'elle et se tourna vers Hatcher.

— As-tu vu quelque chose ? Quelqu'un ?

— Non, patron. J'ai seulement remarqué que la laisse avait été coupée, lorsque je suis revenu après avoir rassemblé des bêtes égarées.

— Coupée ? Tu es sûr ? Ce n'est pas Ajax qui l'a cassée ?

— Elle était coupée, affirma Hatcher, l'air sombre. Puis Ed m'a appelé de son portable pour me dire qu'il venait de trouver Ajax rampant dans l'herbe. Je lui ai demandé de le ramener ici et je vous ai téléphoné.

La mâchoire crispée, Jackson se dirigea vers la porte.

— Attends ! Où vas-tu ?

Katy courut se mettre en travers de son chemin. Il s'arrêta net et la dévisagea, mais elle eut l'impression qu'il ne la voyait pas, qu'il regardait à travers elle.

— Hatcher va te raccompagner, Katy. Il faut que j'y aille. C'est un coup de Dillard.

— Tu n'en sais rien...

— Il y a quelques jours, il a menacé de tuer Ajax s'il le retrouvait à rôder autour de ses bêtes. Et le voilà qui coupe sa laisse rien que pour avoir l'excuse de lui tirer dessus !

— Dans ce cas, laisse le shérif Harvey s'en occuper.

Il passa à côté d'elle, le visage figé.

— Je règle moi-même mes affaires.

— Non, attends !

Elle l'attrapa par le bras. Il aurait pu se dégager d'un geste, mais il n'en fit rien. Il se contenta de la regarder, calme et inflexible.

— Patron, intervint le contremaître, vous devriez peut-être l'écouter...

— Rentre chez toi, Hatcher.

— Mais...

— Rentre chez toi.

L'homme soupira.

— Mademoiselle Templeton, je peux vous raccompagner ?

— Non, merci, ce ne sera pas nécessaire.

Katy redressa le menton et resserra les doigts autour du bras de Jackson.

— Je te collerai aux basques jusqu'au ranch de Dillard, si tu m'y obliges, déclara-t-elle.

Derrière elle, Hatcher étouffa un petit rire. Mais Jackson ne semblait même pas la voir. Quand la porte se referma derrière le contremaître, Jackson posa sa main libre sur celle de Katy et détacha ses doigts fins de son bras.

— Je te déposerai en chemin. Il faut que tu rentres au ranch t'assurer que tout est en ordre.

— Cleo va bien. J'ai appelé Riley pendant que tu opérais Ajax. Et l'avion de Gram a atterri sans encombre à Las Vegas. Est-ce qu'on ne devrait pas rester ici pour veiller sur Ajax ?

— Écoute, Katy, dit-il d'une voix tendue, je n'ai pas l'intention de laisser Dillard s'en tirer comme ça. Je ne supporte pas les brutes de son espèce. Et les gens qui tirent sur des chiens, brutalisent les femmes et battent les enfants sont des brutes. Crois-moi, l'exemple de mon père m'a suffi. Je l'ai vu tuer notre chat un soir où il avait piqué une rage d'ivrogne. Alors, que Dillard ait été soûl ou qu'il ait fait ça juste pour s'amuser, peu importe. Il n'a pas d'excuse.

— Mon Dieu, Jackson, je ne savais pas...

— Je ne peux certes pas mettre tous les salopards du monde hors d'état de nuire, mais on ne m'empêchera pas de m'occuper de Luke Dillard.

— Je comprends ce que tu ressens, Jackson, mais pour l'instant, tu es sous le coup de la rancœur. Tu es bouleversé et furieux. Tu ne devrais pas aller trouver Luke Dillard dans cet état. Qui sait comment cela risque de tourner, ce qui risque de t'arriver...

— Ne t'inquiète pas pour ça, dit-il en sortant.

Dehors, le ciel nocturne était constellé d'étoiles. La pleine lune brillait, telle une perle dans l'air tiède. Katy rattrapa Jackson au moment où il ouvrait la portière de sa voiture et lui arracha les clés de la main.

— Mais qu'est-ce que... Bon sang, Katy, de quoi te mêles-tu ? grommela-t-il en lui reprenant prestement le trousseau.

— De ce qui ne me regarde pas, c'est certain, mais pour l'instant, tu es trop en colère pour savoir ce que tu fais.

— Je sais très bien ce que je fais.

— Dans ce cas, je viens. Tu m'as accompagnée chez Allison, je t'accompagne chez Luke.

Il la regarda avec incrédulité. Elle imaginait pouvoir l'arrêter ? C'était absurde ! Mais ce qui était encore plus absurde, c'était de penser qu'elle se souciait assez de lui pour vouloir l'empêcher de se mettre en danger.

— Que se passe-t-il, Katy ? demanda-t-il d'une voix changée.

— Il se passe qu'aller chez Luke ce soir serait de la folie pure.

— Et qu'est-ce que cela peut bien te faire ?

Il plongea les yeux dans les siens, attentif pour la première fois depuis qu'il était sorti de la salle d'opération.

— Se pourrait-il que tu n'aies pas envie qu'on me tue ? demanda-t-il d'une voix rauque.

— Ne te fais pas d'illusions.

Elle esquissa un sourire et haussa les épaules avec une feinte désinvolture, mais l'intensité avec laquelle Jackson la dévisageait faisait tambouriner son cœur.

— C'est juste que… nous menons cette enquête ensemble, au sujet de Crystal Kirk, et que… deux cerveaux valent mieux qu'un. Mais je saurai parfaitement me débrouiller toute seule si tu t'obstines à vouloir te faire tuer.

— Je n'en doute pas.

Songeur, Jackson fourra ses clés de voiture dans sa poche. Puis il posa les mains sur les épaules de Katy et l'attira plus près de lui.

— Je veux juste être sûr de bien comprendre, dit-il doucement. Tu affirmes qu'il n'y a rien de plus là-dessous, que rien ne couve entre toi et moi ?

À ces mots, une décharge électrique la traversa. « Toi et moi… » Les mots qu'il avait prononcés au barbecue.

— Je… je n'ai pas envie que tu finisses en prison ou à la morgue, c'est tout. Luke n'aurait pas plus de scrupules à te tirer dessus que sur Ajax.

— Et alors ?

— Et alors, pas de problème. Vas-y. Si tu veux te conduire comme un cinglé, ce n'est pas moi qui…

Il l'embrassa. Il baissa simplement la tête et l'embrassa.

Ce fut tellement inattendu qu'elle resta un instant sous le choc. Pourtant, elle n'essaya même pas de le repousser. C'était un baiser impérieux, sombre, brûlant et féroce, qui la faisait frissonner de tout son corps. La nuit, avec sa lune et ses montagnes, s'effaça, ne formant plus qu'un vaste halo noir, tandis qu'il l'embrassait encore, longuement, plus passionnément qu'on ne l'avait jamais embrassée.

Katy gémit et s'accrocha à lui. Avec un grognement, il la poussa contre le capot de la voiture et l'y plaqua, pressant son corps puissant contre le sien, tandis que ses mains remontaient dans ses cheveux. Le désir de Katy augmentait à chaque mouvement de ses mains, à chaque pression de sa bouche brûlante.

— Jackson, murmura-t-elle enfin, quand il écarta les lèvres des siennes. Jackson, répéta-t-elle plus doucement, comme une prière.

— J'ai envie de toi, Katy, gémit-il contre son oreille. Tu n'imagines pas à quel point j'ai envie de toi.

— Moi aussi...

Les mots lui échappèrent au moment où il s'emparait de nouveau de sa bouche. Cela n'aurait pas dû se produire, songea-t-elle, choquée. Pas entre eux deux.

Et pourtant...

Elle glissa les mains dans ses cheveux, inspirant l'âme et la force de cet homme tandis qu'ils se découvraient et se goûtaient sous la lune ivoire.

— Tu excelles dans l'art de faire diversion, dit-il d'une voix rauque.

— Je me donne du mal, réussit-elle à articuler.

Elle s'accrocha à son cou et caressa ses lèvres avec sa langue.

— Tu es belle, tellement belle...

Il referma les doigts autour de son sein, puis glissa la main sous son soutien-gorge en dentelle. Elle se cambra et gémit, incapable de protester, incapable d'aligner des pensées cohérentes, incapable d'autre chose que de se blottir contre lui dans l'obscurité. Ils furent soudain surpris tous les deux par le long rugissement d'un klaxon. Katy s'écarta vivement, et Jackson se raidit. Des phares éclairèrent un instant la route, avant que la voiture ne disparaisse dans le virage.

— Mon Dieu, ils nous ont vus ? demanda Katy.

Elle avait l'impression d'être une adolescente surprise en train de se faire peloter à l'arrière d'une voiture. Jackson secoua la tête.

— Sans doute pas. Ils ont dû klaxonner un écureuil ou un renard. Si nous allions dans un endroit plus tranquille ? ajouta-t-il en souriant. Viens.

Il lui prit la main et l'emmena derrière la clinique. Elle n'avait aucune idée de l'endroit où il la conduisait, mais elle se laissa faire. Ils contournèrent des enclos et une grange, tandis que le vent sifflait autour d'eux et que scintillaient les étoiles, si brillantes, si proches.

Ils traversèrent un pré baigné dans la clarté de la lune, un petit bois et, enfin, remontèrent une pente douce. Là, au milieu des arbres, dans l'ombre de Cougar Mountain, se dressait une petite maison en planches, simple et douillette. Un rectangle de lumière éclairait une fenêtre.

— Qu'est-ce que c'est ? demanda-t-elle, hors d'haleine, en courant presque derrière lui.

— C'est là que j'habite.

— Tu ne vis pas dans ton ancienne maison ? Je pensais que tu y avais gardé une chambre…

— Non. Je vis ici.

Il ouvrit la porte et, sans lui lâcher la main, la fit entrer.

Katy cligna des yeux et découvrit un long canapé en cuir fauve, ainsi que deux profonds fauteuils en bois aux repose-pieds assortis. Elle aperçut une cheminée en granit noir, des rideaux rayés blanc et noir aux fenêtres, des étagères surchargées de livres, un secrétaire dans un coin, une sculpture représentant un cheval au galop sur une petite table, à côté du canapé. Un tapis tissé de couleur vive recouvrait la quasi-totalité du plancher en bois foncé. Sur le mur opposé au canapé, une télévision, un lecteur de DVD et une chaîne hi-fi étaient nichés dans de profondes étagères en acajou. Plus loin, elle distingua une cuisine et un couloir.

Le décor était masculin, accueillant et paisible, et bizarrement, il allait à Jackson comme de vieilles bottes confortables. Dès qu'ils furent entrés, il attira Katy vers le canapé. Un chat tigré roux s'étira et vint se frotter contre sa jambe, puis un jeune labrador jaillit de la cuisine en jappant joyeusement.

— Vous pouvez tout de suite laisser tomber, les garçons, déclara Jackson, sans leur accorder un regard. Je sais que Louisa Hatcher est venue vous nourrir tous les deux. Maintenant, à moi.

— Tu ne nous présentes pas ?

— Le matou s'appelle Cammi, et le toutou Regis, dit-il en posant les mains sur les épaules de Katy. Bien, poursuivit-il en la faisant reculer vers le canapé, les yeux brillants. Où en étions-nous ?

— Nous ne devrions pas... commença-t-elle.

Elle était encore affaiblie et étourdie par les baisers de Jackson, par le désir enivrant que ses caresses avaient fait naître en elle. Elle aurait voulu sentir encore ses mains sur son corps, mais elle avait suffisamment recouvré la raison durant le trajet jusqu'au chalet pour savoir qu'il fallait mettre le holà à cette douce folie.

— Je crois que nous ferions mieux de...

— ... reprendre où nous en étions, coupa-t-il avec un sourire si paresseux et si sexy que le cœur de Katy s'emballa.

Il l'allongea délicatement sur le canapé, vint se placer au-dessus d'elle, et sa bouche se posa sur la sienne avec une infinie douceur.

Elle voulut discuter, se montrer raisonnable et réaliste, mais elle était perdue. Perdue dans ses baisers, dans son étreinte. Il lui caressa le visage, la gorge, les seins. Sa main était à la fois douce et sûre, tendre et puissante. Elle passa les doigts dans la soie épaisse de ses cheveux noirs, les laissa redescendre doucement sur sa mâchoire. Les mains habiles de Jackson soulevèrent son pull et le firent glisser par-dessus sa tête. Son visage s'éclaira lorsque son regard se posa sur la fine dentelle ivoire qui recouvrait ses seins. Quand il les toucha, une décharge de pur plaisir la traversa.

Il y avait longtemps qu'elle n'avait pas fait l'amour avec un homme. La dernière fois, avec Seth, elle avait essayé d'oublier la douleur de la perte du bébé, elle avait espéré trouver le réconfort et la magie dans les bras fermes de son mari, contre son corps souple. Mais en vain. Ce qu'ils avaient partagé n'avait pas été assez puissant pour qu'elle puisse oublier.

Ce soir, c'était différent. Complètement différent. Un désir incandescent grondait dans tout son corps. Le regard intense de Jackson l'apaisait et la séduisait en même temps. Pourquoi se sentait-elle si vivante avec lui, si… excitée ? Pourquoi, dans ses bras, parvenait-elle à oublier les rêves morts de son mariage et de sa grossesse ?

Les caresses de Jackson étaient si merveilleuses qu'elle aurait aimé rester éternellement contre lui, que ses longs baisers continuent, qu'il lui fasse l'amour… Elle aurait voulu guérir la solitude qu'elle avait entraperçue en lui, cette solitude si semblable à la sienne…

« Calme-toi, imbécile, se dit-elle soudain, dans une bouffée d'affolement. C'est beaucoup trop tôt. Tu ne peux pas lui faire confiance. Ce n'est qu'une attirance physique, pas du tout ce qu'il te faut. Tu as envie de n'être qu'une conquête de plus sur la longue liste de Jackson Brent ? »

— Jackson… arrête. S'il te plaît. Nous devons arrêter.

Elle arracha sa bouche à la sienne, cessa de caresser son dos large et puissant et laissa retomber ses mains sur le côté.

Il poussa un gémissement – à moins que ce ne fût un juron.

— Qu'est-ce qui ne va pas ? demanda-t-il en s'écartant.

Une main chaude et solide, aux doigts calleux mais si tendres, s'attardait sur l'agrafe de son soutien-gorge.

— Katy…

— Nous ne pouvons pas… Je ne peux pas. Je suis désolée. Laisse-moi me relever.

Il poussa un nouveau gémissement et se déplaça pour lui permettre de se lever. Il resta seul sur le canapé.

— Tu es une femme cruelle, Katy Templeton.

— Je suis désolée, répéta-t-elle.

Le souffle court, il la regarda remettre son pull, qu'elle tira sur ses seins magnifiques.

— Ça va ? demanda-t-il.

Son excitation était toujours présente, mais passait déjà au second plan devant ses yeux emplis d'incertitude.

— Je ne t'ai pas fait mal, au moins ?

— Non, non. Tu as été... Tu ne m'as pas fait mal. C'est juste que... je ne peux pas.

— Pourquoi ?

Il s'approcha et se campa en face d'elle. Seigneur, comme il avait envie de la toucher !

— De quoi as-tu peur ? demanda-t-il doucement.

— C'est trop tôt, je te l'ai déjà dit. Je ne suis pas prête.

— Ce n'est pas l'impression que j'ai eue. Tu étais bien. Tu étais parfaite.

Soudain, l'ironie de la situation le frappa. Jamais il n'amenait chez lui les femmes avec lesquelles il sortait. Lee, Smoke et ses copains affirmaient que son chalet était la garçonnière idéale, et pourtant, chaque fois qu'il couchait avec une femme, c'était toujours chez elle, dans des draps en soie, au milieu de plantes vertes, de bougies et de coiffeuses où trônaient crèmes, parfums et poudres.

Il n'avait jamais partagé cet endroit avec personne. Aucune de ses conquêtes n'y était venue – ni Kelly, ni Angela, ni Val. Elles étaient comme des satellites dans sa vie, n'en faisaient pas vraiment partie. Ce chalet était son sanctuaire, son refuge.

Alors, pourquoi lui avait-il paru si naturel d'y amener Katy ? Peut-être parce qu'elle adoucissait cet intérieur, parce que le rayonnement qui semblait émaner d'elle l'illuminait. Même ses cheveux brillaient comme du bronze à la lumière d'une simple lampe.

— Tu dois être en train d'essayer de me tuer, dit-il avec un sourire triste. Tu ne sais pas que ce genre de déconvenue peut blesser profondément un homme ?

— Je regrette, dit-elle. Tu me détestes ?

Le petit sourire qu'elle lui offrit en signe de contrition fit de nouveau bouillir son sang, et il eut un mal fou à ne pas la reprendre dans ses bras. Bon Dieu, son salaud de mari en avait fait, des dégâts !

— Si je te déteste ? Bien sûr que non.

Il passa une main dans ses cheveux.

— Tu veux un café avant que je te raccompagne chez toi ?

Le soulagement se peignit sur le visage de Katy, récompensant Jackson de ce que lui avait coûté sa proposition de la raccompagner chez elle.

— Oui, avec plaisir.

Alors qu'il se dirigeait vers la cuisine, il s'arrêta et se tourna vers elle.

— Tu crois que tu as gagné, n'est-ce pas ? Tu crois que j'ai oublié Dillard ?

— Ce n'est pas le cas ?

Elle vit avec ravissement revenir son sourire impertinent. Il hocha la tête.

— Si. Momentanément.

— Tant mieux. Je m'en contenterai, pour l'instant.

— Je comprends ce que tu veux dire. Moi aussi.

Il continua à la contempler de son regard intense et réfléchi, et le cœur de Katy manqua un battement.

— Mais je ne parle pas de Dillard, là, reprit Jackson. Je parle de nous deux. On pourrait appeler ça un délai. Je t'accorde du temps. Le temps qu'il te faudra.

Lentement, il revint vers elle, lui prit la main et referma les doigts sur les siens, doucement mais fermement.

— Mais ne va pas t'imaginer que ce qui a commencé ce soir entre nous est terminé. Et pas la peine de prétendre que tu veux que ça s'arrête.

17

Ils étaient assis dans la cuisine, devant la table en pin carrée. Cammi et Regis somnolaient sous un banc, près de la porte. Les effluves de café chaud emplissaient la pièce. Dehors, la lune éclairait le paysage nocturne.

Jackson lui raconta comment il avait adopté Regis et Cammi, puis sa rencontre avec Ajax, abandonné et blessé au bord de la route.

— Il a vécu de sales moments, le pauvre.

Il vida sa tasse et la reposa sur la table.

— Oui, mais il a eu la chance de tomber sur toi. Il va s'en sortir, Jackson.

— Je l'espère.

L'inquiétude qui assombrissait ses traits la touchait plus qu'elle n'aurait voulu l'admettre.

— Si on allait voir comment il va ? Ça te rassurerait, non ?

— Nous irons tout à l'heure. Il devrait se réveiller d'ici une demi-heure, précisa-t-il en consultant sa montre. Pour l'instant, c'est toi qui m'intéresses. Avec tout ça, on n'a même pas eu l'occasion de parler de ce que nous a dit Elam.

— J'ai l'horrible pressentiment qu'il est arrivé quelque chose de terrible à Crystal Kirk, soupira Katy en soulevant sa tasse, qu'elle enserra entre ses paumes. Et que Matt était au courant. J'ai la ferme intention de découvrir ce qui s'est passé et d'éclaircir cette histoire de pacte.

— Je crois moi aussi que Matt a vu quelque chose. Plus précisément, qu'il a vu ce qu'il a dessiné : Crystal morte. Mais nous ne pouvons rien prouver pour l'instant.

« Crystal morte... » Dits à voix haute, les mots étaient encore plus affreux. Elle frissonna.

— Et Matt ? demanda Jackson avec calme.

— Quoi, Matt ? fit Katy avec une pointe de défi.

— Il a raconté à Allison qu'il avait fait quelque chose de terrible, insista Jackson du même ton égal, sans ciller. Tu ne veux pas savoir quoi ?

— Bien sûr que si. Matt était bouleversé et déprimé durant toute la semaine qui a précédé sa mort. Pourquoi ? Mystère. Peut-être était-ce lié à Crystal.

Elle reposa sa tasse et le foudroya du regard.

— Mais si tu sous-entends que Matt a tué Crystal, puis qu'il a dessiné son cadavre...

— Calme-toi, Katy. Je n'ai jamais dit qu'il avait quelque chose à voir avec sa mort. Je sais parfaitement que Matt était incapable de faire du mal à quelqu'un.

Elle déglutit avec peine, la gorge serrée. Bien sûr que Matt n'aurait jamais fait de mal à qui que ce soit ! Pourtant, il s'était passé une chose dans la vie de son frère que personne n'avait jamais sue. Il y avait une facette de Matt dont elle avait toujours ignoré l'existence, et cela la perturbait énormément. Elle avait idolâtré son frère toute sa vie, même après sa mort, et découvrir à présent que le garçon qu'elle avait cru parfait avait pu commettre un acte « terrible » la bouleversait.

— Crystal a pu trouver la mort de mille façons accidentelles, reprit Jackson en contemplant les profondeurs de son café.

— Mais alors, pourquoi Matt n'en a-t-il parlé à personne ? Il aurait pu se confier à Big John, à maman, au shérif Harvey…

— Apparemment, il en avait l'intention : il l'a noté dans sa liste. Mais il est tombé du toit avant d'avoir eu l'occasion de le faire.

— Il est tombé… ou il a été poussé, dit lentement Katy.

— C'est vrai que la coïncidence paraît énorme, admit Jackson. Que Crystal et Matt soient morts tous les deux accidentellement à la même époque…

— Alors, ce n'était sans doute pas un accident. Peut-être que Crystal a été tuée… et Matt aussi, chuchota Katy.

Ses yeux s'écarquillèrent d'horreur au moment où elle prononçait ces mots, et elle agrippa le rebord de la table.

— Mon Dieu, Jackson, et si quelqu'un l'avait tué parce qu'il était au courant de ce qui était arrivé à Crystal ?

— Alors, nous découvrirons qui est ce quelqu'un, et il paiera.

Jackson s'interrompit en remarquant la pâleur de Katy, puis il poursuivit, en choisissant soigneusement ses mots :

— Il existe une autre éventualité à envisager, Katy. Et elle ne va pas te plaire.

Elle savait déjà ce qu'il allait dire. Elle leva les yeux vers lui, le cœur retourné.

— Mon frère n'a pas sauté de ce toit délibérément. Il ne s'est pas tué à cause de Crystal, ni à cause de ce secret. Il n'aurait jamais fait cela.

— Je ne le crois pas non plus, mais…

— Pas de mais.

Katy se leva et serra les poings.

— Je sais qu'il était bouleversé et abattu, mais il n'aurait pas fait cela. Je ne laisserai personne affirmer une chose pareille.

Jackson contourna la table pour la rejoindre, mais lorsqu'il tendit le bras vers elle, elle recula.

— Tu imagines ce que cette histoire va faire à ma mère et à Big John ? Et à Gram ? Quand ils sauront...

Elle secoua la tête.

— Si quelqu'un suggérait que Matt a pu se suicider, cela les tuerait. Quant au secret de Matt... Ô mon Dieu, comme je regrette d'être tombée sur ce dessin ! Quoi que nous découvrions, cela va les anéantir, et ce sera ma faute...

— Arrête, Katy. Ce n'est pas ta faute. La vérité finit toujours par éclater, tôt ou tard, et si quelqu'un a été assassiné, il faut que cela se sache, quelles qu'en soient les conséquences. Ta famille y survivra.

— J'espère que tu as raison.

— C'est pour toi que je m'inquiète le plus. Seras-tu capable de supporter ce que tu risques d'apprendre au sujet de Matt ? D'accepter l'idée qu'il n'était pas si parfait, finalement ?

— Je n'ai jamais considéré qu'il était parfait... protesta-t-elle.

Mais elle s'interrompit. Peut-être avait-elle en effet idéalisé Matt plus qu'il ne le méritait, plus qu'aucun être humain ne le méritait.

— Ne t'en fais pas pour moi. Je suis solide.

Jackson l'espérait, mais le doute s'insinuait en lui quand il voyait la mâchoire contractée de Katy et ses épaules soudain voûtées.

— Je ne vais pas craquer, Jackson, assura-t-elle. Il est trop tard pour les pleurs, pour l'hystérie. Quatorze ans se sont écoulés. Ça fait mal, c'est vrai, admit-elle d'une voix frémissante. Comme un couteau planté dans le cœur. Mais je tiendrai le coup. Parce que si mon frère a été assassiné...

Elle respira un grand coup. Elle allait devoir s'habituer à prononcer ces mots.

— Si mon frère a été assassiné, je retrouverai celui qui a fait ça. Et il paiera.

— Tu peux compter sur mon aide.

Sa voix tendue alerta les animaux somnolents. Regis leva la tête, regarda son maître debout à côté de la table et gémit. Le chat le considérait d'un œil interrogateur.

— Nous irons jusqu'au bout, et nous déterrerons la vérité. Et si nous découvrons que la mort de Matt n'était pas accidentelle… Mon Dieu, Katy, je n'arrive toujours pas à y croire !

— Je sais.

Elle étouffa un gémissement. Elle avait envie de cogner, de hurler et de pleurer. Mais elle ne ferait rien de tel. Elle resterait calme et lucide, et elle creuserait, aussi profondément qu'il le fallait, jusqu'à ce qu'elle trouve la vérité. Elle le devait à Matt.

— Et le shérif ? demanda Jackson. Tu veux tout lui raconter ?

— Pas encore.

Ils n'avaient que des hypothèses, aucune preuve. Il fallait qu'elle en apprenne un peu plus avant de retourner voir le shérif. Elle devait accumuler assez d'éléments pour lui donner une bonne raison d'ouvrir une enquête sur des événements survenus quatorze ans plus tôt.

Et puis, autant éviter de rouvrir les plaies de ses parents et de raviver leur peine en leur apprenant que Matt avait eu un lourd secret, qu'il avait conclu un pacte mystérieux. Et si tout cela n'était qu'un vaste malentendu ? Après tout, elle n'avait que les paroles d'Allison et le croquis pour étayer sa théorie.

Elle se dirigea vers la fenêtre, puis se tourna vers Jackson avec résolution.

— Je crois qu'on devrait commencer par retrouver la famille de Crystal.

— Je peux faire une recherche sur Internet. Mon ordinateur portable est dans la chambre.

— Ne prends pas cette peine. Je m'en occuperai à la maison. Je vais rentrer, d'ailleurs.

Rester seule ici avec Jackson ne lui semblait pas une bonne idée. Elle prit les tasses vides et les emporta dans l'évier.

À l'idée qu'elle allait rentrer chez elle, Jackson eut l'impression qu'un vide se creusait en lui. Il avait encore envie d'elle. Envie de caresser sa soyeuse chevelure, de l'embrasser jusqu'à s'en étourdir, de lui faire l'amour sur le tapis du salon, de goûter sa peau douce durant toute la nuit...

Ce qui s'était passé entre eux avait piqué sa curiosité et son désir. Elle ressentait la même chose, il en était certain, mais elle était craintive et méfiante. De toute façon, mieux valait qu'ils restent tous les deux concentrés sur leur enquête. L'enjeu était trop important.

— J'aimerais bien voir Ajax avant de rentrer, dit-elle en lavant les tasses.

— Bien sûr.

Jackson posa les mains sur ses épaules. Un flot de chaleur parcourut le corps de Katy tandis qu'il la faisait doucement pivoter vers lui.

— Tu es une femme remarquable, Katy.

Elle secoua la tête.

— Je ne suis pas si calme que j'en ai l'air. J'essaie juste de mettre un pied devant l'autre. Comme toujours depuis mon d... Peu importe.

— Ton divorce ?

Curieusement, le mot ne la fit pas tressaillir. Peut-être parce qu'il l'avait dit si tranquillement.

— Oui. Ça m'a sapée.

— Je n'ai jamais vu ce type, mais c'est un imbécile.

Cela la fit rire – un petit rire, mais sincère et musical.

— Seth te répondrait qu'il a fait preuve d'intelligence, au contraire. Que je le tirais vers le bas.

— Toi ? Impossible.

— Tu ne connais pas toute l'histoire, Jackson.

— Raconte-la-moi.

— En général, quand un homme et une femme décident d'avoir un enfant, ça les rapproche. Eh bien, ça n'a pas été notre cas, déclara-t-elle avec une petite moue.

— Pourquoi ?

— Seth ne voulait pas vraiment de bébé. Au début, quand j'abordais le sujet, j'essuyais systématiquement un refus. Puis, parmi nos amis, certains ont commencé à attendre des bébés. Et soudain, un jour, il a décidé que c'était la chose à faire. En partie pour répondre à mes attentes, en partie pour suivre le mouvement, je suppose. Une fois, il a dit en plaisantant que ce serait amusant d'avoir un héritier pour la dynastie des Warfield.

Sa bouche trembla.

— Ironie du sort, nous avons appris après la fausse couche que c'était une fille. Il aurait dû se contenter d'une héritière, ajouta-t-elle avec amertume.

Elle marqua une pause, et Jackson comprit que la douleur était toujours là, intacte.

— Ça m'a détruite de perdre mon bébé, murmura-t-elle. Jamais je n'avais souffert ainsi… hormis quand Matt est mort. J'ai mis un mois avant de pouvoir retourner travailler. Mon médecin m'a donné des antidépresseurs, et j'ai pu reprendre le travail. Mais je n'étais plus motivée. J'étais toujours aussi triste, horriblement triste, et je n'avais qu'une envie : rester à la maison, au calme. Seth ne comprenait pas que je n'arrive pas à me secouer.

— Décidément, ce type est un imbécile fini.

— Il trouvait que je n'étais plus que l'ombre de moi-même. Mon énergie et ma vitalité lui manquaient. Mais tout m'était devenu pénible. La vie, les affaires… mon couple.

— Je suis désolé.

— Je suis allée consulter un psychologue spécialiste du deuil. Je voulais que Seth vienne aussi, je pensais que cela nous aiderait, mais il était trop occupé. Trop occupé par l'assistante de vingt-deux ans de notre restaurant de Boston.

Elle se détourna, et Jackson jura silencieusement en la voyant plonger les yeux dans l'obscurité de la nuit, par la fenêtre.

— Après que j'ai demandé le divorce, la bimbo de Seth a découvert qu'elle était enceinte. Marrant, non ? Il l'a épousée. Le bébé doit naître à l'automne.

— Tu es bien mieux sans ce type.

— C'est vrai.

Elle se tourna de nouveau vers lui. Son visage était tendu et las, mais ses yeux secs.

— Voilà. Maintenant, tu connais toute l'histoire et tu sais pourquoi je ne suis pas prête à m'engager avec quelqu'un. Quant à savoir si je le serai un jour…

— Tu ne crois pas être un peu excessive ?

— Non. Lucide. Peut-être que je ne serai jamais capable de laisser un nouvel homme entrer dans ma vie, même pour une aventure qui n'est pas sérieuse. Et encore moins un homme qui risquerait de…

Elle s'interrompit et se mordit la lèvre, mais Jackson s'engouffra dans la brèche, vif comme l'éclair.

— Un homme qui risquerait de toucher ton cœur ? De te donner envie de t'attacher ? De te rendre vulnérable ?

— Tu es psychiatre ou quoi ?

Il sourit et encadra le visage de Katy de ses mains.

— Disons que je connais le syndrome. C'est même quasiment moi qui l'ai inventé. Nous avons plus de choses en commun que tu ne le penses.

— Dieu nous protège !

Il rit, et elle ne put s'empêcher de lui sourire. De nouveau, elle sentait poindre entre eux cette attirance ardente et dangereuse.

— Je ne veux plus redevenir vulnérable. Plus comme ça. Je préfère te prévenir…

— D'accord. Alors, à mon tour de te prévenir, fit Jackson. Je ne cherche pas une femme avec qui passer la fin de mes jours. Une épouse, en d'autres termes. L'amour, l'engagement, très peu pour moi. Et maintenant que nous sommes tous les deux prévenus…

Il se pencha vers elle. Elle aurait pu se dérober, mais elle n'en fit rien. Elle en était bien incapable. Les yeux de Jackson étaient rivés aux siens, et en dépit de tout, elle mourait d'envie qu'il recommence à l'embrasser, elle voulait sentir encore cet élan de renouveau. Elle s'était fermée à toute émotion pendant trop longtemps. Et Jackson Brent, qui ne voulait pas d'épouse, qui refusait de tomber amoureux, lui donnait l'impression d'être vivante.

Ce fut un baiser exalté, le baiser d'un homme qui avait embrassé beaucoup de femmes, un baiser pimenté de danger et de désir. Le corps de Katy se réveilla, tremblant. Et quand Jackson releva la tête, les lèvres de la jeune femme étaient humides et entrouvertes.

— Tu… tu n'aurais pas dû faire ça, dit-elle dans un soupir d'aise. Ce n'est pas juste.

— À qui le dis-tu !

Elle émit un petit rire. Mais quand il se pencha de nouveau vers elle, elle le repoussa gentiment.

— Je crois que j'ai vécu assez dangereusement pour ce soir, Jackson. Il faut que je rentre.

Il la laissa s'éloigner à contrecœur, prit ses clés et la suivit dans le salon.

— On remet la suite à plus tard, alors ? demanda-t-il en ouvrant la porte.

— Je crois que cela peut s'arranger.

Il sourit, et le cœur de Katy s'allégea. Mais les ennuis ne faisaient que commencer, elle en avait conscience. Dans quoi s'embarquait-elle ? Ce jeu était délicat, et elle n'en avait jamais vraiment appris les règles.

Mais en sentant la main de Jackson se refermer autour de la sienne, elle éprouva une bouffée de joie. Ensemble, ils sortirent dans la nuit douce et étoilée.

18

Cette nuit-là, il rêva d'elle.

Non pas comme la dernière fois qu'il l'avait vue, sans vie et immobile, les yeux ouverts, sa bouche rouge tordue, sa gorge marbrée de bleus. Non, il rêva de la façon dont elle l'avait regardé quand elle l'avait invité dans son lit la toute première fois. Il la revit, souriante et séductrice ; il entendit son rire mutin, doux comme les fleurs du printemps. La vue de ses seins lourds et de ses longues jambes minces l'avait empli d'un désir sauvage et d'un plaisir intense. Il avait emmêlé les doigts dans sa chevelure, sa masse épaisse et bouclée de cheveux roux qui sentaient le shampooing à la framboise et la cigarette, et il s'était mis à califourchon au-dessus d'elle avant même qu'elle ne dégrafe son soutien-gorge. Sa petite culotte s'était déchirée entre ses mains lorsqu'il la lui avait arrachée, et elle avait ri au moment où il avait plongé en elle.

Il se réveilla avec son odeur dans les narines, l'odeur de sa transpiration, du tabac et de ses cheveux. Il crut presque la deviner dans l'ombre, qui s'approchait doucement.

Son corps tout entier était moite, et sa sueur lui fit l'effet d'un sang glacial tandis qu'il fixait un point dans la pièce sombre.

— Je n'ai jamais eu l'intention de te tuer, chuchota-t-il. Je n'ai jamais voulu tuer personne. Mon Dieu, laisse-moi tranquille !

Cela faisait longtemps qu'il n'avait pas rêvé d'elle. Il avait cru que les cauchemars ne reviendraient pas.

Jusqu'à cette nuit.

Quelque chose avait tout fait remonter à la surface.

Non. Pas quelque chose.

Quelqu'un.

Katy Templeton.

Elle posait des questions. Beaucoup de questions. « Pourvu qu'elle laisse tomber, songea-t-il, allongé dans la nuit, les yeux rivés au plafond, perdu dans son désespoir silencieux. Pourvu qu'elle abandonne. »

Une nausée lui retourna les entrailles. Il devrait surveiller cette fille. S'en occuper, le cas échéant.

Il pria pour ne pas être obligé d'en arriver là. Il lui laisserait une chance. Un avertissement. Et si elle était maligne, elle cesserait de remuer le passé, et tout redeviendrait comme avant.

Mais il savait bien, en réalité, qu'il était inutile de se voiler la face : Katy Templeton pouvait causer sa perte. Et c'en serait fini de sa tranquillité, de sa réputation. Il avait intérêt à se montrer convaincant, quand il essaierait de lui faire entendre raison.

Quand il lui ordonnerait de laisser le passé en paix et de la boucler, si elle tenait à la vie...

19

— Je crois que tu as intérêt à m'expliquer ce qui s'est passé ici hier.

Il était 7 heures du matin, et Katy venait de sortir du four la première fournée de muffins aux myrtilles. Elle posait deux tartes aux cerises sur la plaque du four au moment où Billy était entré dans la cuisine.

— Vous êtes déjà au courant ?

Il la regarda, consterné.

— Oh, que oui ! fit-elle en sortant du réfrigérateur quatre boîtes d'œufs, qu'elle posa sur le plan de travail. Mais je voudrais entendre ta version des faits. En particulier ce que tu as à dire sur Daffodil.

Il y eut un silence, puis Billy haussa les épaules.

— Elle a dû rentrer chez elle, c'est tout. Elle avait mal au ventre. Elle était pliée en deux, ça n'avait pas l'air d'aller fort.

Il poursuivit précipitamment, sans laisser à Katy le temps de poser des questions :

— Alors, j'ai tout pris en charge seul. Je ne m'en suis pas si mal sorti, vous savez. Certains clients n'ont pas apprécié le retard, et forcément, j'ai dû servir quelques plats tièdes, mais je ne les leur ai pas fait payer. Je… je vous rembourserai sur ma paie, ajouta-t-il vivement.

Katy l'étudia avec une expression parfaitement neutre.

— Daffodil était souffrante ? Ce n'est pas ce qu'on m'a raconté.

— Comment ça ?

Billy entreprit de remplir les pots de crème et de sortir tasses à café et soucoupes pour les premiers clients, qui allaient arriver moins d'une heure plus tard.

— J'ai entendu dire qu'elle était partie faire la java avec Corey Dillard.

Billy renversa de la crème le long d'un pot et lâcha un juron.

— Quelle grande gueule vous a dit ça ? grogna-t-il sans la regarder.

— Peu importe. Je veux juste savoir si c'est vrai.

— Euh… plus ou moins. OK, c'est vrai, elle est partie avec ce crétin, mais… vous n'allez pas la renvoyer, hein ?

Il leva vers elle des yeux inquiets.

— Daffodil a vraiment besoin de ce boulot, Katy. Je sais qu'elle est un peu fofolle, mais c'est une fille intelligente, elle veut aller à la fac. Et sa mère ne l'aidera pas financièrement.

— Pourquoi ?

— Elle consacre tout son argent à essayer de faire entrer la sœur de Daffodil dans le milieu du cinéma ou de la télé ou je ne sais quoi. Rose est superbe, précisa-t-il en se rembrunissant, et elle veut être actrice. Mme Moline a toujours voulu être actrice, elle aussi. Alors, elle claque tout son fric pour envoyer Rose passer des auditions à Los Angeles. Elle a toujours dit à Daff qu'elle arriverait bien à décrocher des bourses et qu'elle n'aurait pas besoin de l'aider comme Rose. Mais Daff a un peu foiré, et maintenant…

Il secoua la tête, l'air abattu.

— C'est une longue histoire, mais je vous assure qu'elle a besoin de ce boulot.

— Billy, elle est partie et t'a laissé tout seul ici en mon absence, s'exclama Katy en le considérant avec incrédulité. Tu devrais être le premier à te plaindre d'elle !

— C'est que... euh... je lui en veux, c'est sûr, mais si vous lui parlez, si vous lui passez un bon savon au lieu de la virer, peut-être qu'elle ne recommencera plus...

Il s'intéressa de nouveau à la crème, renversa une tasse et la rattrapa juste avant qu'elle ne tombe par terre.

— Approche, Billy.

Katy le prit par le bras, l'emmena vers l'une des banquettes et le fit asseoir.

— As-tu mangé, ce matin ?

— Non.

— Reste là. Ne bouge pas.

Quelques minutes plus tard, elle posait un verre de jus d'orange et un muffin aux myrtilles tout chaud devant lui, ainsi qu'une omelette préparée à la hâte.

— Mange ça. Et tu peux parler la bouche pleine, parce que je veux savoir exactement ce qui s'est passé ici et pourquoi tu couvres Daffodil.

Quand il ne resta plus que quelques miettes dans l'assiette, elle avait soutiré toute l'histoire à Billy.

Il y avait eu plus de monde que d'habitude au restaurant. Daffodil et Billy, sans cesser de se lancer des piques, couraient dans tous les sens pour préparer et servir, et Daffodil avait accidentellement renversé par terre une assiette de hamburger-frites au moment où elle la servait à Randy Purcell. Il lui avait bruyamment reproché sa maladresse, était parti sans attendre une autre assiette, et elle avait fondu en larmes. Puis Corey Dillard était arrivé, lui avait dit qu'elle avait besoin de prendre l'air et l'avait emmenée dans son Explorer en parlant d'une balade dans la montagne.

— Elle a bien tenté de protester, marmonna Billy, mais il a rigolé et dit qu'il savait ce qui valait le mieux pour elle, qu'elle n'allait quand même pas rester enfermée par une si belle journée alors qu'ils pouvaient être ensemble. Puis il l'a pratiquement traînée dehors de force.

Billy se rembrunit et laissa tomber sa fourchette dans son assiette.

— C'est là que je suis venu lui dire de retirer ses sales pattes de Daffodil. J'ai bien cru qu'il allait m'en coller une, mais Daffodil s'est interposée, et elle lui a pris le bras en disant : « Viens, Corey, allons-nous-en. » Et elle m'a dit d'aller me faire voir, conclut Billy avec une grimace.

Katy l'examina un instant.

— Et ensuite ?

— Les frites brûlaient, alors je suis retourné en vitesse à la cuisine. Je me suis démené pour jongler avec toutes les commandes, mais je n'ai pas pu tenir le rythme... Je ne m'en suis pas si bien tiré que ça, hein ?

— Tu as fait du mieux que tu pouvais, Billy. Pourquoi ne m'as-tu pas appelée ?

— J'espérais que Daffodil allait revenir... Je... je ne voulais pas que ça lui cause des ennuis, je crois.

Cela crevait les yeux.

— Je croyais que vous ne pouviez pas vous supporter, Daffodil et toi, objecta Katy.

— C'est vrai. Du moins, elle ne peut pas me supporter.

Il se laissa tomber contre le dossier de la banquette.

— En tout cas, je ne vois vraiment pas ce qu'elle trouve à cet abruti de Dillard, soupira-t-il.

Katy, elle, le voyait. Corey avait le même charme de voyou cabotin que son oncle. Au lycée, elle avait trouvé Luke Dillard sexy, elle aussi... jusqu'à l'épisode du bal. Elle frissonna et espéra que Daffodil n'était pas allée trop loin avec Corey.

— C'est très noble de ta part de vouloir protéger Daffodil, dit-elle à Billy, dont les oreilles virèrent au rose. Mais si quelque chose de ce genre se reproduit, je veux être prévenue immédiatement. Entendu ?

Billy acquiesça d'un signe de tête, et Katy consulta sa montre.

— C'est l'heure de l'ouverture. Remuons-nous.

Pendant que Billy filait à la cuisine, Kàty alla ouvrir la porte et retourner le panneau « fermé » contre la vitrine.

Son esprit avait beau être occupé par les tâches du restaurant, elle ne put s'empêcher de repenser à ce qui s'était passé... ce qui avait failli se passer entre Jackson et elle.

À la froide lumière du jour, elle n'en revenait pas de s'être à moitié engouffrée dans une aventure torride avec un homme déterminé à ne pas s'engager. Cela ne lui ressemblait pas du tout. Pourtant, encore maintenant, tout son corps frissonnait au souvenir des baisers impérieux de Jackson, de sa peau étonnamment lisse sous ses doigts, de la chaleur électrisante de son corps musclé pressé contre le sien.

En la raccompagnant chez elle, il ne l'avait même pas embrassée pour lui dire au revoir. Il lui accordait du temps, de la distance.

À moins qu'il ne regrette déjà ce qu'il avait fait...

La déception lui serra le cœur. « Arrête, se morigéna-t-elle. Ne commence pas à rêvasser. Tu as quelque chose d'important à accomplir. »

La veille, impatiente, elle avait commencé à rechercher sur Internet la famille de Crystal. Elle avait trouvé des douzaines de Kirk à Tucson. Ce soir, après le travail, elle commencerait à les appeler.

Les premiers clients s'installaient déjà dans le restaurant. Il lui fallait vraiment une nouvelle serveuse, songea Katy. Daffodil Moline ne s'était pas présentée à son poste. Elle ne l'avait pas rappelée non plus.

Katy serra les dents et prit les menus, les couverts et les tasses à café. Puis elle plaqua un sourire sur ses lèvres et se mit au travail.

La maison des Moline aurait eu besoin d'une bonne couche de peinture et d'une toiture neuve. Elle était nichée au bout d'un chemin de terre à huit kilomètres de la ville, comme si elle se cachait du reste du monde.

Katy se gara dans la cour envahie de mauvaises herbes, à côté de la vieille Jeep de Daffodil. Les rideaux étaient tirés.

Elle sonna, attendit une minute, puis sonna de nouveau. Enfin, elle entendit une voix étouffée de l'autre côté de la porte.

— Je suis malade, Katy. Vous devriez repartir, c'est peut-être contagieux. Je… je tâcherai de venir demain.

— Il faut qu'on parle, Daffodil. Je resterai là jusqu'à ce que tu m'ouvres.

Pendant un instant, elle craignit que la jeune fille ne l'ignore, mais elle entendit le cliquetis du verrou et la porte s'entrouvrit.

Daffodil portait un sweat-shirt ample et un short en jean effiloché. Elle était pieds nus, et ses cheveux dorés d'ordinaire brillants pendaient lamentablement autour de son visage. Ses jolis yeux bleus étaient rougis et bouffis par les larmes, ses cils encore humides. Un bleu était visible sur sa joue. Elle avait tenté de le dissimuler sous une épaisse couche de fond de teint, mais ce fut la première chose que Katy remarqua.

— Daffodil, que t'est-il arrivé ? s'exclama-t-elle.

La jeune fille rougit et porta la main à sa joue.

— Rien, fit-elle, sur la défensive. Je… je vous l'ai dit, je suis malade. Je…

— Tu n'as pas l'air malade. Tu as surtout l'air d'avoir servi de punching-ball.

— Non, je… je suis tombée de mon lit dans mon sommeil et… Il faut que je vous laisse, je crois que je vais vomir. Je viendrai au travail demain.

Elle voulut refermer la porte, mais Katy glissa son pied dans l'entrebâillement et posa la main sur le bras de la jeune fille.

— Laisse-moi entrer, Daffodil. Quoi qu'il t'arrive, je veux t'aider.

— Je n'ai pas besoin d'aide.

— Ta maman n'est pas là ?

— Non, elle est à Los Angeles avec ma sœur. Elle rentre peut-être ce soir... ou demain. Mais s'il vous plaît, ajouta-t-elle, alarmée, ne lui dites pas que j'ai des ennuis au travail. Elle serait furieuse.

— Calme-toi, Daffodil. Je n'ai pas l'intention de lui parler de ce qui s'est passé au restaurant. D'ailleurs, c'est à toi que j'aimerais parler. Laisse-moi entrer, tu veux ?

Les lèvres tremblantes, Daffodil parut hésiter. Elle finit par reculer, les épaules voûtées.

— Comme vous voulez... pour ce que ça changera, de toute façon, ajouta-t-elle avec une désinvolture forcée.

Katy la suivit dans le couloir mal éclairé.

— Je ne sais pas ce qu'a pu vous raconter Billy, mais c'est faux, commença Daffodil en se laissant tomber sur le vieux canapé et en remontant ses genoux contre elle. Il m'en veut depuis que je l'ai largué, mais si vous me laissez garder mon job, je vous donnerai tous mes pourboires de la semaine prochaine et...

— Je ne veux pas de tes pourboires, Daffodil, coupa Katy sans s'émouvoir. Ce que je veux, c'est que tu me dises pourquoi tu es partie. Et à propos, Billy ne t'a pas dénoncée. Il a même menti pour te couvrir. Il a affirmé que tu étais rentrée chez toi parce que tu ne te sentais pas bien, alors que tu es partie te promener avec Corey Dillard. Vrai ou faux ?

Daffodil la contemplait, bouche bée.

— Billy ne vous a pas dit... pour Corey et moi ?

— Non. Mais je connaissais déjà la vérité, ajouta Katy. Je ne pense pas qu'il te déteste autant que tu le crois. J'ai plutôt eu l'impression qu'il essayait de te protéger.

— Billy ? Il me prend pour une moins que rien. Juste parce que j'en ai eu assez de lui et que je suis sortie avec Corey.

Elle passa une main dans ses cheveux emmêlés et se mit à pleurer.

— Et quel bon choix, marmonna-t-elle pour elle-même.

Katy vint s'asseoir à côté d'elle et posa la main sur le bras tremblant de la jeune fille.

— Daffodil, que s'est-il passé hier ? Corey t'a frappée ? C'est lui qui t'a fait ce bleu ?

— Non ! Je suis tombée, je vous l'ai dit.

Elle prit quelques longues inspirations, ravala ses sanglots et appuya ses mains contre ses yeux.

— Il faut que je monte me doucher. Je ne veux pas que ma mère me voie dans cet état quand elle rentrera.

— Il faudrait peut-être qu'elle te voie, au contraire, et que tu lui parles de ce qui s'est passé hier.

— Comment ça, ce qui s'est passé ? fit Daffodil en pâlissant. Oh... vous voulez parler du restaurant ?

— Oui, et aussi de ce bleu. Et du fait que tu as visiblement passé la journée à pleurer.

— Je n'aime pas être malade, c'est tout.

— Si Corey t'a frappée, Daffodil, il faut que tu le dises à ta mère, déclara Katy d'un ton ferme. Ou à moi. Et que tu cesses de le voir.

— Il ne m'a pas frappée ! Je ne vous ai jamais dit ça ! Je ne vous ai jamais parlé d'hier ! cria Daffodil.

Elle se leva. Ses yeux étaient fiévreux et brillants.

— Je crois que vous devriez partir. Je vais être malade. Il faut que j'aille aux toilettes.

Elle courut dans le couloir. Katy hésita. Elle n'aboutirait jamais à rien. À l'évidence, Daffodil refusait de parler de ce qui lui était arrivé – du moins à elle. Frustrée, elle se dirigeait vers la porte quand la voix faible de Daffodil lui parvint.

— Katy ?
— Oui ?
Sur le seuil des toilettes, Daffodil la contemplait. Elle ressemblait à une petite fille seule et effrayée qui aurait grandi trop vite.
— J'ai toujours mon boulot, hein ?
— Oui, Daffodil. Mais tu dois te présenter à l'heure demain et chaque matin ensuite.
— J'y serai, ne vous inquiétez pas. Mon Dieu, comme je regrette d'être partie hier... Si seulement j'étais restée au restaurant ! Je vous promets de ne plus jamais recommencer.
— J'y compte bien, répondit Katy.
Arrivée à la porte, elle hésita de nouveau. Daffodil semblait si fragile, si désemparée... Mais elle souhaitait clairement que Katy s'en aille.
— À demain, alors, dit-elle doucement.
Pas de réponse.
Mais au moment où elle refermait la porte derrière elle, Katy l'entendit sangloter. Elle resta un moment immobile dans le soleil couchant, les poings serrés.
« Si Corey l'a battue, quelqu'un doit l'aider, décida-t-elle. Je parlerai moi-même à Mme Moline s'il le faut. »
Cette fille avait besoin de se confier, c'était évident. Il fallait qu'elle raconte à quelqu'un ce qui s'était passé la veille, quand Corey et elle avaient quitté *Chez Bessie*.

20

Katy buvait un café à la table de la cuisine en écoutant les bruits discrets qui enveloppaient le ranch. La vallée noyée dans le crépuscule était paisible, et l'air frais de la montagne entrait par les fenêtres grandes ouvertes.

Ce serait la deuxième nuit qu'elle passerait seule avec Mojo. Bientôt, ses parents rentreraient, puis Gram, et il serait temps qu'elle commence à chercher un endroit où habiter.

Du moins, si elle restait.

Elle ferma les yeux et s'imagina repartant pour New York, laissant le restaurant, sa famille, les montagnes tapissées de sapins et de pâturages… et Jackson Brent.

Pourquoi était-ce si difficile de s'imaginer quitter Jackson Brent ?

Son cœur se serra malgré elle. Elle rouvrit les paupières et soupira. Elle était venue faire le point sur sa vie, or tout était encore plus compliqué qu'avant. Elle n'était pas prête à prendre des décisions, à aller de l'avant ou à revenir en arrière. Il fallait d'abord qu'elle découvre la vérité sur Crystal et Matt.

Ensuite… elle verrait bien.

Son regard s'arrêta sur son téléphone portable, posé sur la table à côté d'un bloc-notes et de sa tasse de café. Jackson ne l'avait pas appelée. Elle avait pourtant pensé qu'il lui donnerait des nouvelles. Elle aurait aimé savoir s'il était allé voir le shérif Harvey, comment allait Ajax…

Mais le seul coup de fil personnel qu'elle avait reçu ce jour-là avait été de Margie, qui l'avait invitée à dîner le lendemain.

« Je pourrais l'appeler », songea-t-elle. Puis elle se mordit la lèvre. Lui aussi, il pourrait l'appeler. Peut-être qu'il regrettait ce qui s'était passé la veille. Mieux valait l'oublier.

Mais autant lui demander d'oublier son identité ou la couleur de ses yeux... et de ceux de Jackson.

Mojo gémit pour sortir. Elle se leva, lui ouvrit et revint à la réalité. Crystal Kirk. Elle avait imprimé la longue liste des Kirk, quarante-deux noms au total. Elle contempla un instant le croquis, dont elle avait scotché les morceaux. Puis elle prit son téléphone.

Elle dut passer vingt-sept appels avant de tomber sur le bon numéro.

— Crystal Kirk ? fit une voix d'homme rugueuse comme du papier de verre. Elle n'habite plus ici. Qu'est-ce que vous lui voulez ?

Katy était tellement stupéfaite d'entendre enfin quelqu'un qui connaissait Crystal qu'elle faillit lâcher le combiné. Elle vérifia le nom correspondant au numéro qu'elle venait de composer.

— Vous êtes Edward Kirk ? demanda-t-elle. Êtes-vous le père de Crystal ?

— Oui. Je l'étais, grogna-t-il. Mais si vous la cherchez, adressez-vous ailleurs. Cette sale gosse a disparu depuis des années.

— Disparu ?

— Vous m'avez entendu.

Katy perçut une voix de femme, dans le fond, puis, soudain, l'homme lui dit de ne pas quitter. Une seconde plus tard, une femme demandait, avec une lueur d'espoir :

— Vous savez où est Crystal ?

— Non, je regrette, je n'en sais rien. J'espérais que vous pourriez me dire où la trouver.

— Oh !

Cette simple exclamation recelait un abîme de déception. Puis ce fut le silence.

— Madame Kirk, je m'appelle Katy Templeton. J'habite à Thunder Creek, dans le Wyoming. Crystal a travaillé ici, à une époque, et ensuite... elle est partie. J'essaie de la retrouver. Quand lui avez-vous parlé pour la dernière fois ?

— Cela fait des années, répondit la voix ténue et morne. Elle s'est enfuie à l'âge de seize ans, et je n'ai eu de ses nouvelles qu'une fois après cela. Elle a téléphoné pour me dire qu'elle rentrait au pays. Mais elle n'est jamais revenue.

— Vous souvenez-vous de la date de son appel ? demanda Katy en retenant son souffle.

— C'était il y a quatorze ans, un peu avant Halloween. Elle était bouleversée. Elle pleurait comme je ne l'avais pas entendue pleurer depuis qu'elle était petite fille. Elle disait qu'il fallait qu'elle rentre à la maison. Qu'elle... qu'elle voulait me voir.

Le cœur battant, Katy insista :

— Savez-vous pourquoi elle pleurait ?

— Oh, à cause d'un homme, quoi d'autre ? Il y avait toujours des histoires de garçons, avec Crystal. Mais elle n'a pas cité de nom. Elle pleurait tellement que je comprenais à peine ce qu'elle disait, mais apparemment, elle avait des ennuis. Cela m'a inquiétée, et je lui ai dit que je lui envoyais l'argent du car, si elle en avait besoin. Elle m'a répondu que non, mais elle m'a promis de revenir. Puis... elle a dû changer d'avis.

Katy contemplait le dessin. Ses doigts se resserrèrent autour du téléphone.

— Vous n'avez plus jamais entendu parler d'elle après ce coup de fil, madame Kirk ? Vous en êtes sûre ?

— Je le saurais, non ? riposta la femme, d'une voix où perçait plus de lassitude que de colère. J'ai attendu, mais elle n'est jamais venue. Elle n'a jamais rappelé non plus. J'étais folle d'inquiétude, vous pensez bien, ajouta-t-elle. J'ai même appelé la police au bout de quelques semaines. Mais ça ne les intéressait pas. Ils m'ont dit que le plus souvent, les fugueuses ne revenaient jamais chez elles.

Son ton se durcit.

— Pourquoi voulez-vous savoir tout ça ? Vous connaissez ma fille ?

— Je ne la connais pas, non, répondit promptement Katy. Je sais juste qu'elle a travaillé à Thunder Creek il y a bien longtemps, à la même époque où elle vous a appelée. J'essaie de la retrouver… pour lui parler d'une chose qui s'est passée ici à peu près au moment où elle est partie.

— Crystal a fait une bêtise ?

— Non, madame Kirk. Rien de tel. Mais les gens d'ici croyaient eux aussi qu'elle rentrait chez elle. Elle disait qu'elle voulait retourner à Tucson, et je me posais des questions…

— Elle a dû changer d'avis, répéta la femme avec nervosité. À moins qu'il ne lui soit arrivé quelque chose.

— Avez-vous une raison de penser qu'il lui est arrivé quelque chose ?

— Non, pas exactement. Mais elle était tellement bouleversée… Elle avait l'air… comment dire… brisée. J'ai vraiment cru qu'elle allait revenir.

Dans le fond, la voix de l'homme retentit :

— Bon Dieu ! Vas-tu enfin te décider à oublier cette petite pétasse ?

— Il faut que je vous laisse, dit la femme rapidement.

Le cœur de Katy se serra en entendant sa voix triste, sans espoir.

— Mais si vous entendez parler de Crystal, si vous découvrez où elle est…

— Bien sûr. Je vous rappellerai, madame Kirk. J'aimerais vous donner aussi mon numéro, au cas où vous…

Mais la femme avait déjà raccroché.

Katy posa le téléphone et respira un grand coup. Crystal avait dit à tout le monde qu'elle rentrait au pays. Mais elle n'avait sans doute jamais quitté la ville.

— Mon Dieu…

Un frisson d'horreur lui parcourut l'échine. Crystal était morte. Matt l'avait su, il l'avait vue. Il avait eu un secret. Il avait conclu un pacte. Avec Wood Morgan ?

Pourquoi ?

— Matt, ô mon Dieu, Matt ! chuchota Katy avec un élancement de douleur.

Elle repoussa sa chaise et se leva, les jambes tremblantes. Elle était glacée. Il fallait qu'elle aille mettre un pull. Qu'elle boive un verre de vin. Qu'elle trouve les réponses.

Des réponses qu'elle n'était pas sûre de vouloir connaître.

Elle entendit soudain Mojo aboyer dehors. Mais ses aboiements semblaient venir de la grange. Ils étaient étouffés. Et insistants.

Elle se dirigeait vers la porte d'entrée quand les lumières s'éteignirent. Au moment où l'obscurité s'abattait sur la maison, elle entendit un bruit de bottes dans le couloir. Quelqu'un courait vers la cuisine.

— Qui est là ? cria-t-elle.

Aussitôt, instinctivement, elle se précipita vers la porte de derrière. Mais elle trébucha sur un pied de chaise, et à cet instant, on l'attrapa par-derrière. Un bras s'enroula autour de son cou, une main moite lui écrasa la bouche, et elle sentit contre elle le contact d'un corps beaucoup plus puissant que le sien.

Elle se débattit frénétiquement, affolée, mais l'homme la maîtrisa sans peine. Elle entendit un moteur de voiture, dehors, une portière qui claquait, un chuchotement râpeux dans son oreille et le frottement d'un passe-montagne en laine contre sa joue.

— Arrête de poser des questions, compris ? ordonna l'homme qui l'immobilisait.

Katy lui écrasa le pied de toutes ses forces. Elle entendit un grognement de douleur et essaya désespérément de s'enfuir, mais il resserra son bras autour de sa gorge. Elle sentit venir l'étourdissement et haleta, le souffle coupé.

— Je t'ai avertie. Arrête de poser des questions.

Elle ne pouvait plus bouger. Elle parvenait à peine à respirer. Puis l'homme la frappa à la tête. Il y eut une brève explosion de lumière, puis elle sombra dans un trou noir sans fond.

Alors qu'elle sombrait dans les ténèbres, elle distingua une autre voix, lointaine. On aurait dit celle de Jackson. Et il criait son nom.

21

— Katy, Katy, réveille-toi !

Elle tourbillonnait, s'enlisait dans une rivière noire et vaseuse, bataillait pour ne pas se noyer.

— Katy !

Enfin, elle remonta à la surface. Aussitôt, une douleur fulgurante lui traversa la tête.

— Tu vas bien ? Tu m'entends ? Katy !

La voix était brusque et insistante. Elle se souvenait, maintenant. Jackson... Jackson l'appelait.

Elle s'obligea à ouvrir les yeux et cligna des paupières, éblouie par la lampe torche.

— Un homme m'a sauté dessus, murmura-t-elle en lui prenant faiblement le bras. S'est-il... enfui ?

— Je n'ai vu personne. Il a dû partir par le salon. Je suis entré par la porte de derrière. Attends une minute.

Jackson la prit dans ses bras et la fit asseoir sur une chaise.

— Je reviens tout de suite, Katy. N'essaie pas de bouger.

Bouger ? Elle parvenait à peine à respirer. Pendant que Jackson s'éloignait, un vertige la balaya, et elle dut se retenir aux côtés de la chaise pour ne pas s'effondrer.

Elle respira lentement, profondément, déterminée à ne pas s'évanouir de nouveau. Il fallait qu'elle réfléchisse. À cette voix. À cet horrible chuchotement.

Qui était-ce ? Elle n'arrivait pas à reconnaître cette voix. « Fais un effort, se dit-elle. Concentre-toi. »

Elle se raidit en entendant des bruits de pas dans la maison. Quelqu'un s'enfuyait ? Mais non, ce n'était que Jackson, qui revenait dans la cuisine en secouant la tête, Mojo sur ses talons. Le chien courut vers Katy et vint pousser son bras avec sa truffe humide en gémissant.

— Personne. Même pas de voiture, commenta Jackson. J'ai trouvé Mojo enfermé dans la grange.

Il souleva Katy dans ses bras et l'emporta dans le salon comme si elle ne pesait pas plus lourd qu'un pissenlit.

Les yeux de Katy s'accoutumaient à l'obscurité qui régnait désormais dans le ranch. Le clair de lune et la torche accrochée à la ceinture de Jackson projetaient dans la pièce une lueur spasmodique.

— Regarde-moi, Katy. Laisse-moi t'examiner.

— M'examiner ? Je ne suis pas un cheval ni un chien, docteur Brent, protesta-t-elle d'une voix faible.

Elle se redressa contre les coussins du canapé. Elle commençait à se sentir un peu mieux.

— J'ai remarqué, en effet.

Il braqua sa lampe sur elle, étudia ses pupilles et vérifia son pouls. Puis il prit un châle en soie au pied du canapé et le drapa autour d'elle.

— Je vais te chercher de l'eau.

— Je préférerais du vin, murmura-t-elle.

— Plus tard.

Katy le laissa la redresser un peu plus pour la faire boire et referma une main sur la sienne.

— Si tu n'étais pas arrivé, il m'aurait tuée.

La bouche de Jackson formait une ligne dure et mince.

— Raconte-moi exactement ce qui s'est passé. Ce que tu as vu, ce que tu as entendu. T'a-t-il parlé ?

— Il m'a dit d'arrêter de poser des questions. Il... il serrait le bras autour de ma gorge, il appuyait de plus en plus fort. Mais je n'ai pas pu le voir. Je pense qu'il portait une cagoule, ajouta-t-elle en tremblant.

— Calme-toi, conseilla Jackson en venant s'asseoir à son côté et en passant un bras autour d'elle. Veux-tu que nous allions à l'hôpital ?

— Non.

— Où as-tu mal ?

— À la tête... mais pas trop, précisa-t-elle vivement. Il m'a frappée avec quelque chose.

— J'appelle le shérif Harvey.

— Jackson, non... Ce n'est pas la peine.

— Bon sang, Katy, quelqu'un a voulu te tuer ce soir, dans ta propre maison ! Nous ne pouvons pas prendre cela à la légère. Il est temps de tout raconter au shérif. Tout, insista-t-il.

— Je comprends, mais... je n'ai aucune idée de la personne qui m'a fait ça, chuchota-t-elle, étourdie. Je sais que j'ai un peu cuisiné Wood Morgan, hier soir, mais il ne ferait tout de même pas une chose pareille... si ?

Elle s'humecta les lèvres.

— Va savoir, grogna Jackson. Une seule chose est sûre : il faut attraper ton agresseur avant qu'il ne récidive. Et ça, Katy, c'est du ressort de la police. Visiblement, ce type a peur. Ce qui le rend dangereux. Tant qu'on ne l'aura pas démasqué, tu ne seras pas en sécurité.

— Mais je... je ne voudrais pas que cette histoire s'ébruite. Je ne suis pas encore prête à entendre les gens colporter des ragots sur Matt et Crystal... Et surtout, je n'ai pas envie que mes parents apprennent en rentrant qu'un scandale a éclaté et qu'on raconte que Matt était impliqué dans Dieu sait quoi. Je veux d'abord en savoir plus, être capable de prouver que Matt n'avait rien à se reprocher, qu'il s'est trouvé mêlé malgré lui à quelque chose...

— Nous le prouverons, Katy. Nous découvrirons la vérité. Mais en attendant, il faut prévenir le shérif Harvey. Nous avons besoin de l'aide d'un professionnel.

Devant son expression boudeuse, il ajouta :

— Le scandale n'éclatera peut-être pas aussi vite que tu le crains. Le shérif sait être discret. C'est tout de même un des meilleurs amis de ton père, Katy. Il ne va pas divulguer au public les détails d'une éventuelle enquête pour meurtre.

— Tu as raison, soupira-t-elle. C'est bon, tu as gagné. Prévenons le shérif.

Elle passa une main dans ses cheveux, en regrettant une fois de plus d'avoir fouillé dans le sac à dos de son frère et trouvé le dessin de Crystal. Elle avait déterré une sale affaire, et à présent, les fantômes du passé resurgissaient, incontrôlables.

Stan Harvey passa de la poudre sur les poignées de porte, les interrupteurs et le tableau électrique, mais Katy savait qu'il ne trouverait aucune empreinte digitale. L'homme qui s'était introduit chez elle, avait coupé l'électricité et avait failli l'étrangler portait des gants. Harvey examina le sol, à l'extérieur, mais ne trouva aucune trace de pas nette. Puis il prit scrupuleusement des notes dans son bloc tandis que Katy lui racontait toute l'histoire, depuis le moment où elle avait découvert le croquis.

— Il est temps que je voie ce dessin, je crois, déclara-t-il lorsqu'elle eut terminé son récit.

— Il est dans la cuisine, sur la table. Je vais le chercher.

— J'y vais, dit Jackson en bondissant sur ses pieds.

Quelques instants plus tard, il revint en annonçant :

— Je ne l'ai pas trouvé.

— Mais si, il y est forcément.

Katy se leva et alla dans la cuisine. Stupéfaite, elle contempla la table : la liste des numéros des Kirk était toujours là, à côté de sa tasse de café, mais le papier avait disparu. Elle vérifia partout dans la cuisine. Le dessin resta introuvable.

— Il l'a emporté. Il était là, sur la table ! Il l'a emporté !

Cela la mit encore plus en colère que le reste. Le croquis était son dernier lien avec Matt, l'ultime dessin fait par son frère, la seule preuve matérielle qu'il avait vu le cadavre de Crystal Kirk.

— Il faut retrouver cet homme, shérif. Ce type a voulu me tuer, et je suis prête à parier qu'il a tué Crystal Kirk. Et peut-être Matt aussi, qui sait ?

L'expression du shérif s'assombrit davantage encore.

— Retournons nous asseoir tous les trois, dit-il. Il nous faut procéder de façon rationnelle.

De retour dans le salon, le shérif pinça les lèvres et considéra longuement Katy.

— Réfléchis soigneusement, maintenant. Qui savait que tu posais des questions sur cette Crystal Kirk ? Et qui d'autre que toi a vu le dessin ?

— Seuls Jackson et Allison l'ont vu, répondit Katy. C'est Allison qui a reconnu Crystal. Et qui a évoqué le secret de Matt.

— Et tu crois que c'est en rapport avec ce pacte ? Mais on ne sait pas avec certitude si ce pacte concerne Crystal, n'est-ce pas ? Ni avec qui Matt l'a conclu ?

— Nous savons seulement qu'à l'époque où Crystal a disparu, Allison a vu Matt parler à Wood Morgan dans une ruelle, intervint Jackson.

— Ce n'est pas contraire à la loi, grogna le shérif, qui nota néanmoins ce fait.

Katy se pencha en avant.

— Nous sommes allés au *Tumbleweed* hier soir et avons interrogé Elam et Wood. C'est Elam qui nous a appris d'où Crystal venait et qui nous a donné son nom de famille, ainsi que la date approximative à laquelle elle était censée quitter Thunder Creek.

Le stylo du shérif remuait rapidement sur son bloc.

— Et Wood ?

— Il a déclaré qu'il ne savait rien au sujet de Crystal ou d'un pacte. Mais l'évocation de son nom l'a troublé, ajouta Katy. Et il ne voulait pas que Tammie soit au courant de notre conversation.

— Tout ceci est très intéressant, mais pour vous dire la vérité, ce n'est guère concluant. Il me faudrait des preuves.

Harvey reboucha son stylo et demanda :

— Avez-vous parlé à quelqu'un d'autre de tout ceci ?

— Non… Attendez, je viens de me rappeler quelque chose.

Les deux hommes se tournèrent vers Katy avec espoir.

— Au moment où je sortais de votre bureau, shérif, j'ai vu Luke Dillard dans la salle d'attente. Il a pu nous entendre. Je crois même vous avoir dit que la fille avait l'air morte, sur le croquis, non ? Luke a pu surprendre toute notre conversation.

— Hum… c'est possible, fit Stan Harvey, sceptique, en consignant néanmoins cet élément dans son carnet.

— Il y a autre chose, Stan, ajouta Jackson en plissant les yeux. Lorsque nous avons interrogé Elam, il nous a dit que Luke était sorti avec Crystal quand elle a commencé à travailler au *Tumbleweed*.

Le shérif pinça les lèvres.

— Ma foi, je garderai cela à l'esprit. Mais, Jackson, reconnais que vous n'êtes pas les meilleurs copains du monde, Luke Dillard et toi. D'abord, il a voulu porter plainte contre ton chien, et aujourd'hui, tu m'annonces qu'il lui a tiré dessus…

— C'est la vérité ! fit Jackson, avant de se tourner vers Katy. C'est pour cela que je venais te voir, ce soir, pour te tenir au courant de ce qui s'est passé. J'ai suivi ton conseil et je suis allé trouver le shérif Harvey pour lui parler d'Ajax. Apparemment, Dillard a une espèce d'alibi pour hier.

— Un très bon alibi, corrigea le shérif. Deux témoins ont juré qu'il était à Carsonville tout l'après-midi d'hier, jusqu'au dîner inclus.

— Vous pourriez avoir cent témoins que je ne changerais pas d'avis. Je suis prêt à parier mes bottes, ma selle et mes chiens que c'est Dillard qui a tiré sur Ajax, rétorqua Jackson.

— Donc, si je résume, Luke Dillard a tiré sur Ajax, et il est sorti avec cette Crystal Kirk. Puis il a fait irruption ici ce soir pour t'agresser, Katy. Et tout cela parce qu'il t'aurait entendue me poser des questions ? Vous n'auriez pas autre chose à lui reprocher, pendant qu'on y est ?

Katy rougit.

— Je sais, on dirait que nous... que nous lançons des accusations gratuites. Mais ce n'est pas ce que vous croyez, shérif. Nous vous racontons simplement ce qui s'est passé.

— Vous me racontez ce qui, à votre avis, s'est passé, répliqua Harvey. À présent, à moi de trouver des preuves, de creuser toute l'affaire. Et alors, ne vous inquiétez pas, c'est moi qui les lancerai, les accusations.

Il poussa un soupir et prit encore quelques notes.

— Quand rentrent tes parents, ma grande ?

— Mercredi.

— Et Bessie ?

— Jeudi soir.

— Ça va aller, ici, toute seule ?

— O... oui. Bien sûr.

Elle essaya de répondre d'une voix égale, mais elle se sentit frémir. Une lueur de compassion apparut dans les yeux du shérif, qui lui pressa gentiment le bras.

— Voici ce que je vais faire : demain ou après-demain, je me pencherai à fond sur cette affaire. Je ne me rappelle que vaguement cette Crystal qui travaillait au *Tumbleweed*, mais je parlerai à Elam et à Ted Paxton, et à tous ceux qui ont pu être proches d'elle. Ensuite, je contacterai ses parents pour voir si je peux leur soutirer plus de renseignements. Si votre théorie est juste et qu'il lui est arrivé quelque chose, je trouverai une piste, c'est promis.

— Celui qui a tué Crystal est toujours à Thunder Creek, dit Jackson d'un ton bref. C'est sans doute quelqu'un que nous connaissons. Et ce soir, il a essayé de tuer Katy ou, en tout cas, de la dissuader de s'intéresser à cette affaire.

— C'est possible, mais pour l'instant, tu tires des conclusions hâtives, déclara le shérif en rangeant son stylo. Tu brûles les étapes. Je ne dis pas que tu te trompes, mais en termes de loi, il nous faut des faits, pas des théories. Laisse-moi m'en occuper, d'accord ? Visiblement, on a voulu t'effrayer, Katy. C'était un avertissement pour que tu laisses tomber.

— Eh bien, c'est mal me connaître. Je n'ai pas l'intention de laisser tomber.

— Désolé de te décevoir, ma fille, mais c'est précisément ce que tu vas faire.

Le shérif fronça les sourcils et la considéra comme si elle était une écolière récalcitrante sur le point de dérober un rouge à lèvres sur l'étagère d'une parfumerie.

— Toi et Jackson, vous allez me laisser mener cette enquête moi-même, à partir de maintenant. Et ne soufflez mot de ceci à personne. Ne parlez ni de Crystal Kirk, ni de ce qui s'est passé ce soir. Je ne tiens pas à ce que vous deveniez des cibles ou à ce que cette affaire s'ébruite. Laissez-moi faire mon travail. Gardez le silence, comportez-vous comme s'il ne s'était rien passé et ne faites pas plus de vagues. Alors, j'aurai peut-être une chance de découvrir la vérité.

— Moi aussi, je préfère entourer ces événements de discrétion, approuva Katy avec soulagement. Je n'ai pas envie d'affoler mes parents dès leur retour à la maison.

— Absolument. Je vais voir comment la situation évolue dans les deux jours à venir. Espérons que j'aurai une idée de ce qui est arrivé à Crystal… et à Matt d'ici le retour de Big John et de Dorsey.

— Merci. De notre côté, nous nous ferons oublier, dit Katy en jetant un coup d'œil à Jackson, qui hocha la tête. Mais je compte sur vous pour trouver le coupable, shérif.

— J'en ai bien l'intention, mon petit. Ne te fais pas de souci.

Elle le raccompagna à la porte. Il se retourna pour lui tapoter l'épaule, rassurant, et croisa son regard calme et déterminé. Exactement comme son père, songea-t-il avec un sursaut de surprise et d'admiration.

— Si vous ne trouvez pas celui qui a fait cela, shérif Harvey, déclara-t-elle d'une voix grave mais posée, c'est moi qui le retrouverai. Je vous en fais le serment.

22

Une demi-heure plus tard, quand Jackson revint, après avoir inspecté l'écurie et fait le tour de la propriété, il s'arrêta à la cuisine pour prendre une bouteille de riesling et deux verres.

— Tu veux toujours un verre de vin ? demanda-t-il.

Katy était allongée sur le canapé, la tête appuyée contre un coussin. Les yeux ouverts, elle fixait le plafond. Elle s'assit et lui fit signe de s'installer à côté d'elle.

— Absolument. Un café risquerait d'être fatal pour mes nerfs. J'ai besoin de rester calme pour réfléchir.

Elle prit le verre qu'il lui tendait et l'observa par-dessus le bord.

— Tu connais drôlement bien notre cuisine, on dirait.

— Ta mère m'a invité quelques fois à dîner, depuis mon retour ici.

— Intéressant. Et pourtant, elle n'avait même pas pensé à me dire que tu étais revenu à Thunder Creek, et encore moins que tu soignais Cleo.

— Elle savait sans doute qu'à la seule évocation de mon nom, tu te cabrerais comme un mustang sauvage. Elle devait attendre le moment propice.

Katy but une petite gorgée de vin. Il avait probablement raison.

— Je me demande comment je vais leur annoncer la nouvelle, à eux et à Gram… Oh, Jackson, j'espère qu'ils tiendront le coup !

— Tu le fais bien, toi. Ils y arriveront aussi.

— Pourquoi aurait-on pu vouloir la mort de Crystal ?

— Il peut y avoir des tas de raisons. Nous ne savons pas grand-chose de la vie que Crystal a menée ici, hormis ses quelques flirts. Puis elle a déclaré au frère d'Allison qu'elle avait un petit ami. Peut-être sa mort a-t-elle un rapport avec cette personne. À moins qu'un élément de son passé ne l'ait rattrapée. Jalousie, drogue… On peut échafauder mille hypothèses.

— C'est vrai, admit Katy. Il nous faut des informations plus concrètes.

Elle but une nouvelle gorgée, puis ses yeux se plissèrent.

— N'empêche, c'est une sacrée coïncidence que Luke Dillard se soit trouvé dans le bureau du shérif le même jour que moi et qu'il ait été proche de Crystal au moment des faits.

— Je ne crois pas aux coïncidences. Et à mon avis, ce type est capable de tout.

— Entièrement d'accord. Mais nos intimes convictions ne suffisent pas.

— Il n'y a qu'une chose que nous sachions avec certitude, reprit Jackson en la regardant avec intensité. Tu es en danger.

Elle se retint à grand-peine de frissonner.

— J'ai côtoyé pendant des années la criminalité urbaine, remarqua-t-elle, et je ne me suis jamais fait agresser, je n'ai jamais eu à sortir ma bombe lacrymogène. Et ici, à Thunder Creek…

Elle s'interrompit et secoua la tête.

— Non, ça va aller. Je vais charger le revolver de Big John et le mettre sous mon oreiller.

— C'est une idée. Mais j'en ai une autre.

Il la considéra par-dessus le bord de son verre.

— Qu'est-ce que tu dirais de dormir chez moi pendant quelques nuits ? Jusqu'au retour de tes parents ?

Katy le fixa, surprise par l'afflux de chaleur soudain qui surgissait dans tout son corps. La perspective de rester seule au ranch, avec ou sans revolver, ne la séduisait nullement. En revanche, l'idée d'aller chez Jackson l'attirait énormément. Elle n'aurait rien à craindre dans ce chalet douillet. Rien à craindre du monde extérieur, du moins.

Mais elle courrait un autre danger en s'autorisant à être seule avec lui, à se reposer sur lui. Sa raison, son sens du devoir la retenaient.

— Je... Cela ne me plaît pas de laisser ce monstre me chasser du Triple T. D'autant plus que Big John m'a confié le ranch. Et Cleo ? Imagine qu'elle mette bas prématurément ?

— Je t'aurais bien proposé de dormir ici avec toi, mais je dois surveiller Ajax. Riley peut garder un œil sur Cleo et sur le ranch. Je passerai ici tous les soirs avant de rentrer au chalet, et nous demanderons à Riley d'aller la voir toutes les nuits jusqu'au retour de Big John. Je n'ai aucune envie, ajouta-t-il avec ferveur, que tu te rendes toute seule à l'écurie au milieu de la nuit.

— J'aurais le revolver, fit-elle remarquer.

— Aurais-tu eu le temps de t'en servir, ce soir, quand cet homme t'a surprise par-derrière ?

— Tu n'as pas tort, reconnut-elle à contrecœur.

— Big John n'aimerait pas que tu restes ici seule dans ces conditions.

— Il n'aimerait pas non plus que je m'installe chez toi, répliqua-t-elle.

— Cela suffirait à t'en empêcher ? demanda-t-il, les yeux pétillants.

— Mais que va-t-il se passer... entre nous... si j'accepte ta proposition ?

— Ce que tu souhaiteras, Katy. Rien de plus. Parole de scout.

Elle le considéra d'un œil soupçonneux.

— Matt était scout, mais si mes souvenirs sont bons, tu ne faisais pas partie de la troupe.

— C'est vrai, avoua Jackson.

Il lui sourit alors, de ce sourire irrésistible qui faisait s'emballer son cœur.

— Tu n'as pas confiance en moi ? ajouta-t-il.

Il posa leurs deux verres sur la table basse, l'attira contre lui et glissa les bras autour de sa taille.

« C'est en moi que je n'ai pas confiance », songea Katy lorsqu'il l'embrassa, et elle comprit immédiatement pourquoi elle se méfiait d'elle-même. Les baisers de Jackson étaient trop doux, sa bouche trop persuasive. Et ses mains... Seigneur, ses mains... Elles l'ensorcelaient, excitaient chaque millimètre de son corps. Elle passa les bras autour de son cou, se blottit contre lui et entrouvrit les lèvres, accueillant son baiser.

Les mains de Jackson glissèrent de ses hanches sur ses fesses, et il la plaqua contre lui. Elle fit courir ses doigts dans son dos, et leur baiser devint plus ardent, plus intense.

Elle s'accrocha à lui. Avec lui, elle se sentait si vivante, si protégée, si désirée qu'elle n'envisageait même plus de décliner sa proposition. Pourquoi rester seule ce soir au ranch alors qu'elle pouvait être avec lui ? Elle lui mordilla la lèvre, savourant son corps dur contre le sien, jusqu'à ce qu'il interrompe leur baiser pour la dévisager longuement.

— Il va falloir que je prépare quelques affaires, murmura-t-elle.

— D'accord.

Il sourit, imaginant déjà un bustier sexy, des sous-vêtements en dentelle. Katy devina ses pensées et éclata de rire. Les hommes étaient tellement prévisibles !

— On se calme, cow-boy. Je pense caleçons longs et dentifrice.

— Prends ton dentifrice, lui dit Jackson, ses yeux brillants plongés dans les siens, ses bras serrés autour d'elle. Mais oublie les caleçons longs.

— Tu as quelque chose contre ?

Jackson écarta une mèche de cheveux de son visage et effleura ses lèvres d'une caresse délicieuse.

— Je crois simplement que tu n'en auras pas besoin pour te tenir chaud.

Tapi dans l'ombre, il les observait. Il vit Jackson jeter un petit sac à l'arrière du pick-up, puis aider Katy à monter et claquer la portière. Tandis qu'ils s'éloignaient dans un tourbillon de gravier et de poussière, il aperçut le pâle visage de Katy Templeton à la lumière de la lune.

Il sentit la sueur couler sur ses tempes. La peur lui vrillait les entrailles. Ils étaient alliés, ces deux-là. Deux contre un.

Merde.

Il ferma les yeux, se rappelant la sensation de sa gorge étroite et fragile sous son bras. Comme cela aurait été facile d'en finir une fois pour toutes ! Comme ce serait rapide, la prochaine fois, s'il le fallait… Ce soir, il avait tenu sa vie entre ses mains. Mais il lui avait laissé une chance.

Maintenant, la balle était dans le camp de Katy.

— Ce sera ton seul avertissement, chuchota-t-il, tandis que les feux arrière du pick-up disparaissaient au détour d'une arête rocheuse. Il n'est pas question que tu découvres le pot aux roses. Personne ne doit savoir. Et ne viens pas dire que je ne t'aurai pas prévenue.

23

— J'espère que ma ménagerie ne t'incommode pas, s'excusa Jackson. Je préfère ne pas laisser Ajax encore une nuit seul.

Ils s'étaient arrêtés à la clinique pour prendre le chien blessé, qui les avait accueillis avec des jappements joyeux.

— Ça ne me dérange pas du tout. Il est tellement mignon et joueur. Sa blessure n'a pas l'air d'avoir entamé sa bonne humeur.

Katy ne put s'empêcher de sourire en regardant le gros chien assis sur une couverture, à l'arrière du pick-up.

— J'aurais dû prendre Mojo.

— Nous irons le chercher demain, si tu veux. Plus on est de fous, plus on rit.

Le vin avait quelque peu apaisé les nerfs de Katy, et retrouver Ajax l'avait distraite, mais tandis qu'ils s'approchaient du chalet, isolé de la route principale et niché au pied de la montagne, les implications des événements de la soirée la firent frissonner.

Plus elle y pensait, plus il lui semblait vraisemblable que la mort de Matt n'avait pas été accidentelle. Il ne lui paraissait plus si insensé d'imaginer que quelqu'un ait pu délibérément le pousser du toit des Jenssen ou déplacer l'échelle, pour que Matt Templeton ne rompe pas « le pacte ». Dans ce cas, son assassin était toujours à Thunder Creek. Et s'efforçait encore d'étouffer la vérité.

Quitte pour cela à commettre un nouveau meurtre.

Le souvenir de son impuissance et de sa terreur lorsque le bras de l'inconnu s'était refermé autour de sa gorge était ancré en elle. Qu'avaient ressenti Crystal et Matt dans les secondes qui avaient précédé leur mort ? Quelle douleur, quelle terreur avaient-ils éprouvées en ces derniers instants ? La rage et le chagrin la tenaillaient, lui faisaient serrer les poings sur ses genoux.

— Il m'est venu une idée, lorsque je préparais mon sac, dit-elle à Jackson, alors qu'il s'arrêtait devant le chalet. Où habitait Crystal, du temps où elle travaillait ici ? Si elle louait une chambre à quelqu'un, cette personne sait peut-être qui elle fréquentait, qui étaient ses amis…

— Ou ses ennemis, approuva Jackson. C'est en effet un bon point de départ. Je passerai demain au *Tumbleweed* poser la question à Elam. Avec un peu de chance, il s'en souviendra.

— Si tu as du nouveau, tu m'appelleras aussitôt, d'accord ?

— Bien sûr. Mais Katy, n'oublie pas de faire profil bas. Laisse Harvey enquêter. La personne qui s'en est prise à toi ce soir sait que tu es sur sa piste.

— Si c'était moi qui étais morte ou qui avais été assassinée, Matt n'aurait pas baissé les bras. Il serait allé chercher les réponses, coûte que coûte. Et tu le sais, Jackson.

Il coupa le moteur et se tourna vers elle.

— C'est différent.

— Pourquoi ? Parce que je suis une femme ?

— Oui. Et aussi parce que s'il t'arrivait quelque chose…

Il s'interrompit, puis concentra soudain toute son attention sur l'ouverture de sa portière.

— Viens, dit-il brusquement, rentrons.

Katy prépara un café décaféiné dans la cuisine pendant que Jackson installait Ajax sur une grande couverture dans le petit bureau, au fond du chalet. Cammi et Regis vinrent voir le chien blessé et l'inspectèrent de la truffe à la queue, sans oublier son bandage. Puis ils s'installèrent à côté de lui pour lui apporter tout le réconfort qu'ils pouvaient.

Une fois revenu dans la cuisine, plus rien ne compta plus pour Jackson que la femme qui versait du café dans deux tasses. Il la regarda ajouter une goutte de lait dans la sienne et remuer distraitement son café. Il aimait la façon dont elle évoluait dans la cuisine, avec grâce et efficacité, comme si elle avait toujours été là.

Seuls la pâleur de sa peau et de légers cernes trahissaient l'épreuve qu'elle venait de vivre. Un nœud se forma dans la poitrine de Jackson. Soudain, la force de ses sentiments le bouleversa, et il dut se répéter qu'il ne voulait pas s'engager. Cela ne les mènerait à rien, il le savait.

Elle écarta de ses yeux une mèche de ses merveilleux cheveux couleur miel, tourna la tête vers lui et lui sourit. Ce sourire suffit à éveiller son désir. Seigneur, comme il avait envie de la toucher !

Il n'en revenait pas de voir à quel point sa seule présence transformait le chalet. Il l'avait toujours trouvé accueillant et confortable, mais avec Katy, il devenait soudain plus chaleureux, plus intime. Un véritable refuge contre les tracas du monde.

En apportant le café à table, elle remarqua le répondeur qui clignotait.

— Tu as des messages…

Il prit son café et appuya sur le bouton. Ils entendirent Roy Hewett lui demander s'il avait le temps de passer voir un cheval qu'il envisageait d'acheter à un éleveur de Laramie, puis Margie qui l'invitait à dîner le lendemain. Et tandis que Katy se demandait pourquoi sa meilleure amie les avait conviés tous les deux au même dîner, une autre voix de femme retentit :

— Salut, Jack, c'est moi. Ça fait une éternité qu'on ne s'est pas vus. Je me demandais si tu avais envie qu'on fasse quelque chose ce week-end. Tu as laissé tes chaussettes chez moi, tu veux peut-être les récupérer. Je te les ai même lavées. Rappelle-moi...

La voix devint plus douce, plus séductrice pour conclure :

— Vite.

Jackson faillit s'étrangler avec son café. Les épaules de Katy se raidirent, et ses joues pâlirent encore.

— C'était Kelly Jones... commença-t-il.

Mais elle l'interrompit.

— Tu ne me dois aucune explication.

— Je sais, mais...

— Ta vie amoureuse ne regarde que toi.

Elle haussa les épaules avec nonchalance.

— Et maintenant, si ça ne t'ennuie pas, je crois que je vais me coucher. Si tu veux bien me donner des draps et une couverture, je vais préparer le canapé.

— Une seconde.

Il contourna la table alors que Katy repoussait sa chaise et la serra contre lui.

— Elle ne représente rien pour moi.

— C'est plutôt à elle que tu devrais le dire.

— Elle le sait déjà. Ça a toujours été clair entre nous, dès le début. Ni elle ni moi ne voulions nous engager dans une relation exclusive.

— Comme c'est agréable pour toi !

— C'est vrai. Agréable, facile, rigolo... Tout ce que j'aimais.

« J'aimais ? » Katy était intensément consciente de sa proximité, de l'odeur de savon et de cuir qu'il dégageait, de ses bras autour d'elle. « Il a dit "j'aimais". Pas "j'aime". Mais ne t'emballe pas. »

— Cela ne concerne que Kelly et toi. Ne m'entraîne pas dans cette histoire.

— T'entraîner…

Il éclata de rire et lui prit le menton pour l'obliger à le regarder.

— Désolé de te l'apprendre, mais tu es entraînée dedans, que ça te plaise ou non. Et tu es venue là de ton plein gré. Nom d'un chien, je ne suis pas le seul à sentir ces étincelles entre nous, tout de même ?

— Admettons qu'il y ait des étincelles, mais nous ne nous devons rien l'un à l'autre. Je t'ai déjà expliqué que je n'étais pas mûre pour une histoire sérieuse. Quant à toi, tout le monde sait que tu es un tombeur…

— Tais-toi, Katy, dit-il très doucement, en posant un doigt léger sur sa bouche. Tu dis des bêtises. Il faudrait être aveugle pour ne pas voir ce qui se passe entre nous.

— C'est-à-dire ? demanda-t-elle en soutenant son regard.

Elle ne lui rendait pas les choses faciles.

— Je tiens beaucoup à toi, tu le sais…

Les mains de Jackson glissèrent le long de ses bras, l'attirèrent plus près de lui.

— Et j'ai tellement envie de toi que ça me rend dingue. Et à moins que je ne sois soudain dénué de tout jugement, j'ai comme l'impression que tu éprouves le même désir, murmura-t-il en lui mordillant le lobe de l'oreille.

De délicieuses sensations brûlantes la traversèrent. Oh, oui, elle avait envie de lui ! Au lieu de le fuir comme la peste, elle leva une main vers son visage. Ses doigts la picotèrent lorsqu'elle caressa les traits fermes de sa mâchoire, hérissée d'une barbe naissante.

— Tu ne l'es pas.

— Quoi ?

— Dénué de tout jugement.

Il sourit, et ses mains descendirent encore plus bas tandis qu'il lui embrassait le coin de la bouche.

— Voilà qui est encourageant…

— Depuis quand Jackson Brent a-t-il besoin d'encouragement ? murmura-t-elle.

Il eut un petit rire.

— Tu veux que je reste fidèle à ma réputation ? Que je me contente d'agir à mon gré ? Tu te sens de taille ?

— Je suis une grande fille...

Elle étouffa un cri, et un frisson la traversa quand les mains de Jackson se glissèrent sous son chemisier.

— Je ne vais pas... me casser, termina-t-elle dans un gémissement.

— Ah, oui ? Moi, si, peut-être.

Une lueur avide brillait dans les yeux de Jackson.

— Si je ne t'embrasse pas dans les deux secondes qui viennent, je vais...

— Tu vas quoi ? demanda-t-elle en se tortillant contre lui.

Elle ne se reconnaissait pas. Elle, Katy Templeton, jouait avec le feu. La femme qui s'était juré de ne plus aimer mettait le tonnerre au défi de la soulever de terre, les éclairs au défi de l'incendier. Elle sentait le cœur de Jackson battre contre ses seins.

— Tu vas quoi, Jackson ? répéta-t-elle, ses lèvres à deux centimètres des siennes, ses doigts s'emmêlant doucement dans ses cheveux.

— Exploser, répondit-il dans un souffle, en la plaquant si brutalement contre lui qu'elle poussa un petit cri.

Son baiser fut puissant et éveilla dans les tréfonds de son corps un brasier de désir. Elle gémit et se cambra contre lui. Les mains de Jackson étaient partout sur elle, fébriles, affolantes. Il déboutonna son chemisier et le laissa tomber à terre, puis dégrafa prestement son soutien-gorge et le jeta par-dessus son épaule.

— Tu es magnifique, murmura-t-il en contemplant ses seins.

Le cœur de Katy battait à une vitesse vertigineuse.

— Moi aussi, je sais jouer à ça, docteur Brent, murmura-t-elle en attirant son visage vers le sien.

Sans cesser de l'embrasser, elle arracha les boutons de sa chemise, puis la lui retira. Seigneur, son torse était sublime – musclé, bronzé, parsemé d'une toison sombre. Elle entreprit aussitôt de l'explorer, l'effleura des lèvres et des doigts, lui arrachant un gémissement.

En un mouvement impérieux, il l'attira contre lui, puis il déboutonna son jean et le fit glisser sur ses hanches. Au moment où elle l'enlevait, Jackson prit ses seins en coupe dans ses mains et les caressa, d'abord avec ses doigts, puis avec sa langue, jusqu'à ce que le plaisir lui fasse tourner la tête.

— Mon Dieu, que me fais-tu ? murmura-t-il en effleurant son string en satin rose.

Sa petite culotte disparut aussi. Il caressa sa peau nue, ses cuisses, le nid humide et doux entre ses jambes.

Elle était si tendre, si brûlante, que Jackson avait du mal à s'empêcher de la pénétrer là, tout de suite. Ses yeux magnifiques brillaient de désir.

Bientôt, ils se retrouvèrent allongés tous les deux sur le canapé, emmêlés sur les coussins. La peau de Katy luisait, dorée, à la lumière de la lampe ; ses cheveux avaient la douceur de la soie entre ses doigts. Elle se rapprocha de lui, fiévreusement, et ses doigts s'escrimèrent un instant sur la fermeture Éclair de son jean, puis caressèrent ses bras, lui griffèrent le dos.

— Katy Templeton, la féline…

La bouche de Jackson se referma sur son sein. Alors, Katy retint son souffle et oublia tout le reste. Tout sauf cet homme, ce moment. Cette folie. Il n'y avait plus que Jackson, ses cheveux noirs, ses mains et sa bouche habiles, son corps au diapason du sien.

Elle gémissait des sons incohérents, ses caresses lui faisaient perdre la raison. Et soudain, ils furent nus tous les deux, nus et éperdus de désir.

Elle brûlait d'impatience lorsqu'il se plaça au-dessus d'elle et lui écarta les cuisses. Elle s'ouvrit entièrement à lui, les bras serrés autour de son torse puissant, et se perdit dans les tendres baisers dont il la couvrait. Elle était vivante, femme, belle. Quand il s'introduisit en elle, elle l'enlaça de ses jambes. Les yeux de Jackson brillèrent dans les siens, et elle se perdit dans leur profondeur. Leurs corps se cambrèrent.

Jackson sentit le désir de Katy courir comme une lame de feu dans son corps tout entier tandis qu'il embrassait sa bouche, ses paupières, sa gorge.

— Tu es tellement belle, Katy, tellement belle... Es-tu prête ?

Elle fit signe que oui, et il s'enfonça plus loin en elle, lui arrachant un petit cri de bonheur, chassant de son cerveau toute pensée rationnelle.

La dernière chose dont elle se souvint fut d'avoir crié son nom. Puis il n'y eut plus rien que le plaisir intense et éblouissant qui les emportait loin du chalet, loin de la terre.

Enfin, ils revinrent à eux et s'écroulèrent, tremblants, dans les bras l'un de l'autre.

Un pâle soleil se levait sur le chalet et au sommet de Cougar Mountain quand Katy se réveilla. Elle était dans les bras de Jackson. Dans son lit. Elle ne se rappelait que vaguement comment ils étaient arrivés là. Un drap vert était entortillé autour de leurs corps. Leurs jambes nues étaient emmêlées, et sa tête reposait sur la poitrine de son amant. Il remua dans son sommeil, et elle s'écarta légèrement, pour pouvoir soulever la tête et l'admirer.

Il était superbe. Ses cheveux retombaient sur son front, son visage mince était paisible et malgré tout énergique, même dans son sommeil. À chaque instant, la veille, il lui avait donné l'impression qu'elle était aimée, qu'elle était belle, jusqu'à ce qu'ils s'endorment enfin. Une paix rare s'empara d'elle. Délicatement, elle déposa un baiser sur son menton.

— Bonjour, dit-il, les yeux encore fermés.

— Bonjour toi-même. Je ne voulais pas te réveiller.

— Heureusement que tu l'as fait. Je dois te ramener au ranch avant d'aller à la clinique. Mon premier rendez-vous est à 9 heures.

— Oh !

La déception la picota comme la pointe d'une aiguille. Il semblait si désinvolte, soudain. À croire qu'il était pressé de la voir partir pour démarrer sa journée.

« Et alors ? se dit-elle, le cœur serré. Qu'espérais-tu ? Des cartes à la Saint-Valentin et une demande en mariage ? Tu ne comprendras donc jamais rien à rien ! »

Elle s'écarta, s'assit sur le lit et s'apprêta à se lever, mais une main musclée la ramena en arrière aussi aisément que si elle avait été un papillon. D'un mouvement souple, il la cloua au-dessous de lui.

— Où vas-tu comme ça ?

— M'habiller. Tu as dit...

— J'ai dit que je devais être à la clinique à 9 heures. Et toi, il faut que tu ailles au restaurant, non ?

— Oui. Alors, si tu veux bien me laisser me lever, je ne t'embêterai plus...

— M'embêter ? J'avais l'air de m'embêter, la nuit dernière ?

— Jackson !

Elle ne put s'empêcher de rire, et il sourit de la voir si belle dans le rayon de soleil qui filtrait à travers les volets.

— Tu peux m'embêter comme ça autant que tu veux, déclara-t-il. En fait...

Il inclina la tête vers elle, et ses mains la caressèrent doucement.

— Nous avons le temps de nous embêter au moins deux fois avant d'être obligés de quitter ce lit.

— Deux fois...

Katy laissa échapper un gémissement tandis que la main de Jackson remontait à l'intérieur de sa cuisse. Elle était déjà prête, offerte.

— Tu ne veux pas que je m'habille, alors ? demanda-t-elle en l'attirant tout contre elle.

— Je préférerais jeter tous tes vêtements au feu, murmura-t-il.

Leur étreinte fut fougueuse et brutale, passionnée et avide dans l'éclat du jour naissant. Puis, alors que le soleil s'épanouissait dans le ciel, ils firent l'amour une nouvelle fois, lentement et tendrement.

24

Billy interpella Daffodil alors qu'elle passait l'éponge sur une table.

— Qu'est-ce qui est arrivé à ton visage ?

C'était le milieu de l'après-midi, et des nuages chargés de pluie transformaient le ciel bleu en une triste étendue grise. La foule de midi s'était dispersée, et seul le vieux Sam Garrett, qui travaillait à mi-temps à la quincaillerie Merck's, s'attardait devant sa quatrième tasse de café. Dans la cuisine, Katy préparait sa marinade spéciale au miel pour les travers de porc.

— Qu'est-ce qu'il a, mon visage ? répliqua Daffodil.

Elle s'était donné beaucoup de mal pour dissimuler son bleu, et jusqu'à présent, personne ne lui en avait parlé, pas même Katy.

— Tu es passée sous un camion ?

— Très drôle. Bouge de là, maintenant.

Elle souleva le seau rempli de vaisselle et se dirigea vers la cuisine, mais Billy la devança agilement. Il lui prit le seau des mains et le posa par terre.

— Pas si vite, Daff. Réponds d'abord à ma question.

— Je suis tombée du lit, ça te va ?

— Non.

Il lui saisit le bras. En la voyant grimacer, il baissa les yeux et découvrit une ecchymose noire et bleue à l'endroit où il avait posé les doigts. La rage l'étrangla. Il lâcha Daffodil et demanda, en se retenant avec peine de hurler :

— C'est ce connard qui t'a fait ça ? Dis-le-moi.

— Ça ne te regarde pas, répliqua Daffodil d'un ton hautain. Tu n'es plus mon petit copain, que je sache.

— C'est vrai. Et tu t'es trouvé un vrai prince. Un mec qui te brutalise.

— Ce n'est pas lui. Je te l'ai dit, je suis tombée de mon lit.

— Mais pourquoi le couvres-tu comme ça, à la fin ? Tu ne comprends donc pas que ce type est minable ? La Daffodil que je connaissais n'aurait jamais perdu une seconde de son temps avec un crétin comme Corey Dillard.

Pendant un instant, Daffodil fut incapable de se rappeler ce qui lui avait plu chez Corey. Bien sûr, il avait du charme. Et il était cool. Nettement plus cool que Billy, dont la seule distraction à l'école était le labo de sciences. Ç'avait été son cas, à elle aussi, avant qu'elle ne décide qu'il n'y avait pas que les études dans la vie.

— La fille que tu connaissais était aussi ringarde que toi, Billy. Elle avait les cheveux plats, elle s'habillait mal, et il ne se passait rien dans sa vie. Elle ne faisait que travailler toute la journée. Tout le monde la trouvait studieuse et rasoir. Maintenant, les gens ont changé d'avis. Corey dit que je suis sexy. Et je... je l'aime, bredouilla-t-elle.

Daffodil était horrifiée par ce qu'elle venait de dire. Après ce qui s'était passé le samedi précédent, elle n'avait même pas envie de revoir Corey. Elle avait peur de lui. Peur de ce qu'il était capable de lui faire.

Mais peut-être était-ce sa faute s'il s'était mis en colère. Peut-être avait-elle essayé de le raisonner avec trop d'insistance. Peut-être que cela ne se reproduirait plus jamais...

Pourtant, en repensant à ce qu'il lui avait fait, elle faillit se remettre à pleurer. Mais il était hors de question qu'elle pleure devant Billy.

— Studieuse et rasoir ? répéta-t-il en la regardant avec une moue dégoûtée. Je ne savais pas qu'on devait être une publicité ambulante pour spray volumateur pour être intéressante. Les mecs cool ne s'intéressent pas aux filles qui sont trop intelligentes, c'est ça ?

Elle rougit et se baissa pour reprendre le seau.

— Laisse-moi tranquille, j'ai du travail...

À cet instant, la porte s'ouvrit, et Corey entra. Il portait un pantalon en toile kaki, un tee-shirt blanc, et des lunettes de soleil cachaient ses yeux. Il se dirigea droit vers Daffodil, ignorant Billy.

— Salut, poupée, comment va ? demanda-t-il.

— Je travaille.

Sa voix était pesante comme du bois. La seule vue de Corey lui donnait envie de s'enfuir. Elle eut un mal fou à rester là tranquillement, devant lui, comme s'il n'était pas un monstre.

— Fais une petite pause. Je t'emmène en balade. Ta patronne n'y verra pas d'inconvénient.

— Si, justement. Elle était folle furieuse pour... pour l'autre jour.

— Qu'elle aille se faire mettre.

Il adressa à Daffodil un sourire indolent, retira ses lunettes et les accrocha au col de son tee-shirt.

— Dis-lui que tu t'absentes dix minutes. C'est la loi, non ? Tout employé a droit à une pause de dix minutes toutes les...

— Casse-toi, Dillard. Qui te dit que Daffodil a envie d'aller se promener avec toi ? Qui te dit qu'elle a même envie de te revoir ?

Corey jeta à Billy un regard méprisant.

— Ne te mêle pas de ça, demi-portion. C'est entre moi et ma copine. Compris ?

— J'ai un scoop pour toi, Dillard. Si tu poses la main sur elle, je te renvoie d'où tu viens d'un bon coup de pied au cul.

Corey se raidit et jeta un regard si glacial à Daffodil qu'elle frissonna.

— Qu'est-ce que tu lui as raconté ?

— Rien ! Je te le jure ! Billy, tu ne sais pas de quoi tu parles. Arrête d'inventer des histoires, ça ne te servira qu'à récolter des ennuis.

— C'est toi qui cherches les ennuis, Daff, lui répondit Billy avec calme. Tu ferais mieux de ne plus traîner avec ce type. Dis-lui d'aller au diable. Qu'il cesse de se servir de toi comme d'un punching-ball...

— Boucle-la ! Ferme ta sale petite gueule !

Corey bondit si brusquement sur Billy que celui-ci n'eut pas le temps de parer le coup. Il s'écroula par terre, au milieu des chaises, avec un craquement qui fit sortir Katy de la cuisine.

— Que se passe-t-il ici ?

En voyant Billy à terre, ses yeux s'écarquillèrent. Elle se précipita vers lui, mais déjà, il se relevait. Il s'apprêtait à s'élancer sur Corey quand Daffodil s'interposa.

— Non, Billy, arrête !

Elle tremblait de tous ses membres. Corey était plus grand et plus massif que Billy, et il avait appris le *taekwondo*. S'il se mettait à tabasser Billy, même Katy ne parviendrait pas à les séparer.

— Je sors faire un tour avec Corey, annonça-t-elle vivement. Corey, tu veux toujours qu'on aille se promener ?

— D'accord.

Il s'humecta les lèvres et contempla Billy avec mépris. Puis ses yeux se posèrent sur ceux, implorants, de Daffodil. Il allait falloir la mater, celle-là. Qu'elle n'ouvre pas le bec.

— Je vous la ramène tout de suite, mademoiselle Templeton, promis. Viens, Daff.

Troublée, Katy les regarda s'éloigner. Une fois la porte refermée, elle demanda :

— Billy, tu vas bien ?

— Oui. Il m'a pris par surprise, c'est tout.

Billy se frottait la mâchoire.

— Tu es toujours amoureux d'elle, n'est-ce pas ?

Il secoua la tête.

— Non, elle peut bien faire ce qui lui chante. Elle a déjà commencé à gâcher sérieusement sa vie.

— En sortant avec Corey, tu veux dire ?

— Ce n'est que la goutte d'eau, marmonna-t-il en ramassant le seau laissé par Daffodil et en se dirigeant vers la cuisine. Je vous ai raconté qu'elle était une élève modèle, autrefois ? Elle avait des notes excellentes. Elle voulait intégrer une des meilleures facs du pays, faire des études scientifiques.

— Des études scientifiques ? Daffodil ?

Difficile d'imaginer la bombe sexuelle blonde farfelue et maladroite en train de manipuler des becs Bunsen et des éprouvettes.

— Elle a l'air un peu cruche comme ça, mais Daff est un vrai cerveau. Elle a remporté deux concours scientifiques quand on était au collège. À l'époque où on était ensemble, elle disait qu'elle allait devoir décrocher des bourses pour payer ses études universitaires parce que sa mère ne pourrait pas les financer. Mme Moline s'est mis dans la tête de faire de Rose une star de cinéma. Elle a toujours dit à Daff que c'était elle qui avait le cerveau et Rose la beauté. Et qu'elle saurait toujours se débrouiller, soupira-t-il.

— Apparemment, Mme Moline aurait besoin qu'on lui remette les idées en place, remarqua Katy avec une pointe de colère. Mais quel rapport avec le fait que Daffodil gâche sa vie ? demanda-t-elle doucement. Abstraction faite de Corey, je veux dire.

— Daff aurait très bien pu les obtenir, ces bourses, si elle avait continué à avoir de bons résultats. Mais tout a changé à partir de la seconde.

Il rangea les assiettes sales dans le lave-vaisselle sans regarder Katy.

— On se connaît depuis notre enfance. On jouait tout le temps ensemble. En troisième, on s'est rendu compte que nos... nos sentiments avaient changé, et on est sortis ensemble. Puis il y a eu le passage au lycée, et tout à coup, Daffodil a pété les plombs. Je crois qu'elle n'a pas ouvert un bouquin de toute l'année. Elle était trop occupée à boire des bières dans les fêtes.

Katy le vit se rembrunir encore.

— Au début, elle m'emmenait avec elle. Mais je n'étais pas assez cool pour ses nouveaux copains, ajouta-t-il d'un ton sarcastique.

— Ça a dû être une sale période pour toi.

— C'est vrai, mais ça a empiré. Elle s'est teint les cheveux en blond le jour de Thanksgiving, puis elle m'a largué. Juste après le dessert.

La colère grondait dans sa voix.

— Ensuite, elle s'est mise à sortir avec Tommy Tucker, puis ça a été je ne sais quel tocard de l'équipe de football. Et elle ne m'adresse plus la parole. Je m'en fiche pas mal, d'ailleurs, ajouta-t-il vivement.

Katy lui adressa un regard compatissant, mais il poursuivait déjà :

— Si vous l'aviez vue quand Corey Dillard est arrivé à Thunder Creek ! Elle s'est scotchée à lui en moins de temps qu'il n'en faut à un chien pour récurer une assiette. Bref, résultat des courses, elle va entrer en terminale avec une moyenne générale catastrophique. Tout ça, c'est sa faute.

Katy l'avait écouté avec consternation.

— Alors, elle n'a aucune chance d'obtenir une bourse ?

— Aucune. Et en plus, elle se retrouve avec un minable qui la tabasse. Ça me rend dingue. Il faut absolument que quelqu'un lui fasse entendre raison, marmonna-t-il.

— Ça, c'est le rôle de sa mère. Je crois que je vais aller rendre une petite visite à Mme Moline.

— Elle est à Los Angeles avec Rose.

— Encore ? Daffodil m'avait dit que sa mère devait rentrer hier ou aujourd'hui.

— Elle a sans doute dit ça pour se débarrasser de vous.

Si c'était Corey le responsable des ecchymoses de Daffodil, celle-ci n'était pas en sécurité seule chez elle. Katy jeta un coup d'œil par la fenêtre et vit la jeune fille assise sur un banc à côté de Corey.

— Je lui parlerai dès son retour.

— Bon courage, fit Billy en rangeant le seau dans le placard et en refermant la porte. Cette fille est aussi loquace qu'un mur de briques.

Quand Daffodil revint, Katy s'efforça de la convaincre d'aller dormir chez une amie en attendant le retour de sa mère. Enfin, la jeune fille haussa les épaules et accepta de passer quelques jours chez son amie Marcy. Katy eut l'impression qu'elle s'appliquait à paraître beaucoup plus indifférente qu'elle ne l'était en réalité.

« Je parlerai à sa mère dès que possible, décida Katy. Daffodil a besoin de savoir qu'il y a des gens qui tiennent à elle et qui veulent l'aider à sortir de cette relation avec Corey. »

Cela ne l'étonnait pas que le jeune homme soit aussi brutal que son oncle. Elle frissonna en repensant à Luke Dillard, à ses moqueries lorsqu'il avait arraché les bretelles de sa robe, à la façon dont il l'avait clouée contre le siège du passager en soulevant sa jupe…

Si Jackson n'était pas intervenu, Luke l'aurait sans aucun doute violée. Et si Daffodil ne quittait pas Corey, Dieu seul savait ce qu'il lui ferait.

Penser à Jackson l'apaisa. En refermant la porte du four sur les travers de porc marinés, elle repensa à la nuit précédente, à sa tendresse et à sa chaleur quand il lui avait fait l'amour, à l'éclat triomphant de ses yeux d'un bleu merveilleux quand ils avaient atteint ensemble les sommets de l'extase la plus exquise qu'elle ait jamais connue.

Mais c'était trop tôt. Trop rapide. Comment pouvait-on éprouver des sentiments aussi intenses pour quelqu'un que l'on connaissait à peine ? Pour un homme qui avait brisé plus de cœurs que Russell Crowe ? Si elle n'y prenait pas garde, elle y laisserait le sien.

Cela la terrifiait presque autant que l'idée que Matt avait peut-être été assassiné et que son meurtrier était en liberté.

« Ma vie est en danger, songea Katy en épluchant des légumes dans la cuisine calme et chaude du restaurant, et mon cœur aussi. »

25

Mojo la rejoignit dans sa chambre alors qu'elle se penchait vers le miroir pour se mettre du rouge à lèvres.

— Ton petit monde te manque, hein, mon beau ?

Le chien leva vers elle un œil plein d'espoir.

— D'ici quelques jours, ils seront tous rentrés.

Le labrador s'installa sur le tapis, et elle consulta sa montre. Jackson devait passer la chercher d'une minute à l'autre pour aller chez Margie. La perspective de le revoir lui donnait le trac.

Elle réagissait comme une adolescente. Cette nuit passée au chalet avec lui l'avait ressuscitée comme rien d'autre n'avait su le faire depuis la perte du bébé. La douleur était toujours là, mais pour la première fois depuis longtemps, elle avait de nouveau confiance en la vie. Au moins, maintenant, elle savait qu'elle voulait vivre et être heureuse et qu'elle le pouvait.

Elle ignorait ce qu'éprouvait exactement Jackson pour elle, et pourtant, curieusement, cela ne l'effrayait plus. Elle acceptait de vivre ce qu'elle avait à vivre avec lui. Elle en prenait le risque.

Quel miracle ! songea-t-elle en fermant les yeux et en priant pour que cela ne se termine pas par un désastre.

Elle entendit crisser des pneus dehors, et son pouls s'accéléra. Mojo bondit en aboyant et dévala l'escalier. Elle ajouta rapidement un coup de blush sur ses pommettes et recula pour juger de l'effet.

Pas mal. Un pantalon noir, des sandales, un petit haut topaze juste assez court pour dévoiler un centimètre de ventre, des créoles aux oreilles. Elle s'était fait une queue-de-cheval attachée par une barrette en cuir noir.

Elle était sans doute un peu trop habillée pour un dîner chez Margie et Lee – un jean et une chemise en coton auraient probablement suffi –, mais elle avait voulu faire un effort pour Jackson.

— Tu es folle, se dit-elle en attrapant son sac.

Au moment où elle sortait de sa chambre, le téléphone sonna, et elle pivota pour décrocher le combiné sans fil posé sur sa table de nuit.

— Katy, c'est Stan Harvey.

— Bonsoir, shérif Harvey, dit-elle en resserrant la main autour du combiné. Vous avez du nouveau ?

— Oui. Des bonnes nouvelles et des mauvaises.

L'estomac de Katy se noua.

— J'ai mené mon enquête, et j'ai longuement discuté avec Donna Kirk, la mère de Crystal. Apparemment, elle ne t'a pas tout à fait dit la vérité, l'autre jour. Crystal aurait bien quitté Thunder Creek, finalement.

— Quoi ?

— Sa mère dit qu'elle a vu Crystal environ une semaine après son départ de Thunder Creek et qu'elle lui a reparlé ensuite quelques mois plus tard, puis une dernière fois il y a un an, en avril.

— Mon Dieu ! Mais pourquoi m'a-t-elle menti ? Pourquoi m'a-t-elle dit que Crystal n'était jamais revenue la voir ?

— Apparemment, Crystal a fugué à l'âge de seize ans, après une terrible dispute avec son père. Elle s'est enfuie au milieu de la nuit. Ed Kirk ne le lui a jamais pardonné. Il l'a reniée, a affirmé que pour lui, sa fille était morte. Le jour où tu as appelé, Ed Kirk était là, et la mère n'a pas voulu qu'il sache qu'elle avait revu Crystal. D'après elle, il a fait tout un foin en apprenant que sa fille avait décidé de revenir. Il a même menacé de jeter Donna dehors si elle laissait entrer Crystal chez eux. La mère et la fille se sont donc vues en cachette, à l'extérieur, et le père n'en a jamais rien su. Donna ne lui a même pas dit qu'elle avait parlé avec sa fille. Crystal est devenue un affreux sujet de discorde entre eux.

— C'est vrai qu'il était agressif, au téléphone, reconnut Katy. Il a traité sa fille de pétasse.

— Voilà pourquoi sa femme ne pouvait pas tout te révéler. Visiblement, il la terrifie, ajouta-t-il en soupirant.

— Ainsi, elle m'a menti, murmura Katy avec un indicible soulagement. Et Crystal a bien quitté Thunder Creek, comme elle l'avait prévu.

— Apparemment. Je ne sais pas pourquoi Matt l'a dessinée ainsi, comme si elle était morte. Peut-être dormait-elle, tout simplement... Très franchement, n'ayant pas vu le croquis, je ne sais que te dire.

— Qu'allez-vous faire maintenant, alors ?

— Je vais tâcher de retrouver Crystal et de savoir si elle est en vie. Je n'ai guère d'indices, mais je vais tout tenter.

— Donna vous a-t-elle dit où vivait Crystal, la dernière fois qu'elles se sont parlé ?

En bas, Jackson frappait à la porte, et Mojo aboyait frénétiquement. Elle avança dans le couloir.

— Oui. À San Bernardino, en Californie. Mais c'était il y a plus d'un an. Il a pu se passer bien des choses, depuis. Je vais tout de même commencer par là et voir ce que je trouve. Au moins, nous savons qu'il ne s'agit pas d'une histoire de meurtre. Voilà pour la bonne nouvelle.

Le shérif s'éclaircit la gorge.

— Je vous écoute. Annoncez-moi la mauvaise, dit Katy avec calme.

— La mauvaise nouvelle, c'est que je n'ai aucune piste pour retrouver ton agresseur. J'ai deux hypothèses. La première est que, pour une raison ou une autre, ta curiosité au sujet de Crystal et du pacte supposé de

Matt a perturbé quelqu'un, qui a décidé de t'effrayer pour que tu gardes le silence. Nous en saurons plus si nous parvenons à retrouver et à interroger Crystal. En attendant, je n'exclus pas cette éventualité.

Katy arriva en bas des marches et ouvrit la porte. Jackson l'attendait, plus beau qu'il n'était humainement possible de l'être. Il portait un jean sombre qui mettait merveilleusement en valeur ses jambes longues et musclées, et une chemise blanche dont le col ouvert dévoilait le haut de son torse bronzé. Ses cheveux épais brillaient comme de la soie à la lumière flamboyante du couchant, encadrant sa mâchoire volontaire. Elle lui prit la main et l'attira dans la maison pendant que le shérif poursuivait :

— Il existe une autre hypothèse, Katy, que nous devons envisager tout aussi sérieusement. Il est possible que tu n'aies pas été agressée parce que tu fouillais dans le passé. Peut-être que quelqu'un t'en veut pour une tout autre raison. Te connais-tu des ennemis ?

— Non, absolument pas, répondit-elle, stupéfaite.

— Tu en es sûre ? Personne qui voudrait te nuire ou te faire quitter la ville ?

— Je... je vais y réfléchir, shérif. Pour l'instant, rien ne me vient à l'esprit.

— C'est cela, réfléchis. Et en attendant, continue à être prudente. Verrouille portes et fenêtres et reste vigilante.

— Ne vous inquiétez pas.

Quand elle posa le téléphone, Jackson la prit dans ses bras.

— Tu as l'air complètement désemparée. Que se passe-t-il ?

— C'était le shérif. Crystal Kirk est vivante.

— Hein ? Il en est sûr ?

Elle lui rapporta les paroles du shérif.

— Tu réalises ce que cela signifie, Jackson ? La chute de Matt était bel et bien accidentelle, finalement. Il n'a pas vu Crystal morte quelque part. Il n'y a pas eu de meurtre. Nous nous sommes trompés.

— Eh bien, tant mieux, non ?

Jackson resserra les bras autour d'elle, tout en réfléchissant à ce qu'elle venait de lui apprendre. Il détestait voir le joli visage de Katy tendu par la confusion. La bouche contre ses cheveux, il murmura :

— Nous irons jusqu'au bout de cette histoire, Katy. Nous prendrons notre temps et nous trouverons la clé de l'énigme.

Il se raidit soudain et recula pour la regarder.

— Mais alors, si Crystal est vivante, pourquoi t'a-t-on agressée ?

— Le shérif a deux hypothèses. Soit j'ai embêté quelqu'un avec mes questions, soit j'ai un ennemi inconnu qui a une dent contre moi et espère me faire décamper. Mais alors, pourquoi voler le croquis de Matt et me dire de ne plus poser de questions ? À moins que ce ne soit un prétexte… Crois-tu que ce soit possible ?

— Je n'en sais rien, répondit Jackson en la revoyant à terre, à moitié étranglée, et en ravalant sa colère et son angoisse. Concentrons-nous sur l'idée que quelqu'un veut te voir quitter Thunder Creek. Qui cela pourrait-il être ?

— Un client qui n'a pas aimé ma cuisine ?

— Très drôle.

— Il y a toujours Tammie et Wood. Ils ont vraiment très envie que je leur vende le restaurant, mais je ne pense tout de même pas qu'ils en viendraient aux menaces et à la violence.

— Sait-on jamais ? Wood Morgan n'est pas homme à s'embarrasser de trop de scrupules. Et j'en dirais autant d'un autre de nos riches propriétaires de ranch.

— Tu penses à Luke Dillard ?

— Tu lui as clairement fait comprendre qu'il ne t'intéressait pas. Or, Luke n'aime pas être repoussé. Il paraît qu'il a très mal pris la demande de divorce de Dixie. Et quand Corinne l'a laissé tomber pour Roy Hewett, il s'est mis à l'espionner. Rien qu'elle puisse prouver, mais elle m'a dit que cela lui donnait la chair de poule.

— Je ne sais pas... Ça paraît fou, murmura Katy.

À moins que Luke ne lui garde rancune à cause de la fameuse soirée du bal... et qu'il en veuille aussi à Jackson ? Cela expliquerait son agressivité.

— Tu continues à penser que c'est lui qui a tiré sur Ajax ?

— Disons que je ne crois pas à son soi-disant alibi.

— Tu penses vraiment qu'il nourrirait encore une telle animosité envers nous après toutes ces années ? C'est absurde.

Pourtant, un frémissement la parcourut.

— Non, déclara-t-elle soudain. Je pencherais plutôt pour Wood. Il a deux mobiles possibles : d'une part, il convoite *Chez Bessie* ; d'autre part, il n'a pas du tout aimé que je l'interroge sur Matt, Crystal et le pacte. Il a dû se passer quelque chose à l'époque qu'il tient à garder secret.

— C'est bien possible. Appelons Harvey demain et demandons-lui d'enquêter dans ce sens.

— En attendant, dit Katy, nous ferions bien de nous dépêcher. Nous sommes déjà en retard.

— Margie nous pardonnera, dit Jackson en lui soulevant le menton. Ça va ? Tu es toute tremblante. Sublime, ajouta-t-il avec son sourire paresseux, mais tremblante.

— Merci. Je suis encore sous le coup de l'appel du shérif, c'est tout. Ça va aller.

— Bien sûr.

Mais elle lui parut soudain si fragile qu'il n'eut qu'une envie : la prendre dans ses bras et la protéger. On ne lisait guère de doute et d'inquiétude dans ses yeux, mais même la sensualité de son petit bustier ne dissimulait pas la tension de son corps.

— Personne ne posera plus la main sur toi, à part moi, lui assura-t-il.

Le sourire qu'elle lui adressa lui fit l'effet d'un coup de foudre.

— C'est une promesse ? le taquina-t-elle.

Il répondit d'un ton léger, malgré le nœud qui s'était formé dans sa poitrine :

— Parole d'honneur.

Quand ils revinrent au Triple T, il était presque minuit. Malgré son manque d'appétit, Katy s'était obligée à reprendre des fameuses lasagnes de Margie, une merveilleuse recette qu'elle lui avait volée et qu'elle avait réinventée dans le premier *Rattlesnake Cafe*.

Le verre de vin qu'elle avait bu au dîner l'avait un peu détendue, de même que la compagnie de ses amis. Jackson, Margie et Lee partageaient une amitié naturelle et simple qui lui plaisait. Lorsque le bébé s'était réveillé et que Margie l'avait amené et mis dans les bras de Jackson, un élan d'excitation avait parcouru Katy. Jackson avait examiné Cooper avec un visage heureux et amusé. Certains hommes semblaient embarrassés avec les nourrissons, mais il avait paru très à l'aise. Il avait ri quand Cooper lui avait attrapé le doigt et s'y était cramponné de toutes ses petites forces.

Une seule fois, pendant qu'elles faisaient la vaisselle ensemble dans la cuisine, Margie avait essayé de lui soutirer des renseignements.

— Crache le morceau, lui avait-elle dit en lui tendant un plat à essuyer. Je veux savoir ce qui se passe entre vous. Wood Morgan a dit à Smoke que Jackson et toi étiez au *Tumbleweed* ensemble.

— Ce n'est pas ce que tu crois… avait commencé Katy en rougissant.

Margie l'avait interrompue avec un grand sourire.

— D'accord, garde ton secret si tu veux. Mais j'ai bien vu la façon dont il t'a regardée au moment où tu as apporté le gâteau. J'ai failli en lâcher ma fourchette. Pour un homme qui n'exprime jamais ses émotions, cela revenait à une déclaration d'amour en public. Cela dit, avait-elle continué, tandis que Katy devenait cramoisie, tu n'es pas obligée de me raconter. Je suis juste morte de curiosité. Et puis…

Elle avait cessé de récurer le plat à gratin et poursuivi d'une voix plus douce :

— J'ai tellement envie de te voir heureuse. Je veux croire que Jackson aide ton cœur brisé à cicatriser. C'est le cas ?

— Oui, avait lâché Katy dans un souffle.

Les mots semblaient inappropriés pour décrire ce qu'elle vivait avec Jackson, ce qu'elle éprouvait pour lui, ce tourbillon d'émotions qui la possédait dès qu'elle se trouvait près de lui.

— C'est fabuleux, s'était réjouie Margie. Ma meilleure amie et le prince du lycée. Jamais je n'aurais pu imaginer ça !

Elle n'était pas la seule, songea Katy en montant dans sa chambre préparer quelques affaires pour sa nuit au chalet.

Si quelqu'un lui avait dit, un mois plus tôt, qu'elle risquait de tomber amoureuse du meilleur ami de son frère, elle lui aurait ri au nez. Et si on lui avait dit que Matt avait recelé un sombre secret des années plus tôt, elle ne l'aurait pas cru non plus.

Mais il n'a pas été assassiné, se rappela-t-elle. Et Crystal non plus. Elle avait néanmoins du mal à admettre qu'on ait volé le croquis sans raison.

Jackson avait appris par Elam que Crystal avait vécu dans les appartements de Pine Hills, au sud de la ville. La veille encore, cette information lui aurait paru cruciale. À présent, peu importait.

Pourtant, elle espérait de tout son cœur que le shérif parviendrait à retrouver Crystal. L'interroger serait la seule façon d'éclaircir les dernières questions qui la taraudaient au sujet de Matt et du croquis. Et au sujet du fameux pacte qu'il avait emporté dans sa tombe.

En entendant Mojo gratter à la porte d'entrée, elle descendit avec son sac. Mais quand elle ouvrit, elle vit Jackson accourir de l'écurie.

— Je crois bien que ça va être le grand moment ! cria-t-il. Cleo vient de perdre les eaux.

— Mon Dieu !

Son cœur battit plus vite. Elle se cramponna à la balustrade du porche. Jackson et elle avaient soigneusement tenu les comptes. Ce n'était que le trois cent trente-septième jour de gestation. C'étaient sans doute les tout premiers jours où Cleo pouvait pouliner en ayant une bonne chance que les poumons de son petit soient assez forts pour qu'il survive.

Heureusement qu'ils étaient rentrés ce soir. Et que Jackson était là.

— C'est vrai qu'elle n'avait pas faim, aujourd'hui, dit-elle. Riley l'a remarqué aussi.

« Cela aurait dû m'alerter, se dit-elle avec une bouffée de culpabilité. Mais j'avais l'esprit ailleurs. »

— Est-ce que... est-ce qu'elle va bien ?

— Elle a l'air en pleine forme, cria-t-il par-dessus son épaule, en retournant précipitamment vers l'écurie. Viens !

Elle monta vite retirer ses sandales à talons, enfila une salopette grise et des tennis, puis dévala l'escalier.

Le cœur battant, elle arriva à l'écurie. Cleo était déjà allongée sur le côté, calme. Seules ses oreilles remuaient d'avant en arrière pendant les contractions. Elle gémit, et son corps se tendit au moment où Katy entrait dans le box. La membrane amniotique apparaissait, et à l'intérieur, Katy vit soudain la première patte du poulain. Cette vue l'emplit d'espoir, et elle regretta que son père ne soit pas là pour assister à l'événement.

Une autre contraction survint. Cleo gémit encore et se raidit.

— Ne t'en fais pas, ma fille, chuchota Katy, l'estomac noué par l'anxiété. Ton petit va être magnifique.

Jackson prit le temps de jeter un coup d'œil à Katy. L'espoir et l'inquiétude se mêlaient sur son ravissant visage penché vers la jument. Elle semblait se concentrer, comme si elle essayait de transmettre à Cleo sa volonté de sortir de cette épreuve vivante, avec un beau poulain en bonne santé. Il imaginait aisément son émotion.

— Elle se débrouille très bien, lui dit-il. Tiens, voilà une autre patte, avec le sabot dans la bonne position.

Quand le nez du poulain apparut, deux minutes plus tard, Katy serra la main de Jackson avec excitation.

— Ça se passe bien, dit-il à voix basse.

Ils savaient tous les deux que l'opération ne durerait pas plus de vingt minutes et que s'il avait dû y avoir des problèmes, ils se seraient déjà produits. Katy se rendit compte qu'elle avait retenu son souffle et le relâcha. Elle commençait enfin à croire que Cleo allait donner naissance à un beau poulain.

Quelques minutes s'écoulèrent encore, puis, soudain, l'encolure du poulain, les pattes avant et les épaules émergèrent, suivies de son corps et de sa croupe. Tout fut terminé tellement vite que Katy, pétrifiée, ne put qu'admirer le miracle : la jument alezane qui respirait lourdement, couchée sur le flanc, et le poulain mouillé, tremblant, tout simplement magnifique, qu'elle venait de mettre au monde.

— Elle a réussi ! Ô mon Dieu, Jackson, elle a réussi ! chuchota-t-elle en lui serrant le bras.

Des larmes de joie lui brûlaient les yeux.

— Pour une réussite, c'en est une, approuva Jackson avec un grand sourire. Je te parie que ce poulain sera sur le sternum dans moins de dix minutes. Et qu'il se tiendra debout dans vingt minutes.

Il attira Katy contre lui et l'embrassa.

Il ne s'était pas trompé. Le poulain n'attendit même pas les trente minutes habituelles pour se dresser sur ses pattes hésitantes. Lorsqu'il hennit doucement, Cleo se leva à son tour. Elle frotta son nez contre lui et le lécha affectueusement, tandis qu'il commençait à rechercher instinctivement ses mamelles.

Hypnotisée, Katy les regardait, le cœur empli de bonheur. Maintenant que Cleo avait accouché d'un poulain en bonne santé, elle se sentait plus légère, débarrassée d'une angoisse pesante. À côté d'elle, Jackson surveilla l'expulsion du placenta, sans cesser de sourire. Tout se déroulait avec une précision d'horloge.

Il se tourna vers Katy. En voyant son émotion, son émerveillement et sa joie, son cœur se serra. Un mélange de tendresse et de désir surgit en lui, comme jamais il n'en avait éprouvé.

— Laissons-les donc se découvrir tranquillement, murmura-t-il en la prenant par la taille.

Dès qu'ils furent sortis de l'écurie, ils se regardèrent dans la nuit fraîche et étoilée, puis ils sourirent. Katy avait l'impression qu'elle aurait pu étendre les bras et s'envoler. Elle prit la main de Jackson et se mit à courir, l'entraînant avec elle vers le ranch.

— C'est la chose la plus prodigieuse que j'aie jamais vue, affirma Katy.

Ils étaient tous les deux dans la baignoire. Jackson ne savait plus s'il devait gémir ou grogner sous les gestes de Katy, qui passait l'éponge sur son corps nu. Ses mains le tourmentaient, le rendaient fou.

— Mon Dieu, comme tu es belle…

Il posa sa bouche mouillée sur la sienne et lui mordilla les lèvres. Puis il prit le flacon de gel douche et en versa dans la paume de sa main. L'odeur de mandarine était fraîche et délicate. Comme elle, songea-t-il en faisant mousser le liquide parfumé, avant de le lui passer sur les épaules, puis sur ses seins fermes et adorables. Elle remuait sensuellement, lovait son corps contre le sien, envoyant des pulsations à travers tout son corps. Ses ronronnements de plaisir se transformèrent en gémissements haletants lorsque la main de Jackson descendit entre ses cuisses.

— J'ai envie de toi, Jackson, murmura-t-elle. Tout de suite.

— Moi aussi, ma douce. Mais patiente encore un tout petit peu.

Ses yeux brillaient de désir. Il glissa un bras autour d'elle et l'embrassa, en la caressant de sa main libre.

Katy se laissa emporter par son baiser impérieux, presque furieux, et bientôt, elle se sentit prête à crier de frustration. Le désir se précipitait dans ses veines comme une coulée de lave.

Enfin, il la pénétra, et le monde se brouilla dans un halo de vapeur, de mousse et de passion. Ils firent l'amour sauvagement et, à l'unisson, atteignirent des paradis frissonnants qui les laissèrent épuisés et à bout de souffle. Ensuite, ils restèrent longuement immobiles, dans les bras l'un de l'autre. Katy enfouit son visage dans le cou de Jackson, les mains agrippées à ses épaules. Chaque partie de son corps lui donnait l'impression d'être propre et vivante, comme s'il avait réveillé tout ce qui était engourdi et caché en elle.

Enfin, ils se couchèrent dans le lit de Katy, trop fatigués pour repartir au chalet. De toute façon, ils voulaient aller voir Cleo et le poulain dès l'aube.

— Comment vas-tu l'appeler ? demanda Jackson en lui caressant les cheveux d'une main légère.

— Minuit, murmura-t-elle en pensant à la naissance du poulain, si proche du douzième coup de minuit. À moins que mon père n'ait déjà son idée sur la question.

— Je crois qu'il a surtout son idée sur ton retour au pays. Ta maman m'a dit que tu lui avais manqué plus qu'il ne l'admettrait jamais, pendant toutes ces années.

— C'est Big John tout craché, ça.

Elle se retourna dans le lit étroit.

— Je me demande ce qu'il penserait si je décidais de rester.

Les yeux de Jackson scrutèrent son visage.

— Je sais ce que j'en penserais, moi.

L'espace d'une seconde, elle retint sa respiration.

— Et peut-on le savoir ? demanda-t-elle d'un ton faussement léger.

Jackson l'attira contre lui et se plaça au-dessus d'elle.

— Je ne suis pas très doué pour les discours, murmura-t-il en passant délicatement sa langue sur le contour de ses lèvres. Je préfère les actes aux mots.

Et pendant un très long moment, ils n'eurent besoin d'aucune autre parole.

Elam ouvrit la portière de la Land Rover de Wood Morgan et se glissa lestement sur la banquette en cuir gris, à l'arrière. La voiture était garée sur une petite route, à deux kilomètres du *Tumbleweed*. Les vitres étaient remontées, la climatisation en marche. Il était 3 heures du matin. Seuls les chauves-souris et les hiboux étaient éveillés.

— Qu'est-ce que tu attends ? Raconte, ordonna Wood sans même tourner la tête. Je veux savoir tout ce que t'a dit Brent aujourd'hui.

— Il voulait savoir où habitait Crystal quand elle vivait à Thunder Creek. C'était anodin, alors je le lui ai dit. Et voilà. J'ai cru qu'il allait continuer à me cuisiner, mais non. N'empêche, ajouta le barman en étudiant le profil de Wood, ça prouve que Katy Templeton et lui n'ont pas laissé tomber. Ta grande théorie selon laquelle ils allaient arrêter de fouiller dans les cendres de Matt Templeton tombe à l'eau.

— Les imbéciles, grogna Wood. Les stupides imbéciles. Je ne peux pas me permettre de les laisser découvrir quelque chose.

— C'est vrai que si Tammie était au courant, fit Elam d'une voix traînante, elle demanderait sûrement le divorce.

Il mastiqua nonchalamment le morceau de chique qu'il faisait rouler dans sa bouche depuis une heure et pouffa.

— Elle te volerait dans les plumes, c'est sûr.

— La ferme ! Tu trouves ça drôle, peut-être ? Ça fait des années que j'achète ton silence, ce n'est pas pour que la petite sœur de Matt Templeton vienne fourrer son nez dans des affaires qui ne la regardent pas. Si je tombe, Elam, je te garantis que tu tombes avec moi. Si ton patron découvre ce qui s'est passé au bar cette nuit-là, tu pourras dire adieu à ton job. Et si la fille Templeton et Jackson l'apprennent…

— Ils n'apprendront rien du tout, dit doucement Elam. Je m'en charge.

Il y eut un silence. Wood pouvait presque sentir la sueur lui couler sur le front. Cette histoire lui donnait la nausée.

Bon Dieu, il avait commis une triste erreur d'ivrogne ce soir-là, et depuis, il ne cessait de la payer. En sueur, en cauchemars, en culpabilité. Et en dollars. Mais il ne laisserait pas un stupide moment d'égarement ruiner tout ce qu'il avait construit dans cette ville. C'était hors de question.

Personne ne devait jamais découvrir la vérité.

— Qu'est-ce qui t'a pris de leur dire qu'elle était de Tucson ? grommela-t-il. Et si ça les a menés sur une piste ?

— Personne ne les aidera, à Tucson. Et en leur mentant, j'aurais éveillé leurs soupçons. Et ça les aurait conduits droit sur toi, Wood.

— Arrête, Elam. Je t'interdis de me menacer.

Wood Morgan tourna la tête vers l'homme assis derrière lui. Éclairés par la lune, ses yeux noisette étaient aussi glaciaux et tranchants qu'un silex. C'étaient les yeux d'un homme au caractère impitoyable. Même Elam frissonna devant son expression.

— Eh, Wood, tu sais bien que je suis avec toi ! protesta-t-il vivement. N'ai-je pas gardé ton secret pendant toutes ces années ?

— Notre secret, Elam. N'oublie pas que c'est notre secret.

— D'accord, mais c'est toi qui as le plus à perdre. Et je n'ai pas pipé mot depuis quatorze ans.

— À quel prix ! J'ai grassement acheté ton silence et ton aide, fit remarquer Wood sèchement.

— C'est vrai. D'ailleurs, je suis prêt à t'aider encore. Comment comptes-tu arrêter Katy Templeton et Jackson Brent ?

Après un long silence, que seul le bourdonnement de la climatisation vint troubler, Wood Morgan déclara d'une voix sourde :

— Je n'ai pas le choix. Tu feras exactement ce que je vais te dire. Rien de plus, rien de moins. Attends mon coup de fil. Et si tu arrives à faire taire Katy Templeton une fois pour toutes, je te donnerai dix mille dollars.

Dix mille dollars !

Au fil des années, l'angoisse de Wood avait permis à Elam d'amasser un joli petit pécule. Mais au bout d'un moment, la source s'était tarie... jusqu'à ce que Katy Templeton revienne en ville. L'avenir d'Elam s'annonçait sous de bons auspices.

— Ne t'inquiète pas, lui dit-il en ouvrant la portière et en sortant de la voiture. Je te le répète, tu peux compter sur moi. Dès que tu me donneras le feu vert, je m'arrangerai pour que Katy Templeton ne te pose plus le moindre problème.

26

— Eh, Billy, viens déjeuner avec nous !

Marcy Hubner, qui mangeait un sandwich bacon-laitue-tomate – le fameux BLT de *Chez Bessie* – avec Daffodil pendant la pause déjeuner de cette dernière, fit une grimace lorsque son amie lui donna un coup de pied dans le tibia.

— Aïe ! gémit Marcy, assez fort pour que Billy l'entende.

Ce dernier avait remarqué le coup de pied et l'expression circonspecte de Daffodil quand elle lui avait jeté un coup d'œil rapide. Il secoua la tête à l'adresse de Marcy et emporta son hamburger et ses frites au fond du restaurant, déterminé à garder ses distances. Si Daffodil était assez bête pour continuer à fréquenter ce crétin de Corey Dillard, c'était son problème, après tout. Son problème à lui, c'était de ne s'être jamais consolé de sa séparation d'avec Daffodil. Il continuait à repenser à leur année de troisième et aux bons moments qu'ils avaient passés ensemble avec mélancolie.

« Concentre-toi plutôt sur Marcy », se dit-il. La jolie brune plantureuse en jean coupé et tee-shirt rouge s'intéressait à lui, cela crevait les yeux.

Malheureusement, ce n'était pas réciproque.

Tout en mangeant son hamburger, il contempla ses frites d'un œil morose. Il avait entendu Daffodil répondre à Katy, ce matin, que non, sa mère n'était toujours pas rentrée de Los Angeles. Il était content qu'elle se soit installée chez Marcy en attendant.

La foule du déjeuner était partie, et le restaurant était calme. Dès qu'il eut terminé son déjeuner, il alla aider Katy à la cuisine.

Quand il entra, elle préparait le bœuf haché pour le pain de viande du dîner. Il la regarda ajouter sel, poivre et origan, puis deux tasses d'oignons en rondelles et deux autres de champignons émincés. Le pain de viande, avec sa purée de pommes de terre à l'ail, était l'un des plats spéciaux du soir, ainsi qu'un soufflé aux haricots.

— Tu tombes bien, Billy. Il faudrait éplucher ces pommes de terre.

Elle recouvrit sa préparation de film plastique et rangea l'immense plat en inox dans le réfrigérateur.

— Bien sûr, marmonna-t-il.

— Que se passe-t-il ? s'étonna Katy en levant la tête.

Billy semblait encore plus sérieux que d'habitude. Sa voix sourde trahissait sa colère.

— C'est encore Daffodil ?

— Pour commencer, elle prend son temps pour déjeuner.

Katy jeta un coup d'œil dans la salle et vit Daffodil et son amie s'attarder devant leur sandwich.

— Aucune importance. De toute façon, elle n'a pas grand-chose à faire pour l'instant. J'ai remarqué que vous continuiez à vous ignorer, tous les deux.

— Je ne vois pas pourquoi il en serait autrement.

« Parce que tu es toujours amoureux d'elle, songea Katy. Et à voir la façon dont elle s'est interposée l'autre jour quand Corey essayait de te frapper, elle tient plus à toi qu'elle ne veut l'admettre. »

— C'est un peu gênant, non, de travailler ensemble et de ne pas s'adresser la parole ?

— Ça ne me dérange pas. De toute façon, elle refuse de m'écouter. Mais... ça me rend fou qu'elle soit assez stupide pour rester avec ce petit merdeux.

Stupide, se dit Katy, ou trop peu sûre d'elle pour se rendre compte qu'elle méritait mieux ? Ou trop effrayée ?

Effrayée comme l'avait été la mère de Crystal, qui n'avait pas voulu dire la vérité devant son mari...

« Cesse de penser à Crystal, se répéta-t-elle. Demande-toi plutôt qui pourrait vouloir t'obliger à quitter la ville. »

C'était atroce de se dire qu'elle avait un ennemi ici, à Thunder Creek, un ennemi capable d'enfermer Mojo dans la grange, de couper le courant et de tenter de l'étrangler. Un ennemi qui l'avait frappée à la tête, qui l'aurait peut-être tuée si Jackson n'était pas arrivé.

— Wood Morgan est là, dit Daffodil en entrant dans la cuisine avec son assiette sale et celle de Marcy. Il veut une tarte aux pommes et un café.

— La cafetière est là-bas, dit Billy en montrant la salle.

— Je le sais très bien, fit Daffodil en le foudroyant du regard. Je suis venue chercher la tarte.

— Je la lui apporte, dit soudain Katy.

Tout en donnant quelques consignes à Daffodil, elle prépara une part de tarte et la disposa sur une assiette. Puis elle l'apporta à Wood, avec une fourchette et une serviette, remplit sa tasse de café et se glissa sur la banquette en face de lui.

— Je peux m'asseoir une seconde ?

Il la parcourut des yeux, ne trahissant rien de ses pensées derrière son sourire aimable.

— Avec plaisir, Katy. J'espère que cela signifie que tu envisages de négocier, finalement. Ça nous consolerait de notre journée, Tammie et moi.

— Ah ? Que se passe-t-il ?

— Nos deux fils ont la varicelle. Elle devient folle, ils lui en font voir de toutes les couleurs. Et par-dessus le marché, les plans que l'architecte a faits pour le ranch de vacances ne lui plaisent pas. Il faut que je demande d'autres devis.

Il but une gorgée de café.

— Ma femme est perfectionniste. Tout doit être exactement comme elle l'entend. Mais il faut dire qu'elle connaît son sujet. Une douzaine d'investisseurs potentiels sont déjà prêts à participer au ranch. Mais j'espère bien pouvoir m'embarquer tout seul dans l'affaire, ajouta-t-il avec un sourire entendu. Moins on est de fous, plus on empoche !

Il rit de sa propre blague, et Katy parvint à sourire.

— Je n'ai pas changé d'avis pour le restaurant, dit-elle. Mais tu peux dire à Tammie que si cela l'intéresse, je suis disposée à fournir des pâtisseries et des plats pour les clients du ranch.

En réalité, elle n'avait jamais rien envisagé de tel, mais elle voulait voir comment réagirait Wood.

— C'est très gentil à toi, Katy, mais nous avons déjà prévu de nous adresser à Elmo Panterri.

Elmo Panterri, le chef des stars. Malgré elle, Katy fut impressionnée. Elmo Panterri avait possédé son propre restaurant à Los Angeles, qu'il avait revendu une petite fortune quelques années plus tôt. Son émission télévisée battait des records d'audience, il se chargeait des mariages d'innombrables célébrités et était considéré comme le meilleur chef américain de la nouvelle génération.

— Il pourrait bien tenir un petit café pour nous. Le *Cow-Boy Cafe*, précisa Wood. Pour nos hôtes quand ils se baladeront en ville, tu vois. C'est Tammie qui a trouvé le nom. J'espère que la concurrence ne t'inquiète pas ?

Son regard se fit plus perçant. Mais Katy resta impassible. À vrai dire, elle était presque soulagée. Wood Morgan était sûrement étranger à l'agression dont elle avait été victime. Cet homme était trop rusé, trop intelligent pour agresser physiquement les gens. Il lui suffisait de les ruiner. C'était l'homme d'affaires par excellence : puisque Katy refusait de lui vendre son restaurant, il engageait un chef de réputation mondiale pour lui faire mettre la clé sous la porte.

— Le *Cow-Boy Cafe*... Charmant. Ça ressemble un peu à... *Rattlesnake Cafe*, non ?

— Ça alors ! s'exclama Wood. Tu sais, je suis prêt à parier que Tammie n'a même pas fait le rapprochement.

Son grand sourire démentait ses paroles.

« Mon œil, songea Katy. Tu es un menteur et un salopard, Wood Morgan. »

— Peu importe. Il y aura toujours une place pour *Chez Bessie* à Thunder Creek, déclara-t-elle avec un haussement d'épaules. Votre ranch va générer des emplois, attirer des tas de gens. Il faudra bien qu'ils mangent. Nous ne risquons pas de nous marcher sur les pieds.

— Tu ne t'avoues jamais vaincue, hein ? fit Wood en secouant la tête et en reposant sa fourchette dans son assiette. Je me demande si Tammie ne va pas perdre cette manche-là.

— Tu crois ? dit Katy avec un sourire.

— Je l'ai prévenue que les Templeton étaient têtus comme des mules. Tu as beau avoir passé des années dans la grande ville, tu restes une fille du Wyoming, dans le fond, pas vrai ? Question entêtement, tu es la digne fille de ton père. Et la digne sœur de ton frère. Quand Matt s'était mis quelque chose dans le ciboulot, il n'en démordait pas, ajouta-t-il.

— J'ignorais que tu connaissais si bien mon frère.

— On n'était pas spécialement copains au lycée, mais tout le monde connaissait Matt Templeton, l'enfant chéri de Thunder Creek.

Le cœur battant, Katy garda les yeux rivés aux siens.

— Même un enfant chéri peut s'attirer des ennuis de temps à autre.

— Je n'étais pas suffisamment proche de lui pour être au courant de ses frasques.

— En es-tu si sûr ? Moi, je crois que tu sais quelque chose, au contraire. Je crois que tu sais ce qui perturbait mon frère avant qu'il ne meure… Et cela a un rapport avec Crystal Kirk.

Elle se pencha en avant, soudain implorante.

— Wood, si tu es au courant, dis-le-moi. Matt avait un secret, et je ne trouverai le repos qu'après avoir découvert la vérité. Je te jure que cela restera entre nous. Tammie n'en saura jamais rien.

— Je te répète que je ne sais pas de quoi tu parles, répondit-il d'un ton glacial. Désolé, il faut que je parte, ajouta-t-il en consultant sa montre et en se levant.

Son expression et sa voix s'étaient durcies, et Katy comprit soudain qu'elle lui avait appris exactement ce pour quoi il était venu : si elle allait laisser tomber ou non.

« Il m'a piégée, réalisa-t-elle avec stupéfaction. Il a délibérément orienté la conversation sur Matt. »

— J'ai rendez-vous à 15 heures avec un entrepreneur, fit Wood sèchement. Je voudrais l'addition.

— Pas de problème.

Il ne la voyait même plus, son esprit était déjà loin. Katy lui tendit sa monnaie, puis elle regarda la porte se refermer sur lui.

— Excuse-moi… Katy ?

Elle se retourna et remarqua pour la première fois la jeune femme assise à la table de l'angle, près de la fenêtre.

C'était Corinne, la serveuse du *Tumbleweed*. Katy s'empressa de la rejoindre.

— Désolée pour l'attente. Qu'est-ce qui te ferait plaisir ?

Corinne sourit et secoua la tête.

— Tout va bien. Daffodil m'a apporté un citron pressé, je n'ai besoin de rien d'autre. En réalité, je suis venue pour... pour te parler.

Katy la considéra avec surprise, et Corinne poursuivit rapidement :

— L'autre soir, au *Tumbleweed*, j'ai surpris une partie de ta conversation avec Elam. Jackson et toi lui posiez des tas de questions sur Crystal, ajouta-t-elle. Et je crois que... qu'il vous a menti sur un point. Je sais que ça ne me regarde pas, mais... Il m'a semblé que ce dont vous parliez était important, alors j'ai pensé que vous voudriez savoir.

— Oh, oui, dit Katy en s'asseyant à côté de Corinne, s'il te plaît, dis-moi tout ce que tu sais !

Corinne hocha la tête.

— D'accord, mais... tu n'en parleras pas à Elam, hein ? Je ne tiens pas à me faire virer.

— Non, bien sûr, je te promets que ça restera entre nous. Au sujet de quoi a-t-il menti ?

— C'est probablement sans importance, mais...

Elle jeta un coup d'œil prudent par-dessus son épaule, puis reprit :

— Il t'a raconté que Wood Morgan n'était jamais sorti avec Crystal à l'époque où elle travaillait au bar. Eh bien, ce n'est pas ce que m'a dit Tina, la fille qui bossait avec moi au *Tumbleweed* quand j'ai commencé, il y a quelques années. Crystal était partie depuis longtemps déjà, mais Tina avait toujours été là, et elle avait connu Crystal. Et parfois, elle me parlait d'elle.

Katy attendit la suite, le cœur battant.

— Je ne pourrais pas te dire pour quelle raison elle a quitté la ville, mais je sais qu'elle et Wood Morgan ont eu une petite histoire tous les deux. Et quasiment tous ceux qui travaillaient au bar étaient au courant. Y compris Elam, bien entendu.

Ainsi, Elam et Wood lui avaient menti tous les deux… songea Katy.

— Wood sortait déjà avec Tammie, à l'époque, non ?

— Il paraît, oui. Son histoire avec Crystal en aurait fait tiquer plus d'un si les gens l'avaient apprise, mais personne n'a jasé en dehors du bar, car le père de Wood et Ted Paxton, le propriétaire du *Tumbleweed*, étaient bons amis. Et Ted aurait sûrement viré quiconque aurait dit du mal des Morgan – c'est la plus riche famille de Thunder Creek, après tout. Tina m'a raconté qu'Elam et elle n'avaient jamais cancané.

— T'a-t-elle dit autre chose ? A-t-elle eu des nouvelles de Crystal après son départ ?

— Pas à ma connaissance, répondit Corinne. En tout cas, après Wood, Crystal n'est plus sortie avec personne, mais Tina et Elam étaient sûrs qu'elle avait un petit ami sérieux qu'elle voyait en cachette, quelqu'un qui lui achetait de jolies choses, des vêtements, de belles boucles d'oreilles… Et en quittant Thunder Creek, elle a raconté à Tina qu'elle reviendrait, que son ami et elle allaient se marier et que tout le personnel du *Tumbleweed* serait invité à la noce… Mais elle n'est jamais revenue.

Katy réprima un frisson. Une fois de plus, le croquis de Matt s'imposa à son esprit.

— Écoute, Katy, je ne suis pas du genre à colporter des ragots, contrairement à ce que tu pourrais croire. Mais j'ai eu l'impression que tu avais quelque chose de vraiment sérieux en tête, l'autre jour, et je savais qu'Elam te mentait au sujet de Wood Morgan, alors je me suis dit qu'il fallait te prévenir.

— Merci. Merci beaucoup, Corinne.

Encore sous le choc, elle sourit avec gratitude à la jeune femme.

— Non, non, c'est pour moi, protesta-t-elle en secouant la tête, alors que Corinne sortait son porte-monnaie. Je ne puis te dire à quel point je suis heureuse que tu sois venue me parler.

— Pas de problème. Arrange-toi juste pour qu'Elam n'en sache rien, ajouta Corinne. Bon, il faut que je retourne travailler. Bonne chance.

« J'en aurai besoin », songea Katy en essayant de digérer cette nouvelle information. Elle aurait bien aimé tirer un trait sur toute cette histoire, mais désormais, deux éléments l'empêchaient de renoncer. D'une part, on lui avait menti. D'autre part, le dessin avait été volé.

Ce croquis représentait certainement une menace pour quelqu'un. Un indice conduisant à la vérité. Voire une pièce à conviction. Une preuve que Crystal avait été assassinée. Une preuve que, malgré ce que sa mère avait dit au shérif, elle n'était jamais revenue chez ses parents. Une preuve que quelqu'un essayait de cacher un meurtre. Et, se dit-elle avec fureur et chagrin, peut-être deux.

27

Katy téléphona dès qu'elle se retrouva seule dans le restaurant fermé.

Il fallait qu'elle persuade Donna Kirk de lui raconter la vérité. Pour une raison mystérieuse, la mère de Crystal avait menti – pas à elle, mais au shérif Harvey. « Je découvrirai la vérité, même si je dois me rendre moi-même à Tucson », décida-t-elle en serrant les dents.

— Bonjour, vous êtes bien chez les Kirk. Eddy et moi ne sommes pas là pour l'instant, mais nous vous rappellerons dès notre retour si vous laissez un message.

Katy donna son numéro, son nom et demanda que Donna la rappelle le plus vite possible. Si, comme elle le craignait, la mère de Crystal ne la rappelait pas, elle la harcèlerait jusqu'à ce qu'elle obtienne des réponses.

Le téléphone sonna deux fois pendant qu'elle rentrait se changer au Triple T avant d'aller rejoindre Jackson au chalet. Son avocat l'appela pour la tenir au courant de ses démarches avec les hommes de loi de Seth. Puis Bessie lui téléphona du Caesar's Palace pour lui annoncer joyeusement qu'elle venait de gagner deux cent quarante dollars au black-jack.

— Je suis contente pour toi, Gram. Tu ne t'épuises pas, j'espère ? Big John va m'étriper si tu rechutes à ton retour.

— Aucun risque. Je suis en pleine forme. Et toi, comment te portes-tu ? Tu t'en sors, au restaurant ?

— Tout va très bien, Gram. Cleo a eu son petit. Un superbe poulain en bonne santé. Je te raconterai le reste à ton retour.

— As-tu des nouvelles de tes parents ?

— Une carte postale. De maman, bien sûr.

— Bien sûr ! fit sa grand-mère en gloussant. Ma petite chérie, je vais te laisser, je n'ai plus de pièces. Nous allons manger, et ensuite, nous retournerons aux machines à sous. Je sens que c'est mon jour de chance !

Katy avait pensé emmener Mojo au chalet, mais elle le trouva qui trottait derrière Riley. Celui-ci lui proposa d'emmener le chien chez lui pour la nuit. Lorsqu'ils se furent occupés des animaux, il était déjà tard, et dans le ciel couvert planaient de gros nuages gris.

Katy sentit l'odeur de la pluie dans l'air lorsqu'elle monta dans la Blazer. Avec un peu de chance, songea-t-elle, l'orage attendrait qu'elle soit arrivée chez Jackson. Elle avait prévu de lui faire une surprise, ce soir, et de lui préparer un dîner aux chandelles.

Tout en conduisant, elle réfléchit aux révélations de Corinne et se perdit rapidement dans ses pensées. Soudain, elle se rendit compte qu'elle s'était trompée de route.

Elle était dans Coyote Lane. Elle avait raté l'embranchement qui menait au chalet, Big Tree Road.

— Zut, marmonna-t-elle en fronçant les sourcils.

Coyote Lane rejoignait Big Tree plus loin, mais elle avait rallongé son trajet de trois bons kilomètres. Elle enfonça la pédale d'accélérateur. Cela faisait une éternité qu'elle n'était pas passée par là. Lorsqu'elle revenait à Thunder Creek, elle évitait systématiquement cette route.

Car là, juste devant elle, Coyote Lane donnait sur un petit chemin étroit et plein d'ornières qui conduisait à la maison des Jenssen. L'endroit où Matt était mort.

Elle ralentit en approchant du chemin. La bifurcation était presque dissimulée par de vieilles souches et des buissons. Ses mains tremblèrent sur le volant.

Quelques gouttes de pluie s'écrasèrent sur le pare-brise. Les nuages gris flanelle se rapprochaient lentement, mais Katy ne les voyait pas. Elle avait les yeux rivés sur ce chemin de terre qui menait à un lieu qu'elle avait redouté et évité pendant la moitié de sa vie.

Elle tourna soudain à droite, et la Blazer bondit vers la maison des Jenssen.

Le ranch était à l'abandon. Elle avait entendu dire que les Jenssen l'avaient vendu à des promoteurs qui n'en avaient encore rien fait. Les herbes folles montaient plus haut que les roues de la voiture. Les vitres de la maison étaient fêlées, les marches de la terrasse à moitié défoncées. Les bâtiments étaient délabrés, aussi gris que le ciel menaçant.

Katy se gara devant la grange et sortit. Elle marcha dans la terre et les mauvaises herbes jusqu'à ce qu'elle ne soit plus qu'à deux ou trois mètres de l'édifice, et elle leva les yeux vers le toit. Ce toit haut et en pente d'où son frère était tombé.

C'était sans doute son subconscient qui l'avait poussée à tourner dans Coyote Lane. Après toutes ces années, peut-être était-il temps qu'elle affronte enfin cet endroit. Qu'elle découvre la vérité.

— J'y arriverai, Matt, chuchota-t-elle. Je te le promets.

D'autres promesses, d'autres paroles chuchotées lui revinrent alors à la mémoire.

— Je te le promets, Katy, je t'apprendrai à être la meilleure lanceuse de softball de la ligue féminine. Allez, bande tes muscles. Et maintenant, lance.

Des larmes lui emplirent les yeux.

— Tu as de la chance, Katy, je vais être sympa avec toi. Je ne dirai rien aux parents pour cette fois, mais si jamais je te reprends à faire le mur, je cafte. Tu te souviens de la punition que j'ai eue au moment des essais de foot ? Eh bien, pour toi, ce sera encore pire. Et retire-moi ce mascara, tu es assez jolie pour t'en passer.

La pluie tombait, à présent, légère comme les baisers d'un fantôme. Katy contempla les fenêtres brisées et vit le visage de son frère. Un visage de dix-huit ans, beau et lumineux, le visage d'un garçon qui avait des projets dans la tête et des choses à accomplir. Elle se rappelait comme il avait été pressé, ce dernier soir, dans son vieux jean et sa chemise de travail à carreaux mouchetée de peinture. Tellement pressé...

Elle savait pourquoi, maintenant. Il devait repeindre la grange des Jenssen, réviser son contrôle de maths, aider Allison à décorer la salle de bal et... aller trouver le shérif Harvey pour lui parler d'une fille morte. Et ensuite, tout raconter à leur père.

Le bruit d'une portière qui claquait l'arracha dans un sursaut à ses souvenirs. Elle fit volte-face, mais ne vit rien que la pluie. Peut-être quelqu'un l'avait-il suivie et s'était-il discrètement garé un peu plus loin, songea-t-elle, le cœur battant la chamade.

Saisie d'une bouffée d'angoisse, elle resta un instant là, sous la pluie, à scruter le chemin et les arbres environnants. Au loin, le tonnerre gronda. « Tu te montes la tête », se dit-elle. Mais elle retourna rapidement vers sa voiture.

Au même moment, un coup de feu retentit. Elle poussa un cri et se baissa précipitamment derrière la Blazer. Elle aurait voulu monter à l'intérieur, fermer les portières à clé, s'enfuir. Mais il pouvait tirer et la toucher à travers les vitres. Elle était piégée.

« Ne t'affole pas, s'ordonna-t-elle. Réfléchis. Prends le revolver de Big John. »

Elle ouvrit doucement la portière de la Blazer. Son sac ouvert se trouvait sur le siège du passager. Elle le tira vers elle, et son téléphone portable tomba par terre. Un autre coup de feu éclata. D'une main fébrile, elle fouilla dans son sac et en sortit le revolver.

— Que voulez-vous ? cria-t-elle en vérifiant le chargeur et en armant le revolver. J'ai déjà appelé de l'aide !

Le silence qui suivit était terrifiant. Seuls le bruit de sa respiration haletante et le martèlement de la pluie résonnaient à ses oreilles.

Où était-il ? Elle avança lentement vers l'avant de la Blazer et regarda alentour. Mais elle ne vit rien. Rien du tout. L'inconnu avait cessé de tirer.

Brusquement, au moment où elle s'apprêtait à grimper dans la voiture et à démarrer sur les chapeaux de roues, elle perçut le craquement d'une brindille derrière elle et se retourna vivement.

Un homme affublé d'un imperméable gris, de lourdes bottes noires et d'un passe-montagne se tenait à quelques mètres d'elle, un fusil braqué sur elle.

— Lâchez cette arme, cria-t-il en remarquant soudain le revolver.

Mais c'était trop tard. Katy réagit instantanément, comme Big John le lui avait appris. Elle tira un coup, deux, trois, et elle se plaqua au sol.

28

— Bon Dieu !

L'homme vacilla, tomba lourdement sur un genou, et son fusil lui glissa des doigts. Katy vit du sang couler du trou de son imperméable, sous l'épaule.

— Ne bougez pas, ordonna-t-elle.

Le cœur au bord des lèvres, elle se releva et braqua son revolver sur l'inconnu, tandis que la pluie de plus en plus violente s'abattait sur son visage et lui trempait les cheveux.

— Vous avez failli me tuer ! cria-t-il en pressant une main sur sa blessure.

— C'est vous qui m'avez tiré dessus !

Mais un malaise la parcourut à la vue du sang que l'homme perdait. Elle se concentra sur son visage, s'efforçant de deviner son identité sous le passe-montagne.

— Et je veux savoir pourquoi, ajouta-t-elle en resserrant les doigts autour de la crosse du revolver.

— Je n'essayais pas de vous tuer, grinça-t-il. Juste de vous faire peur. Si j'avais voulu vous tuer, ce serait déjà fait, bon sang !

— Qu… qui êtes-vous ?

Il grogna et serra davantage son épaule, tandis qu'un éclair fendait le ciel, bientôt suivi d'un roulement de tonnerre.

— Allez au diable !

Soudain, elle se rappela où elle avait entendu cette voix.

— Retirez cette cagoule, Elam.

Il y eut un silence. Il la contempla, puis perdit l'équilibre et mit les deux genoux à terre.

— Elam. Vous êtes Elam Lowell. Retirez votre passe-montagne, maintenant.

Il releva la tête, et la détermination qu'il vit sur le visage de Katy Templeton lui arracha un soupir vaincu. Il avait perdu la partie. Une seule solution : négocier. Il n'était pas en position avantageuse, hélas.

Il arracha son passe-montagne avec un grognement.

— Vous êtes contente ? grommela-t-il.

Le cœur de Katy cognait dans ses oreilles, presque aussi bruyant que le tonnerre qui déchirait le ciel. Devant le visage tordu de douleur d'Elam, elle dit :

— Je vais appeler une ambulance. Et ensuite, je téléphonerai au shérif Harvey.

— Non ! Pas d'ambulance, ni de shérif. Ne faites pas ça.

— Et pourquoi donc ? Vous avez besoin d'un médecin, et moi, je veux que le shérif vous arrête et vous fasse cracher la vérité.

— Oh, merde... fit-il en grimaçant. Je vous en prie, n'appelez... personne. Laissez-moi une chance de m'expliquer.

Le sang qui coulait sur son imperméable donnait la nausée à Katy, mais elle s'obligea à se ressaisir. Jusqu'à présent, elle n'avait jamais tiré que sur des cibles. Entre onze et quatorze ans, elle s'était régulièrement entraînée en visant des boîtes de conserve. Mais cela ne l'avait pas préparée à blesser un homme, à la douleur, au sang. Elle espéra de tout son cœur qu'elle n'allait pas s'évanouir.

— Parlez, alors, mais vite. Qu'est-ce que c'est que toute cette histoire ? Et d'abord, je veux savoir si c'est Wood Morgan qui vous a envoyé ici pour me tirer dessus.

Pendant un moment, Elam garda le silence, puis il fit une grimace et inclina la tête sous la pluie battante.

— Allons... dans la vieille grange pour parler.

— Non. On reste ici. Je vous écoute.

— Je ne donnerai pas de noms, marmonna-t-il. Je suis venu ici pour vous effrayer, pour vous empêcher de poser toutes ces questions sur ce qui s'est passé il y a quatorze ans. Ça n'aidera personne de déterrer le passé.

— Et Wood Morgan moins que quiconque, n'est-ce pas ? Parlez-moi de Wood et de Crystal. Et expliquez-moi comment mon frère s'est trouvé mêlé à ce qu'il y avait entre eux.

— Ce n'est pas ce que vous croyez… Ce que je vais vous raconter… ne va pas vous plaire. On m'a dit de répondre à vos questions si je n'arrivais pas à vous faire changer d'avis, mais… pas de noms…

— J'ai déjà le vôtre, fit-elle remarquer.

— Vous allez m'écouter ou non ? cria Elam.

Puis il s'affaissa de nouveau, et elle vit qu'il s'affaiblissait. Elle allait sans doute devoir appeler une ambulance bientôt.

— Faites vite, conseilla-t-elle.

— Il y a eu une nuit… une nuit où les choses nous ont échappé. Ce n'était la faute de personne, et encore moins celle de votre frère… Mais on a tous fait des choses qu'on a regrettées ensuite… Matt en a été particulièrement affecté. Il aurait tout fait pour que personne ne soit jamais au courant. Il avait du mal à gérer ça.

Un frisson glacial parcourut Katy.

— Continuez, demanda-t-elle d'une voix rauque.

— Votre frère était d'une humeur un peu sombre, comme ça arrive aux gamins quand ils commencent à tout remettre en question dans leur vie… Vous voyez ce que je veux dire ? Ce soir-là, il a débarqué au *Tumbleweed* en même temps que… un autre… un jeune avec qui Crystal était sortie deux ou trois fois avant qu'elle n'arrête de flirter avec les gars. Elle fréquentait un homme – personne ne savait qui – et elle avait brusquement cessé de voir la bande qui papillonnait autour d'elle. Bref, Matt et l'autre sont venus ce soir-là pour s'amuser un peu et se défouler, et je les ai laissés rester.

Il parlait d'une voix saccadée et haletante, à présent.

— Je leur ai servi des bières. Ils ont fini par être un peu soûls, et ils ont passé le reste de la soirée à flirter avec Crystal. Mais gentiment, vous savez, ajouta-t-il vivement. Ça n'avait rien de méchant.

— Venez-en au fait.

— Crystal était d'une drôle d'humeur. Je crois qu'elle s'était disputée avec son mystérieux amant. Elle voulait qu'il l'épouse, elle en rêvait, et il ne devait pas être tout à fait d'accord, parce que ce soir-là, elle était un peu fofolle, un peu inconsciente… comme si quelque chose l'avait mise en colère et qu'elle avait besoin d'oublier. Au moment où j'ai fermé, elle continuait à flirter pas mal avec Matt et l'autre.

« L'autre… Wood Morgan, j'en mettrais ma main à couper », songea Katy.

— Les derniers clients étaient partis… Il n'y avait plus qu'eux trois. Ils ont mis de la musique, ils ont dansé encore, et…

— Vous aussi, vous avez dansé ?

— Il n'y avait pas de raison de ne pas le faire…

Elam appuyait fort sur sa blessure, tandis que la pluie continuait à se déverser sur eux.

— On a tous les trois dansé avec elle, chacun notre tour… Puis on a commencé à chahuter un peu plus. Et… on a bu encore. Je leur ai donné de l'alcool fort… Je n'aurais pas dû, je suppose…

L'image de Matt buvant, dansant avec Crystal, jouant au billard dans le bar fermé tournoyait dans l'esprit de Katy. Mais Elam n'avait pas terminé.

— Ce n'était pas trop méchant, malgré tout… surtout comparé à ce qui s'est passé ensuite…

Il s'interrompit et serra les lèvres.

— Continuez, ordonna Katy, le cœur battant. Comparé à quoi ? Parlez !

Elam baissa la tête.

— L'autre gars a sorti un joint. Et autre chose. Un sachet, avec de la coke dedans. Je n'ai pas touché aux drogues, et Matt non plus, mais l'autre a convaincu Crystal d'essayer.

Seigneur, non... L'estomac de Katy se tordit.

— Crystal a été droguée ? s'écria-t-elle avec horreur.

— Pas droguée, non... Enfin, pas exactement... Elle en a pris de son plein gré. Mais elle n'était pas elle-même, ce soir-là, et elle avait pas mal bu...

— Quoi d'autre ? demanda Katy.

— Je ne sais plus qui en a eu l'idée... Si ça se trouve, c'est moi, poursuivit Elam d'une voix que couvrait presque le bruit de la pluie. Toujours est-il qu'on a sorti un paquet de cartes, et on a... on a joué au poker. Au strip-poker.

— Au strip-poker ?

— Crystal ne jouait pas très bien. Elle... elle a... elle a perdu sa chemise, disons. Mais elle rigolait, ça n'avait pas l'air de la déranger du tout. Et laissez-moi vous dire que nous non plus, ça ne nous dérangeait pas.

— L'avez-vous... L'ont-ils...

Elle n'arrivait pas à prononcer les mots.

— Quelqu'un l'a-t-il... violée ? demanda-t-elle d'une voix qu'elle ne reconnut pas.

— Non ! Non, pas du tout. Ils... Nous... nous avons couché avec elle, d'accord ? Votre frère s'est effondré sous une table de billard à peu près au moment où elle retirait sa petite culotte. Il était ivre mort. Moi et l'autre, on se l'est faite chacun notre tour. C'était elle qui en avait envie...

— Je ne vous crois pas !

— Je le jure sur la Bible ! coassa Elam.

Et quelque chose dans son expression pénétra le brouillard de fureur qui embrumait le cerveau de Katy. Peut-être disait-il la vérité. Peut-être Crystal était-elle consentante. Cela ne voulait rien dire, du reste. Elle avait bu, pris de la drogue. Elle était bouleversée, ivre et défoncée, et ils avaient abusé d'elle...

— Elle était consentante, je vous le jure, elle était consentante. Elle allait de l'autre à moi en rigolant. Puis elle est allée voir si Matt voulait participer, mais il était dans le cirage. Alors, elle est revenue vers l'autre... Ensuite, j'ai vu que Matt se réveillait. Il a regardé autour de lui, tout hébété. Il avait vraiment l'air mal en point. Il a vomi par terre, puis il s'est levé et il les a vus... Crystal et l'autre, qui se déchaînaient sur le bar comme des malades. Il a couru vers eux... je crois qu'il pensait que ça allait mal pour Crystal. Mais elle riait, elle n'arrêtait pas de rire. Elle lui a dit d'attendre son tour.

Elam secoua la tête, la voix de plus en plus faible.

— C'était une nuit de folie, c'est tout. Une nuit de folie et de démesure. Ça n'aurait jamais dû arriver.

Avec effort, il releva la tête et croisa le regard effaré de Katy.

— Mais Matt n'a jamais couché avec elle. Il est sorti de là en titubant, sans même avoir déboutonné son pantalon. N'empêche que toute cette histoire, ça l'a rendu malade. Il se disait qu'il n'aurait jamais dû se trouver là, qu'il n'aurait pas dû regarder Crystal se déshabiller, ni laisser l'autre lui donner de la drogue. Il voulait raconter tout ça à sa petite copine, vider son sac, mais on l'en a dissuadé. On lui a dit que si jamais quelqu'un apprenait ce qui s'était passé, ça ne ferait que rendre les choses plus difficiles pour Crystal et qu'elle ne le méritait pas. On l'a convaincu de conclure un pacte avec nous. Un pacte de silence, on l'a appelé. Tous les trois, on a juré de protéger Crystal et de nous protéger nous-mêmes. Parce que si ça se savait à Thunder Creek, notre réputation ne vaudrait plus grand-chose. Et celle de Crystal non plus. Alors, on s'est dit que si personne ne parlait, on s'en tirerait sans dommage.

Il respirait lourdement.

— On était tous d'accord. Et on a respecté le pacte. Voilà, conclut-il à travers ses dents serrées. Vous savez tout.

— Et à quel point mon frère était-il perturbé par cette histoire ? demanda Katy en articulant avec peine.

Elam la considéra d'un œil vide.

— Comme je vous l'ai dit, il se sentait terriblement coupable... commença-t-il. Eh, vous êtes en train de penser qu'il aurait pu se laisser tomber de ce toit exprès ? Alors là, je ne peux pas vous renseigner...

« Non, se dit-elle. Non, Matt n'aurait jamais fait une chose pareille. Il serait venu se confier à l'un d'entre nous, il aurait tout avoué, il aurait craqué. Il ne se serait jamais suicidé à cause d'une soirée stupide et glauque qui a mal tourné. »

Elle ferma les yeux un moment, comme pour effacer l'odieux récit et les images qu'il éveillait dans son esprit. Soudain, elle entendit un grognement, un grattement dans l'herbe humide. Au moment où elle rouvrit les paupières, Elam fondit sur elle et lui arracha le revolver des mains.

— Je m'en vais, maintenant, dit-il d'une voix éraillée.

Livide, il jeta l'arme en direction de la grange, aussi loin qu'il le pouvait, puis ramassa son fusil.

— Je rentre chez moi soigner cette blessure. Et si vous voulez un bon conseil, ne parlez de cette histoire à personne. Pas la peine de souiller maintenant la réputation sans tache de votre frère, hein ? Ça ne plairait guère à vos parents, ni à Bessie.

— Et encore moins à Wood Morgan, grinça Katy, la gorge nouée.

— Je n'ai jamais cité ce nom.

Elam partit lentement vers le chemin. Mais lorsqu'elle l'interpella, il s'arrêta.

— Qu'est-il arrivé à Crystal ? Vous l'avez tuée pour qu'elle ne parle pas ? Wood Morgan vous a-t-il payé pour la supprimer, comme il vous a payé pour que vous veniez m'intimider aujourd'hui ?

Elam se retourna, vacillant sur ses pieds, et secoua la tête.

— Elle allait quitter Thunder Creek. Cela n'avait rien à voir avec cette soirée, c'était à cause de son amoureux, je vous le jure. Elle ne voulait surtout pas qu'il soit au courant. Tout ce qu'elle voulait, c'était qu'il l'épouse. Elle n'aurait jamais raconté à personne ce qu'elle avait fait ce soir-là, voyons !

— Ce que vous aviez tous fait, corrigea Katy d'un ton sec.

— En tout cas, croyez-moi, elle n'avait aucune envie que cette histoire se sache. Elle avait l'intention de retourner chez sa mère et... je ne sais pas, peut-être lui demander des conseils pour arriver à se faire épouser par ce type. Elle voulait revenir après à Thunder Creek et épater tout le monde avec un grand mariage. En fait, c'est peut-être même elle qui avait le plus à perdre si cette histoire s'ébruitait.

Il se retourna et partit vers l'endroit où il avait dû garer sa voiture.

— N'appelez personne, l'entendit-elle dire avec lassitude. Ne dites rien à personne. Maintenant que vous savez, laissez tomber.

Katy le regarda s'éloigner, l'estomac retourné, l'esprit bataillant pour rassembler les pièces du puzzle.

Rien de tout cela n'expliquait le croquis.

Elam avait disparu sous le couvert des arbres. « S'il avait voulu me tuer, il aurait pu le faire maintenant, réalisa-t-elle, sous le choc. Mais il est parti. »

Le tonnerre gronda au-dessus de sa tête, et elle se dirigea en trébuchant à moitié vers la grange pour récupérer le revolver de son père. Elle le ramassa, remit le cran de sûreté, puis revint vers la Blazer. Les paroles d'Elam restaient suspendues en l'air. Son sang se noyait dans les flaques d'eau. Sur les joues de Katy, la pluie se mêlait aux larmes.

Elle se mit au volant, rangea l'arme dans son sac et entendit une sonnerie au même instant. Elle se baissa et chercha son téléphone à tâtons par terre.

— Allô ? Katy Templeton ? Ici Donna. Donna Kirk.

— Madame Kirk ! s'écria Katy en claquant la portière de la voiture.

Elle fixa un point dans le vide. Elle avait l'impression que des mois s'étaient écoulés, et non des heures, depuis qu'elle avait laissé un message à Tucson.

— Que se passe-t-il encore ? fit la voix plaintive de Donna Kirk. Si vous avez d'autres questions à me poser sur Crystal, vous perdez votre temps. Je ne vois vraiment pas quoi vous dire d'autre...

— Ce ne sera pas long, madame Kirk. S'il vous plaît. Je... C'est très gentil à vous de me rappeler. Votre mari est-il près de vous ?

— Mon mari ? Non, Eddy est à l'usine. Pourquoi ?

— Vous avez dit au shérif Harvey que vous ne pouviez pas parler librement en sa présence. Et je voulais être certaine que nous aurions une conversation franche aujourd'hui, madame Kirk. J'ai besoin de connaître la vérité. C'est très important.

— Qu'est-ce que vous racontez ? fit Donna Kirk en haussant le ton. Je vous l'ai déjà dite, la vérité. Et qui est ce shérif Harvey ?

Katy s'immobilisa derrière le volant et regarda fixement, sans les voir, les gouttes d'eau qui glissaient sur le pare-brise.

— Le shérif Harvey, répéta-t-elle d'une voix claire et distincte, comme si elle s'adressait à un enfant de trois ans. Notre shérif, ici, à Thunder Creek. Il m'a dit qu'il vous avait téléphoné pour vous interroger au sujet de Crystal. Il a dû vous poser les mêmes questions que moi, je suppose, mais vous lui avez répondu que vous aviez revu votre fille, que vous lui aviez parlé, qu'elle vous avait téléphoné pour la dernière fois il y a un an…

Un silence s'installa à l'autre bout du fil, puis Donna Kirk s'écria avec colère :

— C'est une plaisanterie ou quoi ? Je n'ai jamais rien raconté de tel à personne. Et je n'ai jamais entendu parler de ce shérif Harvey. Je vous répète que Crystal a disparu.

Sa voix se brisa sur ce dernier mot, et pendant un horrible moment, Katy écouta ses sanglots déchirants. Puis Donna Kirk se ressaisit et parvint à dire dans un chuchotement :

— Elle n'est jamais revenue, elle ne m'a plus jamais appelée. Pas une seule fois en près de quinze ans. Je n'aime pas trop parler de cela, mais… si vous savez quelque chose, si vous pensez savoir où elle est partie, je vous en prie, dites-le-moi. S'il vous plaît. Je… je voudrais juste lui parler, je ne lui dirai pas comment je l'ai retrouvée.

La confusion, le choc et un sentiment d'irréalité se bousculaient dans l'esprit de Katy. Les lèvres sèches, elle réussit à articuler :

— J'ignore où elle est, madame Kirk. Je vous le jure. Mais si jamais je l'apprends…

Elle ravala un goût de bile dans sa bouche et reprit :

— Vous êtes sûre de vous ? Vous ne vous trompez pas ? Vous n'avez jamais parlé au shérif Harvey de Thunder Creek ?

— Pour l'amour du Ciel, combien de fois faudra-t-il vous le dire ? La seule personne à avoir prononcé le nom de Crystal depuis des années, c'est vous. Eddy et moi ne parlons jamais d'elle. Je me fiche que vous me croyiez ou non. Mais si vous ne savez pas où se trouve ma fille, inutile de rappeler !

Elle raccrocha. Hébétée, Katy garda le téléphone dans la main et le fixa, stupéfaite, tandis que le tonnerre retentissait de nouveau sur les montagnes et que la pluie continuait à tomber à verse.

29

— Oh, non !

Daffodil regarda avec consternation l'aiguille de la jauge d'essence de sa Jeep.

Panne d'essence. Il ne manquait plus que ça !

Elle était à trois bons kilomètres de la ville et à peu près à la même distance de la maison de Marcy. Elle avait déjà les pieds en compote, et il commençait à pleuvoir.

— Encore une chouette journée dans la vie de Daffodil Moline, la fille la plus nulle de la terre, marmonna-t-elle en descendant de voiture.

Elle leva la tête pour observer le ciel, et quelques gouttes tombèrent sur ses joues et son nez. « Tu n'es pas en sucre, tu ne vas pas fondre », lui aurait dit sa mère. « Exact, mais c'est la mort du brushing », songea-t-elle en s'apprêtant à revenir à pied vers Thunder Creek.

Elle avait parcouru une centaine de mètres et s'était déjà convaincue que les choses n'auraient pas pu être pires quand une voiture s'approcha d'elle. Elle serra les dents en reconnaissant le vieux pick-up de Billy.

« Ne t'arrête pas, ne me parle pas, ne me pose pas de questions, l'implora-t-elle silencieusement. Continue ta route, c'est tout. »

Mais il freina et passa la tête par sa vitre baissée.

— Ne me dis pas que tu es tombée en panne d'essence ! lança-t-il.

— Ce ne sont pas tes oignons.

— Tu veux que je te raccompagne en ville ?

— Non.

Elle continua à marcher, plus rapidement, tandis que de grosses gouttes s'écrasaient sur ses bras nus et son tee-shirt bleu. Elle entendit Billy faire demi-tour sur la route étroite et revenir vers elle.

— Ne fais pas l'imbécile, Daffodil. Monte.

Il roulait au rythme de ses pas, mais elle ne lui accorda même pas un regard.

— Tu vas être complètement trempée, observa-t-il.

— Qu'est-ce que ça peut te faire ?

— Rien.

Il serra la mâchoire et s'apprêtait à s'arrêter et rebrousser chemin quand un coup de tonnerre retentit. Il vit Daffodil sursauter. Elle avait toujours détesté le tonnerre.

— Je sais ce qu'on va faire, Daff. Je t'emmène à la station-service, je te ramène avec un bidon d'essence et je ne dirai pas un mot. Tu ne seras même pas obligée de me parler. Monte.

Elle hésita, ralentit. Lorsque le tonnerre gronda de nouveau, elle s'immobilisa, les bras serrés autour d'elle.

— Tu me le promets ? Pas un mot ?

— Je ne renouvellerai pas ma proposition.

Daffodil fit le tour de la voiture et ouvrit la portière. Ils avaient parcouru à peine deux cents mètres que Billy demanda :

— Tu as des nouvelles de ta mère ?

— Tu as dit que je n'aurais pas à te parler.

— Eh bien, fais-moi un procès.

Il tourna la tête vers elle et lui sourit. Elle avait oublié à quel point Billy était mignon quand il souriait. Il avait un sourire légèrement tordu, qui creusait des fossettes dans ses joues. Elle ressentit un petit pincement au cœur.

C'était la première fois, depuis le soir de Thanksgiving où elle l'avait plaqué, qu'il ne lui faisait pas la tête.

— Allez, Daff, ce n'est que moi. Je sais que tu détestes rester seule.

— Je ne suis pas seule. Je dors chez Marcy.

— Pendant combien de temps ?

Elle poussa un soupir.

— Jusqu'au milieu de la semaine prochaine, je crois. Maman a appelé hier soir et m'a dit que Rose avait de nouvelles auditions dans les jours à venir. Notamment pour une publicité pour shampooing. Maman veut rester pour voir comment ça se passe. Mais elle m'a promis de revenir dès qu'elles sauront si Rose est prise ou non.

— Tu ne lui as pas encore dit que Corey t'avait brutalisée, hein ?

— C'est faux !

Mais ses joues s'empourprèrent, et elle faillit masser machinalement les ecchymoses sur son bras.

— Ferme-la, OK ? Tu ne sais absolument pas ce qui se passe entre Corey et moi.

— Pourquoi ne me le racontes-tu pas ?

— Corey est ce qui m'est arrivé de mieux dans la vie. Il est fabuleux ! Il trouve que je suis la fille la plus sexy du lycée. Et il... il dit qu'il m'aime.

— C'est pour ça qu'il te frappe ?

— Il a fait ça seulement parce que...

« Et merde, songea-t-elle. Moi et ma grande gueule ! » L'humiliation la balaya.

— Je n'ai rien de plus à te dire, grinça-t-elle entre ses dents.

Billy freina si brutalement que sans sa ceinture de sécurité, elle serait rentrée dans le pare-brise.

— Alors, c'est vrai ? Il t'a bien frappée !

Son visage était livide.

— Bon Dieu, Daff, pourquoi l'as-tu laissé faire ? Tu ne le reverras plus jamais, j'espère ? Dis-moi que tu ne reverras plus ce salaud !

— Billy, je...

Elle leva les yeux vers lui, vit la profondeur de sa colère et en fut stupéfaite.

— Je... je ne crois pas. Je n'en ai pas envie, en tout cas. Mais ce n'est pas si facile. Tu ne comprends pas. Personne ne comprend.

— Je ne demande pas mieux, moi.

Billy lui prit doucement le bras, puis il glissa les doigts dans sa paume et lui serra la main si tendrement qu'elle faillit pleurer.

— Raconte-moi, Daff. Je t'en prie, il faut que je sache.

30

Le monde de Katy avait volé en éclats, et elle n'arrivait pas à recoller les morceaux.

Elle se cramponna au volant, comme pour se stabiliser, se concentrer sur les paroles bouleversantes que venait de prononcer Donna Kirk.

« Je n'ai jamais entendu parler de ce shérif Harvey... La seule personne à avoir prononcé le nom de Crystal depuis des années, c'est vous... »

Une terreur glaciale lui serra la poitrine. Elle se rappela la voix amicale du shérif qui lui annonçait qu'il avait eu une conversation avec Donna Kirk.

Mensonge. Tout n'était que mensonge.

Elle tremblait tellement qu'elle eut du mal à tourner la clé de contact. Enfin, elle fit demi-tour et retourna vers Coyote Lane.

Machinalement, elle mit en route les essuie-glaces. Le tonnerre continuait à gronder dans les montagnes, tel un monstrueux grizzly.

« Gardez le silence, comportez-vous comme s'il ne s'était rien passé... » avait dit le shérif. Il avait voulu gagner du temps. Mais pourquoi ?

Pour les réduire au silence, elle et Jackson ? Tout comme il avait réduit Matt et Crystal au silence ? Avait-il également dit à Matt de n'en parler à personne, quand celui-ci était venu le voir après avoir découvert le cadavre de Crystal ?

Elle réprima un haut-le-cœur. « Ne tire pas de conclusions hâtives, se dit-elle. Il peut y avoir d'autres explications. »

Pourtant, en s'engageant dans Coyote Lane, elle ne put s'empêcher de scruter la route déserte devant elle et dans le rétroviseur, s'attendant presque à voir la voiture du shérif apparaître, comme s'il savait ce qu'elle venait de découvrir.

Ce qu'elle venait peut-être de découvrir, se rappela-t-elle.

Harvey avait voulu lui faire croire que le croquis n'avait pas d'importance, que l'agression qu'elle avait subie n'avait rien à voir avec Crystal, ni avec Matt, ni avec des événements survenus quatorze ans plus tôt. Il avait tenté de la convaincre qu'elle avait un ennemi, ici, à Thunder Creek, un ennemi sans lien avec le passé.

Pourtant, le croquis avait été volé. Cela signifiait forcément quelque chose. Et dans ce cas… si Crystal était morte, n'était jamais retournée chez ses parents, avait complètement disparu depuis le jour où elle était censée avoir quitté la ville… alors, c'était le shérif Harvey qui avait menti.

Saisie d'un accès d'affolement, elle enfonça la pédale de l'accélérateur. Le gravier crissa sous les pneus de la Blazer tandis qu'elle roulait à toute allure vers le chalet de Jackson.

L'idée que le shérif Harvey, l'ami de son père, le respectable shérif de Thunder Creek, avait tué son frère lui paraissait absurde. Ses mains moites crispées autour du volant, elle revit son visage rugueux et avenant, entendit l'autorité tranquille de sa voix.

Seigneur ! songea-t-elle. Dans son esprit, la confusion le disputait à la terreur. « Qui appelle-t-on, se demanda-t-elle, le cœur battant, quand on ne peut pas faire confiance à la police ? Quand tout devient insensé ? »

Au bord de la route, les arbres s'agitaient violemment sous les rafales glaciales. Katy prit son téléphone portable et composa le numéro de Jackson, sans cesser de rouler vers le chalet.

— Décroche, chuchota-t-elle. Je t'en supplie, Jackson, décroche.

Smoke McIntyre et Lee Davis ne purent s'empêcher de taquiner Jackson lorsqu'ils le croisèrent à la quincaillerie.

— Il paraît que Big John va bientôt revenir. Vous allez avoir une petite conversation, tous les deux ? demanda Lee innocemment.

Jackson prit la monnaie que lui tendait Ned Merck et fourra les billets dans son portefeuille.

— À quel sujet ?

Distraitement, il ramassa son pot de peinture, les pinceaux et les clous qu'il venait d'acheter pour rénover une autre partie de la clinique. Ses pensées étaient tournées vers Katy. Qui avait bien pu l'agresser, ce soir-là, au Triple T ? Luke Dillard restait en tête de la courte liste de suspects.

— Tu sais bien, Jackson. Au sujet de la grande question.

— Quelle question ?

— Oh, allez, fit Smoke, qui avait du mal à garder son sérieux, tu vas d'abord demander la permission à Big John, non ?

Cette question tira Jackson de ses réflexions.

— La permission de quoi ? demanda-t-il d'un ton soupçonneux.

Les deux autres lui souriaient de toutes leurs dents.

— De faire ta demande, bien sûr, répondit Lee en lui donnant une claque sur l'épaule. Ce serait gentil d'en parler à Big John avant. Ça ferait vieux jeu, respectueux. En tout cas, moi, je trouve ça bien.

— Par ailleurs, intervint Smoke en faisant la moue, notre Katy est une femme indépendante. Ça pourrait bien l'agacer que tu passes par Big John avant de lui poser la question à elle…

— Vous vous croyez drôles, hein ? Eh bien, vous pouvez remballer votre petit duo de comiques, les gars.

Jackson se dirigea vers la porte.

— Margie est déjà en train d'organiser une petite fête de fiançailles, lui cria Lee.

Jackson se retourna.

— Tu plaisantes, j'espère ?

Ses deux amis éclatèrent de rire, et il devint cramoisi. Une sensation de froid et de malaise se formait au creux de son estomac. Elle s'accentua quand Lee secoua la tête.

— Pas du tout !

Même Ned Merck, derrière sa caisse, y alla de son gloussement.

— Alors, on ne peut même pas aller dîner chez des copains avec une femme sans que toute la ville commence à envoyer des faire-part de mariage ? grogna Jackson, ce qui ne fit qu'accroître l'hilarité des trois autres.

— Pas à Thunder Creek, répondit Smoke en posant une boîte de piles sur la caisse. Tu devrais le savoir, main…

Il s'interrompit soudain en remarquant une agitation anormale de l'autre côté de la vitrine, devant la station-service.

— Regardez-moi ça, siffla-t-il.

Jackson se retourna et se figea. Sur le trottoir d'en face, Billy Stone et Corey Dillard se bagarraient sous les yeux de Luke Dillard, occupé à retenir Daffodil Moline, qui hurlait à pleins poumons. Jackson eut la nette impression qu'elle aurait voulu s'immiscer dans la bagarre et séparer les garçons.

Billy était en assez mauvaise posture. Corey décrivit quelques mouvements d'arts martiaux, un peu plus saccadés que ceux qu'avait vus Jackson dans les films, mais qui prouvèrent leur efficacité : Billy tomba à genoux, le souffle coupé. Corey avança triomphalement vers lui et lui donna un bon coup de pied à la tête.

Jackson fila vers la porte, Lee et Smoke sur ses talons.

— Arrêtez immédiatement, tous les deux ! cria Jackson. Ça suffit ! Et toi, Dillard, lâche Daffodil. Tout de suite !

L'autre lui jeta un regard méprisant.

— Je fais juste en sorte que le combat soit égal, Brent. Ne te mêle pas de ça.

Il serrait fort le bras de Daffodil, tandis que la jeune fille se tortillait et se débattait, faisant valser ses longs cheveux blonds trempés devant ses yeux.

— Cette petite furie n'a pas à mettre son nez là-dedans, et toi non plus.

— Lâche-la.

— Va te faire foutre. Je n'ai pas d'ordres à recevoir de...

Mais Jackson ne le laissa pas terminer sa phrase. Il lui tordit le bras et libéra Daffodil.

— Tu vas bien ? lui demanda-t-il.

Avant qu'elle ait eu le temps de répondre, Luke écarta l'adolescente, bondit sur Jackson et le frappa à l'estomac. Il se courba en deux. Smoke et Lee s'élancèrent entre les deux hommes.

— Arrêtez, maintenant, ça dégénère, dit vivement Smoke en foudroyant Luke du regard. Je crois que ces garçons se sont suffisamment étripés. Inutile de transformer ce pugilat en bagarre généralisée.

Jackson se redressa en respirant lourdement. Il mourait d'envie de sauter sur Dillard, mais Smoke avait raison. Il fallait s'occuper de Billy. À l'évidence, il ne faisait pas le poids contre Corey. Au moment où il se tournait vers les deux garçons, il vit Daffodil, en larmes, se placer entre eux.

— Corey, arrête, je t'en prie ! cria-t-elle.

Sur son visage, les larmes se mêlaient à la pluie.

— Ne le frappe plus !

— Ne reste pas là, Daffodil ! hurla Billy en plongeant désespérément, mais pas assez vite pour empêcher Corey de projeter Daffodil contre la pompe à essence.

Lee jura et courut vers la jeune fille, pendant que Billy se jetait sur son adversaire, aveuglé par la fureur. Pris de court, Corey tomba à terre en criant et en grognant tandis que Billy le martelait de coups, galvanisé par la rage.

— Ça suffit, maintenant !

Jackson arracha Billy à Corey, secrètement ravi qu'il ait pu lui balancer quelques beaux coups de poing. Puis il tendit la main à Corey pour l'aider à se relever.

— C'est terminé... commença-t-il.

Mais à cet instant, avant que Lee et Smoke aient pu le prévenir, Luke le plaqua à terre et lui envoya son poing en pleine figure. Pressé de conforter son avantage et de cogner le plus possible avant d'être interrompu, il recula le bras pour le frapper de nouveau, mais Jackson le devança. Il attrapa le bras de Dillard et l'écarta. Puis, faisant appel à toute sa force et à l'adresse pour laquelle il avait été célèbre au temps où il jouait au football, il inversa les positions.

Il cloua Dillard sous son corps et lui envoya son poing sur le nez. Puis, indifférent aux râles de douleur de son adversaire ensanglanté, il frappa de nouveau.

Derrière lui, Daffodil s'était précipitée vers Billy. Bouche bée, incrédule, Corey regardait son oncle qui gisait, immobile et impuissant, sous Jackson. Smoke et Lee, les bras croisés, observaient la scène avec un sourire sombre qui trahissait un même sentiment : Luke Dillard ne l'avait pas volé.

— Relève-toi, oncle Luke ! Allez, ne le laisse pas gagner ! Debout !

À présent, le sang giclait de l'arcade sourcilière gauche de Luke. Malgré tous ses efforts, il ne parvenait pas à reprendre le dessus, ni à parer le feu roulant de coups de poing.

— Celui-là, c'est pour Katy, fit Jackson entre ses dents serrées.

Il frappa Luke à la mâchoire et éprouva une satisfaction intense en sentant l'autre s'affaisser sous son poids, trop anéanti pour lutter.

— Hé, Jackson, ça suffit ! dit enfin Smoke en faisant un pas en avant.

— Laisse-le, maintenant, renchérit Lee.

— Pas encore.

Jackson contempla Luke avec fureur.

— Je t'avais dit ce qui se passerait si tu tirais sur Ajax.

— Je... n'ai pas... tiré... sur... ton foutu chien... connard, haleta Luke.

Le sang coulait sur son visage, et déjà, des contusions apparaissaient sur ses paupières tuméfiées et sur sa mâchoire.

— Tu mens, fit Jackson avec dégoût. Admets-le. Admets que tu as voulu le flinguer.

— J... jamais...

Jackson leva le poing, prêt à frapper de nouveau.

— Avoue !

— Non, docteur Brent ! Laissez-le !

C'était la voix aiguë de Daffodil. Surpris, Jackson se tourna vers elle. La jeune fille était agenouillée à côté de Billy, assis dans la poussière devant la pompe à essence, étourdi et à bout de souffle.

— Ce n'est pas lui qui a tiré sur votre chien, ajouta-t-elle avec ferveur. Je vous le jure. Il n'était même pas là. J'y étais, moi, alors je sais...

— Boucle-la, sale conne ! gronda Corey en pivotant vers elle.

Il fit un pas dans sa direction, mais dans un sursaut d'énergie, Billy se releva et se planta devant elle.

— Je t'interdis de lever la main sur Daffodil, l'avertit-il, les poings serrés.

Jackson baissa les yeux vers l'homme qui saignait en dessous de lui et inspira profondément, avant de se redresser et de se diriger vers les trois adolescents. Billy, protecteur, restait debout devant Daffodil, qui ne lui lâchait pas le bras.

— C'est bon, Billy, je n'ai pas peur de lui. J'en ai par-dessus la tête d'avoir peur. Je suis prête à parler, et que Corey Dillard aille au diable !

Corey s'immobilisa tandis que Smoke, Lee et Jackson s'approchaient et formaient un cercle autour de lui. Son oncle continuait à maugréer sur le bitume, encore incapable de se relever.

Il était pris au piège. Tous le dévisageaient. Maudite soit cette petite garce incapable de tenir sa langue !

— Toi et moi, c'est fini, Daff, fit-il avec mépris. Personne ne veut entendre ce que tu as à raconter, et moi encore moins que les autres.

— Ah, oui ? Je parie que le docteur Brent a envie de savoir, lui, intervint Billy.

— Pari gagné, fit Jackson en contemplant Daffodil à travers le rideau de pluie. Tu étais là quand on a tiré sur Ajax ?

Elle acquiesça de la tête.

— Vous voulez savoir qui l'a fait ?

— Ta gueule, pouffiasse !

Billy bondit et envoya un coup de poing dans la bouche de Corey, qui tournoya sur lui-même et tomba à genoux.

— Stop, Billy. Arrête. S'il te plaît.

Billy se tourna vers Daffodil, dont les yeux s'étaient de nouveau emplis de larmes. Elle regarda Jackson et déclara, les lèvres tremblantes :

— C'est Corey. C'est lui qui a tiré sur votre chien. J'étais là. J'avais quitté mon travail pour le suivre. Il m'a dit qu'on allait bien rigoler. Au début, on est allés au *Dairy Queen*, à Winston Falls, puis on est revenus par ici. Corey avait un pack de bières dans la voiture. On s'est garés et on a bu un peu, et ensuite, il... il est allé à votre clinique, docteur Brent. Il a roulé jusqu'à votre chalet, et il a vu Ajax devant, attaché. Il... il n'y avait personne...

— Ferme-la, Daff !

Elle éleva la voix.

— Il a détaché votre chien, qui est parti. Il a détalé vers les arbres, et je... j'ai cru que ça s'arrêterait là. Mais Corey est vite remonté en voiture, et il... on a suivi Ajax comme on a pu. On l'a rattrapé un peu plus loin, et tout à coup, Corey a sorti un revolver et...

Elle se tut un instant, puis reprit avec ferveur :

— J'ai essayé de l'en empêcher, je vous le jure ! Je lui ai pris le bras et je l'ai supplié de ne pas faire ça, mais il m'a repoussée. Il est sorti de la voiture et... il a tiré.

Daffodil se mit à sangloter violemment, et Billy passa un bras autour de ses épaules. Corey Dillard s'affaissa par terre, la tête baissée.

— Et ensuite ? demanda Jackson, la mine sombre.

— Corey était furieux d'avoir seulement blessé Ajax. Il voulait recommencer, alors j'ai essayé de lui arracher son arme et je lui ai dit qu'on ferait mieux de s'en aller. Il m'a écartée, et comme j'insistais...

— Continue, Daffodil, dit Smoke pour l'encourager, les yeux plissés sous le rebord de son chapeau. Qu'a-t-il fait ensuite ?

— Il m'a frappée. Il m'a frappée au visage, répondit-elle.

Elle s'éloigna de Billy et s'avança vers Corey, qui continuait à regarder par terre.

— Ensuite, poursuivit-elle, il m'a empoigné les bras. J'ai encore des marques pour en témoigner.

Elle tendit les bras pour montrer ses ecchymoses, et tous se tournèrent vers le garçon accroupi par terre. Daffodil laissa retomber ses bras.

— Il m'a dit que son oncle vous avait averti, docteur Brent, qu'il tirerait sur votre chien s'il retournait chez les Dillard. Il a ajouté qu'il ne faisait que protéger le bétail de son oncle, parce que le chien se serait échappé tôt ou tard et aurait pu blesser un veau.

Debout sous la pluie, elle se mit à frissonner.

— Et il a dit qu'en plus, c'était rigolo. Qu'il s'était bien éclaté.

Elle déglutit et termina rapidement :

— J'ai voulu appeler à l'aide ou… vous le dire… mais il m'a menacée de… de…

— Il lui a dit qu'il la tabasserait si elle parlait, acheva Billy à sa place. Et il l'a frappée encore, pour être sûr qu'elle comprenait bien.

Dans les yeux de Daffodil se mêlaient la colère, la honte et le mépris.

— Je suis désolée, docteur Brent, dit-elle au bout d'un moment, d'une voix brisée. J'aurais dû vous le raconter tout de suite.

— Ce n'est pas ta faute, Daffodil. Mais à l'avenir, essaie de mieux choisir tes amis.

Il se tourna vers Corey, mais ne fit pas un pas vers lui. Il n'osait pas le toucher, de peur de perdre son sang-froid. Il laissa Lee avancer.

— C'est la vérité, Corey ? demanda ce dernier.

— Ne réponds pas.

C'était Luke Dillard, qui s'était enfin relevé, en chancelant.

— Ne dis rien, Corey. Pas un mot, tu m'entends ?

— Dis la vérité, Corey.

En entendant la voix calme de Jackson, le garçon releva la tête et lui décocha un regard renfrogné. Mais derrière le défi, il y avait aussi de la peur dans ses yeux.

— Tu te sentiras mieux quand tu auras dit la vérité, ajouta Jackson.

— Il a raison, approuva Smoke. Tu ne te sortiras pas du pétrin, mais au moins, tu feras face en homme.

Corey parut hésiter, puis, enfin, il marmonna :

— D'accord. C'est moi. Vous allez me jeter en prison ?

— C'est au shérif Harvey d'en juger. Mais je te préviens, je vais porter plainte contre toi. Et j'espère que Daffodil en fera autant. Pour coups et blessures.

Jackson tourna la tête vers Daffodil et Billy. L'adolescent était amoché, trempé, en sang, et Daffodil frissonnait sous la pluie. On aurait dit deux chiots battus.

— Vous devriez rentrer, tous les deux, vous mettre au chaud quelque part.

Billy hocha la tête et serra davantage Daffodil contre lui.

— Je t'accompagne chez toi pour que tu te changes, et ensuite, on ira récupérer ta voiture.

— D'accord.

Elle s'appuya contre lui, attirée par la chaleur de son corps. Malgré le drame qu'elle venait de vivre, elle se sentait mieux. Cela faisait longtemps qu'elle n'avait pas eu le cœur si léger. Le plus curieux, c'était qu'elle n'avait plus peur. Elle se sentait... bien. À l'aise. En sécurité. Comme toujours lorsqu'elle était avec Billy. Il n'attendait pas d'elle qu'elle soit toujours sexy, et au moins, il l'écoutait quand elle avait envie de parler de molécules d'hydrogène ou des différences anatomiques entre l'homme de Cro-Magnon et l'homme de Néandertal. C'était tout simplement Billy. Et elle était tout simplement Daffodil.

— Allons-y, chuchota-t-elle.

Puis elle fit une chose qu'elle n'avait pas faite depuis longtemps. Elle sourit à Billy. Et elle glissa sa main mouillée et glacée dans la sienne.

Jackson regardait leurs deux silhouettes dépenaillées s'éloigner sous les torrents de pluie quand son téléphone portable sonna.

— Jackson Brent, répondit-il sèchement, encore sous le coup de l'incident.

— Jackson, Dieu merci ! Dieu merci, tu es là !

La voix de Katy était tendue et haletante. Il se raidit aussitôt.

— Qu'y a-t-il ? demanda-t-il, oubliant aussitôt tout le reste. Où es-tu ?

— Je suis en route pour le chalet. Je vais bien.

Il sentit qu'elle faisait un effort pour parler avec calme, et son sang se figea.

— Je suis dans Coyote Lane, ajouta-t-elle. Peux-tu me rejoindre au chalet tout de suite ?

Pour la première fois, un éclair illumina le ciel, et il y eut des grésillements sur la ligne.

— Tu es toujours là ? s'alarma-t-il.

— Oui, oui. Ça va. Enfin, ça ira une fois que le choc se sera un peu tassé.

— J'arrive. Explique-moi ce qui s'est passé.

Il avait déjà adressé un bref salut à Smoke et à Lee et se dirigeait vers sa voiture.

— Je viens de découvrir quelque chose de très important, Jackson. Je crois que le shérif Harvey nous a menti.

Les mots se déversaient à toute vitesse, bourdonnants d'indignation et d'affolement.

— Mme Kirk m'a dit qu'il ne l'avait jamais appelée. Qu'elle n'avait plus entendu parler de Crystal depuis le moment où sa fille l'avait prévenue qu'elle quittait Thunder Creek. Si c'est vrai, Jackson, cela signifie que le shérif a menti. Et qu'il est impliqué dans cette histoire. Il côuvre quelqu'un. Depuis le début, il savait qu'il était arrivé quelque chose à Crystal. Et peut-être que l'accident de Matt n'était pas vraiment...

Elle se tut, et le cœur de Jackson se serra. Il eut soudain très froid.

— Katy, écoute-moi bien. Va au chalet, ordonna-t-il en s'engouffrant dans sa voiture. Ne t'arrête sous aucun prétexte.

Il mit le moteur en marche au moment où le tonnerre claquait comme un coup de canon.

— Dès que tu seras arrivée, enferme-toi à l'intérieur. J'ai un revolver et des munitions dans le placard de la chambre. Si ça peut te rassurer, sors-le et charge-le en attendant mon retour.

— J'ai le revolver de Big John dans mon sac, dit-elle, sans préciser qu'elle venait de s'en servir.

— Bien. Alors, attends-moi et sois prudente. Quand je serai là, on réfléchira à tout ça ensemble.

— Oui, oui. Ça va aller. Je suis juste... sous le choc.

— Je comprends.

Jackson sentit un nœud d'angoisse se former dans son ventre. Il commençait à prendre conscience de ce qu'impliquaient les révélations de Katy.

— N'ouvre la porte à personne. C'est compris ? Personne.

— Ne t'inquiète pas.

Elle émit un petit rire saccadé, puis il l'entendit inspirer profondément.

— Jackson... rentre vite, hein ?

— Compte sur moi, ma douce. Tiens bon.

Sa voix solide et rassurante apaisa un peu les nerfs de Katy, qui semblaient danser sur des fils de fer barbelés. Ses doigts serrés autour du téléphone tremblaient. Elle avait du mal à le tenir tout en manœuvrant le volant d'une seule main sur la route de plus en plus défoncée.

La pluie battait furieusement contre le pare-brise, et le ciel devenait si sombre qu'elle dut allumer les phares.

— Ça va aller. À tout à l'heure.

Elle laissa tomber le téléphone sur le siège et se concentra sur sa conduite. « Calme-toi, se dit-elle pour la centième fois. Calme-toi et rentre tranquillement au chalet. »

Quand elle passa devant la clinique, le vent s'était levé, et le ciel était d'un gris ardoise inquiétant. Des herbes et des feuilles volaient en travers de la route. À la vue du chalet, le soulagement la submergea. Le refuge de Jackson se dressait devant elle, réconfortant et accueillant. Elle serait en sécurité dans cet endroit où elle avait pris un café et des brioches la veille avec Jackson, dans le lit où ils avaient fait l'amour toute la nuit alors que les étoiles tapissaient le ciel. Elle attrapa son sac et courut vers la porte en rêvant d'un bon thé brûlant et d'un feu de bois. Et de Jackson. Jackson arrivait. Il serait bientôt là.

Elle se servit de la clé qu'il lui avait donnée et entra alors que le tonnerre crépitait, suivi aussitôt d'un nouvel éclair qui illumina les montagnes. Elle claqua la porte au nez du vent et de la pluie et tourna le verrou, puis elle s'appuya contre le battant en bois et, pour la première fois depuis qu'elle avait parlé à Donna Kirk, les battements de son cœur ralentirent. Elle poussa un long et profond soupir.

Puis, soudain, elle le remarqua. Le calme du chalet. Où étaient Regis, Cammi et Ajax ?

Une bouffée d'angoisse l'envahit, mais elle vit alors Cammi arriver dans le salon en ondoyant de la queue.

— Te voilà, toi.

Elle soupira de nouveau et suivit le chat, qui retournait déjà vers la chambre, avec un claquement de queue nerveux.

— Où sont tes copains ? Bien installés sur le lit, je parie...

Malgré ses craintes, elle ne put réprimer un petit sourire soulagé.

— Trop feignants pour prendre la peine de venir dire bonjour...

Elle s'interrompit à la porte de la chambre. Regis et Ajax étaient étendus par terre, au pied du lit. Endormis... profondément endormis.

Son estomac se noua. Pourquoi n'avaient-ils pas aboyé lorsqu'elle était entrée, pourquoi ne soulevaient-ils même pas la tête maintenant qu'elle était là, à un mètre d'eux ?

— Ajax... Regis... murmura-t-elle.

Ils restèrent immobiles, et son cœur manqua un battement.

Cammi avait sauté sur la table de chevet et observait Katy d'un œil nerveux. Elle déglutit, la peur au ventre, et s'agenouilla à côté des chiens. Ils respiraient, elle voyait leur poitrine se soulever, mais... Quand elle les toucha, ils ne bougèrent pas. Ils auraient aussi bien pu être morts.

Elle sentit sa présence derrière elle avant qu'il ne parle. Un frisson glacial descendit dans son dos, telle la lame d'un patin à glace.

— Ils ne sont pas morts, Katy, annonça Stan Harvey avec calme et détachement.

Elle bondit sur ses pieds et se tourna face à lui. Il tenait son revolver aussi tranquillement que s'il s'était agi d'un cigare, sans même le braquer sur elle, mais ses yeux étaient perçants et attentifs.

— Mais ils le seront bientôt, poursuivit-il en regardant son visage se vider de toute couleur. Et, je suis réellement navré de le dire, toi aussi.

31

— Tu n'as pas l'air étonnée de me voir.

Stan Harvey leva son revolver de quelques centimètres pour le braquer sur la poitrine de Katy. Il remarqua l'expression déterminée qui faisait briller ses yeux, l'emportant sur l'éclair d'inquiétude qu'il y avait vu au début, et espéra qu'elle ne lui donnerait pas de fil à retordre. Car s'il devait lui tirer dessus, cela gâcherait son plan.

En effet, tout reposait sur le plan à suivre.

— Tu n'as quand même pas déjà tout deviné, si ? demanda-t-il.

La gorge de Katy était presque trop sèche pour qu'elle puisse parler, mais elle réussit à s'exprimer d'une voix assurée.

— Vous vous demandez si je sais que vous m'avez menti au sujet de Donna Kirk ? Si j'ai deviné que Crystal n'était jamais retournée chez elle après avoir quitté Thunder Creek ? Oui. J'ai aussi compris que vous l'aviez tuée. Tout comme vous avez tué Matt, ajouta-t-elle d'une voix brisée.

— Tu te trouves très futée, hein ?

— Qu'avez-vous fait à ces chiens ?

— Rien de sérieux. Un simple chiffon de chloroforme. Ils ne se rendront compte de rien. Et toi non plus. Ni Jackson.

La sueur brillait sur son visage, mais il tenait fermement son arme, en vrai professionnel.

— Ce sera une mort simple, Katy. Sans douleur. Je te dois bien cela. Et à Big John aussi.

Une étincelle de regret passa dans ses yeux.

— Je déteste devoir faire cela. Mais tu ne me laisses pas le choix, conclut-il avec une pointe de désespoir.

— Bien sûr que si, vous avez le choix. Vous pouvez arrêter tout de suite.

— Il est beaucoup trop tard pour cela.

Il agita le revolver, et son ton devint cassant.

— Retourne dans le salon, Katy. Je suis sûr que Jackson ne va pas tarder, et je veux être prêt. Il ne faudrait pas qu'il nous prenne par surprise, n'est-ce pas ?

Une nouvelle terreur s'empara d'elle. Jackson allait faire irruption dans le chalet et il serait pris au piège, lui aussi. Elle n'avait vu aucune voiture aux abords de la maison, il ne serait pas plus préparé qu'elle à cette rencontre.

— En réalité, Jackson n'a rien à voir dans toute cette histoire, dit-elle vivement. C'est entre vous et moi.

— Plus depuis que tu es allée lui montrer ce croquis qu'a dessiné ton frère. Plus depuis que vous avez commencé à poser des questions, à fouiller dans des affaires qui ne vous concernaient absolument pas, à vouloir réveiller les morts. Les morts, Katy, il vaut mieux les laisser en paix. Dommage que tu ne l'aies pas compris plus tôt. Maintenant, allons-y.

Elle le dévisagea en tremblant. Ses jambes étaient si faibles qu'elle tenait à peine debout. Même sous la menace du revolver, elle avait du mal à croire à ce qui lui arrivait. Cet homme qu'elle avait connu toute sa vie, qui avait bu des cafés dans la cuisine de sa mère, qui jouait au poker avec son père toutes les semaines depuis des années… cet homme avait tué son frère. Il était venu aux obsèques, il avait regardé sa famille pleurer, il avait été le premier témoin de leurs souffrances à tous.

Et maintenant, il voulait tuer encore.

— Matt a vu ce que vous aviez fait à Crystal, n'est-ce pas ?

Elle soutint son regard, pétrifiée, fascinée et écœurée à la fois. Elle espérait retarder le plus possible le moment où elle devrait aller dans le salon, mais elle voulait aussi, tout simplement, connaître enfin la vérité. Toute la vérité.

— Matt a vu le cadavre de Crystal, reprit-elle d'une voix basse et calme. Mais il ne vous a pas vu. Il ignorait complètement que c'était vous qui l'aviez tuée. Sinon, il ne serait pas venu vous trouver. Car il est venu, n'est-ce pas ? Vous m'avez menti sur ce point aussi ?

— Exactement. Personne d'autre que Matt ne savait qu'elle était morte. Pour le reste du monde, Crystal Kirk avait quitté la ville. Point final.

Il s'humecta les lèvres.

— Et je veux que les gens continuent à croire à cette version des faits, Katy. C'est pourquoi je suis ici maintenant.

— Pourquoi l'avez-vous tuée ? Vous aviez une aventure avec elle ? C'était vous, l'homme qu'elle espérait bientôt épouser ? Mais elle avait l'âge d'être votre fille !

— C'était une femme, dans tous les sens du terme, corrigea-t-il vivement. Et ce qui se passe entre un homme et une femme dans le noir ne regarde personne. Mais elle menaçait de tout dire à Ardelle si je refusais de divorcer et de l'épouser. Je savais qu'elle le ferait, parce que les choses avaient pris des proportions démesurées pour elle. Je ne pouvais pas la laisser détruire Ardelle. Je ne pouvais pas laisser cela arriver.

— Alors, vous n'auriez pas dû avoir cette liaison, pour commencer.

— Tais-toi ! ordonna-t-il.

Pour la première fois, la colère se manifesta sur son visage, ce visage solide et buriné qu'elle connaissait si bien.

— Je t'interdis de me juger. Je n'ai jamais voulu faire de la peine à ma femme. Mais elle était malade depuis longtemps. Elle était faible et délicate. Et nous ne pouvions plus... Enfin, disons qu'un homme a des besoins. Crystal Kirk satisfaisait ces besoins. Mais elle était jalouse, d'une possessivité maladive. Je m'en suis rendu compte trop tard. Elle voulait un mariage, des bébés, tout le bazar. Elle voulait que tout le monde sache qu'elle était assez bien pour devenir la femme du shérif Harvey.

Sa main se resserra sur le revolver.

— Mais elle ne l'était pas, conclut-il avec mépris. Quand je l'ai entendue téléphoner à sa mère et sangloter, anéantie parce que je refusais de divorcer d'Ardelle, j'ai d'abord pensé : « Tant mieux, qu'elle aille voir ses parents, pleurer un bon coup sur l'épaule de sa mère, qui lui expliquera la vie. Que les hommes n'épousent pas les minables filles dans son genre. Que tout ce qu'ils veulent, c'est s'amuser avec elles. »

Sa bouche se tordit.

— Mais elle n'est jamais rentrée à Tucson. Il s'est passé des choses, ce matin-là, le matin où elle était censée partir. Les événements... m'ont dépassé.

— Comment ?

Katy gardait les yeux rivés aux siens, à l'affût du moindre bruit, guettant la voiture de Jackson.

Harvey balança le poids de son corps d'un pied sur l'autre. Il semblait soulagé de tout lui raconter, soulagé de pouvoir expliquer que rien n'était sa faute.

— Je me suis rendu chez elle tôt le matin pour lui annoncer que c'était terminé entre nous et qu'il valait mieux pour elle qu'elle ne revienne pas à Thunder Creek. Comme je m'y étais attendu, elle s'est mise à pleurer. Alors, j'ai sorti une enveloppe. Elle contenait cinq mille dollars. Je trouvais que c'était un joli petit cadeau d'adieu, je pensais que cela l'aiderait à digérer la rupture...

Il grimaça.

— Mais au contraire, elle s'est mise dans tous ses états. Elle m'a jeté les billets à la figure, puis elle s'est précipitée sur moi, toutes griffes dehors. Je l'ai repoussée, et elle a commencé à hurler qu'elle allait tout dire à Ardelle. Que je le paierais.

Ses yeux s'assombrirent, semblèrent s'enfoncer dans les plis de son visage.

— Elle n'arrêtait pas de brailler, de crier que je l'avais traitée comme une moins que rien, de vociférer… Elle devenait littéralement hystérique. Puis elle a dit que je l'avais tellement perturbée qu'elle avait fait une chose terrible et qu'il lui était arrivé des horreurs, et que tout était ma faute. Je ne voyais absolument pas de quoi elle parlait, mais alors, elle m'a tout balancé : la nuit au *Tumbleweed*, avec ton frère, Elam Lowell et Wood Morgan. Elle affirmait qu'on l'avait droguée, que sur le moment, elle n'avait pas compris ce qui se passait, que c'était à cause de moi et de la façon dont je l'avais traitée. Mais tout ce qui est arrivé à Crystal lui est arrivé par sa propre faute, déclara-t-il avec véhémence.

Katy vit tressaillir un muscle de sa mâchoire, et son estomac se souleva.

— Ce n'est tout de même pas à cause de cela que vous l'avez tuée ? À cause de cette nuit au *Tumbleweed* ?

— Elle menaçait de tout dire à Ardelle ! s'exclama-t-il. Cette sale petite traînée menaçait de détruire ma vie entière ! Elle refusait de se taire, elle continuait à hurler, à jeter des objets, à me sauter dessus…

Il ruisselait de sueur, à présent, comme s'il avait passé la tête dehors sous la pluie battante. Sa main tremblait sur le revolver, et Katy eut soudain peur qu'il ne perde le contrôle et n'appuie sur la détente.

— Je l'ai frappée. Une fois, une seule fois, mais elle a continué à crier. Alors, j'ai commencé à l'étrangler pour la faire taire, et avant que je ne réalise ce qui se passait…

Ses yeux avaient une expression lointaine.

— Ce n'était pas prémédité, conclut-il d'une voix rauque. Mais... elle ne voulait pas se taire...

Soudain, il sortit de sa rêverie. Le regard qu'il adressa à Katy était dur et glacial.

— Je n'ai pas l'intention de passer le reste de ma vie en prison parce que j'ai protégé ma femme.

— Votre femme est morte, maintenant, fit-elle remarquer sans le quitter des yeux. Et pourtant, vous continuez à essayer de tuer pour vous protéger vous-même.

— Absolument. J'ai une vie agréable, ici. Une bonne réputation. J'impose le respect. Sans parler de la confortable petite fortune de quatre millions de dollars que ma femme m'a léguée. Je fais simplement le nécessaire pour garder ce qui m'appartient, pour préserver ma vie.

— Et mon frère ?

Katy ne s'était même pas rendu compte qu'elle avait élevé la voix. Elle criait.

— Et sa vie à lui ? Il a découvert le corps de Crystal quelque part, n'est-ce pas ? Et il est venu vous le signaler. Vous lui avez dit de n'en parler à personne, d'attendre, le temps que vous meniez votre enquête. Exactement la réponse que vous m'avez faite l'autre jour.

— Tu es une fille intelligente, Katy. Trop intelligente.

Sa voix était cassante. Il n'aimait pas la façon dont elle s'adressait à lui. Elle ne se montrait pas assez respectueuse.

— Je ne voulais pas en arriver là, Katy. Je n'avais rien contre Matt. Mais il a commis une grosse erreur. Il est allé voir Crystal le matin de son départ. Il est arrivé peu de temps après notre altercation. Je l'avais déjà traînée dehors. Elle était loin derrière les poubelles, dans les herbes folles qui vont jusqu'à la voie ferrée. Quand je l'avais frappée, elle avait saigné du nez, et il a dû voir quelques gouttes de sang sur le paillasson, devant sa porte. Peut-être aussi dans l'escalier. Je n'avais pas encore eu le temps de retourner nettoyer. J'avais seulement laissé son corps dans ce terrain envahi de mauvaises herbes et j'étais rentré chercher une pelle et des gants. En mon absence, Matt a eu la malchance de trouver cette petite piste sanglante... et de la suivre.

Le cœur de Katy se souleva. Le shérif se tut tandis que le chat sortait de la chambre et se faufilait entre leurs jambes. Puis Harvey reporta son attention sur le visage de Katy. Son expression était aigrie.

— Oui, il a trouvé Crystal. Cachée dans ces herbes, juste à côté de la voie ferrée. Mais quand je suis revenu pour enterrer la fille, il n'y était plus.

— Il s'est rendu à votre bureau plus tard, devina Katy, tremblante. Pour vous le signaler.

Harvey acquiesça d'un signe de tête.

— Il attendait devant la porte, complètement bouleversé. Heureusement que c'est moi qui suis arrivé le premier. J'ai pu lui dire de n'en parler à personne. Le convaincre d'attendre que j'aie vu le corps moi-même et commencé mon enquête. Il voulait à tout prix se confier à Big John, il était très agité, mais j'ai réussi à lui faire comprendre qu'il était crucial qu'il ne dise rien dans un premier temps. Et ensuite, il a bien fallu que je m'assure de son silence.

— Espèce de salaud ! cria-t-elle dans un élan de rage. Il est venu vous demander votre aide, il avait confiance en vous !

— Tu crois peut-être que j'ai fait ça de gaieté de cœur ? Ton père est mon ami depuis longtemps. Et Dorsey est l'une des femmes les plus adorables que j'aie jamais connues, avec mon Ardelle. J'aurais préféré ne pas avoir à sacrifier Matt. Ni toi, d'ailleurs, ajouta-t-il.

Il semblait sincèrement le regretter, réalisa-t-elle avec stupeur. Pourtant, son visage était sombre et résolu.

— Mais dans mon métier, on est amené à effectuer des tas de choses déplaisantes. On s'y habitue. Parfois, il n'y a pas d'autre solution.

— Pas d'autre solution que de vous protéger à tout prix, vous voulez dire ? En commençant par tuer une innocente ?

— Crystal était loin d'être innocente. C'était une putain. Incontrôlable, par-dessus le marché.

— Si elle avait été une putain, elle aurait accepté votre argent !

— Peu importe. Ce qui m'intéresse, pour l'instant, c'est toi, Katy. Je t'ai mise en garde au Triple T, l'autre soir. J'estimais qu'il était de mon devoir de te donner au moins un avertissement.

— Votre petit avertissement a bien failli me tuer, riposta-t-elle.

— J'aurais en effet pu te tuer à ce moment-là. Facilement. Mais je t'ai donné une chance de laisser tomber. Pourtant, je me doutais bien, dans le fond, que tu n'en ferais rien. Et ça n'a pas raté : Jackson et toi avez poursuivi vos investigations. J'ai appris qu'il posait encore des questions sur Crystal, et je parie que tu as rappelé Donna Kirk, hein ?

Il esquissa un rictus devant son expression stupéfaite.

— Je sais tout ce qui se passe dans cette ville. Dommage que tu ne l'aies pas compris plus tôt !

Harvey décrivit un nouveau mouvement avec son arme.

— Allez, Katy. Pour la dernière fois, entre dans le salon. Nous n'avons plus rien à nous dire.

Elle marcha devant lui, en traînant les pieds. Dehors, la pluie continuait à tambouriner contre les fenêtres, et le vent s'était mis à hurler, tel un animal sauvage piégé et désespéré. Elle tendit de nouveau l'oreille, mais n'entendit rien d'autre que le grondement assourdissant de l'orage.

— Ferme les volets, ordonna le shérif. Inutile que Jackson se doute de quelque chose en regardant par la fenêtre.

— Quel sort lui réservez-vous ? demanda-t-elle en s'efforçant de paraître calme.

Ses doigts tremblants se posèrent sur la poignée des volets. Pendant un moment, elle aperçut l'extérieur. La route était déserte. Il fallait absolument qu'elle gagne du temps. Qu'elle renverse la situation, d'une manière ou d'une autre, afin que Jackson ne vienne pas se jeter dans la gueule du loup.

Se détournant des volets, elle coula un regard vers son sac à main. Elle l'avait laissé tomber sur une petite table à côté du canapé, tout près du cheval en bronze. Elle s'en approcha discrètement pendant que le shérif Harvey glissait son revolver dans son étui, avant de sortir une corde de la poche de son imperméable noir.

— Mon plan n'est pas trop monstrueux. Je ne veux pas vous faire souffrir, ni l'un ni l'autre. Ce sera rapide, et cela aura toutes les apparences d'un accident, bien entendu. Je vais d'abord t'attacher, afin que tu ne te mêles pas de ce qui va se passer avec Jackson. Je devrai l'assommer, mais ne t'inquiète pas, je ne cognerai pas trop fort. Juste ce qu'il faut pour l'étourdir pendant que je le ligoterai. Je ne tiens pas à laisser des mutilations visibles sur le cadavre.

« Le cadavre... » Les jambes de Katy faillirent se dérober sous elle.

— Et ensuite ? demanda-t-elle en arrivant devant la table.

— Je vous ferai respirer un peu de chloroforme, puis, lorsque vous serez tous les deux inconscients, j'ôterai les cordes. Cela paraîtrait bizarre que vous soyez ligotés, pour une mort accidentelle. Ensuite, j'allumerai de jolies chandelles bien romantiques et je mettrai le feu au chalet. Quel dommage, n'est-ce pas ? Une si belle histoire d'amour…

Il respirait lourdement, à présent.

— Mais tu ne sentiras rien, Katy. Ni la chaleur, ni les flammes. Ce sera une mort paisible.

— Vous ne pouvez pas faire cela.

Elle était aussi pâle que la porcelaine blanche de Bessie, mais sa voix était ferme.

— Ça ne marchera jamais. Quelqu'un comprendra. Deux membres de la famille Templeton décédés de mort accidentelle ? Étrange coïncidence, vous ne trouvez pas ? Quelqu'un fera le rapprochement…

— Aucune chance, coupa-t-il. Cela fait quatorze ans que j'ai renversé cette échelle pendant que Matt en redescendait. Quatorze ans, c'est long, Katy. Personne n'établira de relation entre la mort de Matt et l'incendie. D'ailleurs, rien ne me relie à ces événements. Et si tu crois que Wood Morgan ou Elam Lowell se poseront des questions ou soulèveront le problème, c'est que tu ne te rends pas compte de ce que Wood est prêt à faire pour que Tammie n'apprenne jamais ce qui s'est passé durant cette nuit sordide au *Tumbleweed*. Elam et lui seront muets comme des carpes, tu peux me faire confiance.

Il avait raison. Il avait soigneusement échafaudé son plan, en vrai professionnel. Car c'était un professionnel, se dit Katy avec horreur. Un menteur professionnel. Un assassin professionnel.

— Je ne te ligoterai pas trop serré, ma fille. Je ne veux pas que tu aies mal.

Il se dirigea vers elle d'un pas décidé, sa corde à la main, les yeux durs.

Katy bondit et saisit son sac. Elle y plongea la main, en quête de son revolver, mais au moment où elle le sortait, Harvey lui sauta dessus. Il lui prit le poignet, le tordit, et elle lâcha l'arme. Il s'en empara et repoussa durement la jeune femme.

— Petite imbécile, c'était idiot !

— C'est idiot aussi d'imaginer que je vais me laisser ficeler et griller comme un rôti les bras croisés ! riposta-t-elle avec fureur.

— Je te pensais plus intelligente. Ta rébellion ne fera que te desservir.

Il rangea le revolver de Big John dans la poche de son imperméable et fit un pas vers elle, la mine sombre.

— Allez, cette fois...

Katy s'empara de la sculpture en bronze et la lui jeta à la tête. Il se baissa, mais pas assez vite, et l'objet le heurta à la tempe. Elle se précipitait déjà vers la porte, son sac crispé entre ses mains.

Les doigts tremblants, elle tourna le verrou de toutes ses forces. Elle entendit Harvey approcher et ouvrit la porte en grand. Une bouffée de panique s'empara d'elle, et elle s'engouffra dans la tourmente.

Cramponnée à son sac, elle le vit se diriger vers la voiture, pensant la devancer. Elle détala de l'autre côté et contourna le chalet en courant le plus vite possible, ses pieds dérapant sur l'herbe humide, fuyant vers les rochers, les arbres et le sentier en lacet qui grimpait vers Cougar Mountain.

Il était déjà sur ses talons, ses bottes martelant le sol dans la nuit. Katy imagina ses bras puissants se refermer sur elle, l'attraper, la tirer en arrière...

La peur la galvanisait. Elle courait pour survivre, plongeait entre les fourrés telle une créature sauvage.

Crystal avait-elle eu une chance de courir ?

Matt, non.

Pendant un moment, elle crut entendre la voix pressante de son frère :

— Vas-y, Katy, tu peux y arriver. Tu peux y arriver.

Hors d'haleine, elle se mit à escalader la piste rocailleuse. Elle s'écorchait les mains, les bras et le visage sur les rochers et les branches. À présent, elle n'entendait plus que le sifflement du vent et le crépitement de la pluie sur les feuillages, mais elle savait qu'il était là, derrière elle.

Son souffle s'étrangla dans ses poumons tandis que la voie devenait plus raide, marquée par de grosses pierres d'un côté et une vertigineuse falaise de granit de l'autre. Katy jeta un coup d'œil derrière elle et aperçut une lueur en contrebas, près de l'endroit où devait se trouver le chalet. Les phares d'une voiture.

Jackson !

Elle aurait voulu hurler son nom, mais Stan Harvey risquait de l'entendre. Son unique espoir était de continuer à avancer, de fuir le plus loin possible, de se cacher, de lutter s'il le fallait. Avec la seule arme qu'il lui restait. Si elle parvenait à la trouver à temps...

Elle trébucha sur une pierre et tomba contre un gros rocher saillant, si violemment qu'elle crut s'être cassé les mains et les bras. Elle resta un moment immobile, le temps de retrouver son souffle, et se rendit compte qu'elle avait atteint une corniche. Le chemin se rétrécissait sur sa gauche, sinueux et inégal. À quelques mètres à droite, au bout de la corniche, il n'y avait que le vide. Si elle tombait, elle s'écraserait tout en bas de la gorge.

« Dépêche-toi, il arrive », se dit-elle.

De précieuses secondes s'écoulèrent. Il fallait qu'elle se remette en route, elle n'avait plus le temps de reprendre son souffle. Frigorifiée, trempée, elle se redressa en claquant des dents, les bras et les jambes meurtris. Elle n'avait pas le choix. Elle devait courir. Elle devait lutter.

Son sac lui avait échappé dans sa chute. Elle le ramassa, les doigts gourds, et se leva laborieusement, en écartant ses cheveux de son visage. La tête baissée pour se protéger de la pluie, elle fouilla fébrilement dans son sac.

Soudain, par-dessus le vent, elle entendit un bruit. Elle releva la tête. Stan Harvey arrivait en haut de la corniche, son visage aussi tempétueux que les éléments déchaînés.

Elle hurla au moment où sa main se refermait sur sa bombe lacrymogène. Elle la brandit directement vers son visage et appuya sur le bouton.

Stan Harvey porta la main à ses yeux en criant. Son cri se transforma en hurlement de douleur. Sa bouche s'ouvrit et se referma, comme s'il pompait de l'air. Aveuglé, il tituba vers l'arrière, puis sur le côté, et enfin en avant.

— Garce ! Tu vas me le payer !

Agilement, Katy fit un pas de côté. Elle glissa la main dans la poche de l'imperméable du shérif et reprit le revolver de son père. Puis elle s'écarta alors qu'il tendait les bras et la cherchait à tâtons. Il la manqua et faillit perdre l'équilibre.

— Restez où vous êtes, ordonna-t-elle. Sinon, je tire !

Puis elle entendit un bruit au loin. Le moteur d'une voiture ? Le vent qui jouait des tours à son imagination ? Elle se retourna, scruta le rideau de pluie et les ténèbres. Cette fois encore, elle distingua une lumière, en bas. Des phares, c'était certain !

Une vague d'espoir monta en elle. Elle fila devant le shérif, qui continuait à grogner. Elle n'avait qu'à redescendre la montagne. Harvey ne la suivrait pas – du moins, pas tout de suite. Cela lui laisserait le temps de courir vers Jackson, vers la lumière et la sécurité. Plus tard, ils reviendraient s'occuper du meurtrier. Mais, alors même que ces pensées lui traversaient l'esprit et qu'elle posait le pied sur le sentier, Harvey dérapa, perdit l'équilibre et vint la percuter. Il battit des mains fébrilement, lui agrippa les épaules et s'y cramponna. Horrifiée, elle contempla ses yeux rougis et aveugles.

— Lâchez-moi, espèce de cinglé !

Elle le frappa en plein visage avec le canon de son revolver, mais il tint bon. Il glissa sur le côté, l'entraînant dans sa chute. Ensemble, ils tombèrent sur le sol dur et rocailleux et roulèrent vers le précipice. Katy sentit le revolver lui échapper tandis qu'ils dévalaient la pente glissante et traîtresse.

Et soudain, ils furent au bord de la corniche. Horreur ! Il n'y avait plus au-dessous d'eux que le vide.

Le cri de Katy s'éleva vers les cieux. Elle s'agrippa désespérément au rebord de la corniche, mais Stan Harvey, emporté par son poids, bascula dans le vide.

Elle ne le vit pas tomber, mais son ultime hurlement rugit dans ses oreilles. Il se répercuta, furieux, dans le courroux de la nuit, puis dans les profondeurs de son âme, alors qu'elle s'accrochait désespérément au rebord de cette corniche de Cougar Mountain, de tous ses os, de tous ses muscles, de toute sa volonté.

— Jackson ! appela-t-elle faiblement en sanglotant.

Ses ongles s'enfonçaient dans la roche et les broussailles, et quelques millimètres de ses chaussures reposaient sur une étroite prise, juste sous le bec de la corniche.

— Jackson, je suis là-haut, haleta-t-elle dans le vent, bien qu'elle sût qu'il ne pouvait pas l'entendre.

La pluie continuait à tomber. Le vent soufflait des brindilles qui lui fouettaient les joues et s'accrochaient dans ses cheveux. Elle plaqua son visage contre la paroi rocheuse et tenta de mieux caler ses pieds. Le tonnerre gronda et fit trembler la montagne. Un éclair zébra le ciel.

Katy ferma les yeux. Grelottante, elle colla son corps à la paroi et se cramponna.

— Katy ? Tu m'entends ? Katy, je suis là, donne-moi la main ! Tends-moi la main !

Rêvait-elle ? Il lui fallut déployer tout son courage, mais elle écarta la tête de quelques centimètres de la paroi rocheuse et la releva. Étendu à plat ventre sur la corniche, Jackson lui tendait la main.

— Allez, ma belle, vas-y, tu peux le faire. Donne-moi la main.

Elle cligna des yeux, mais il ne disparut pas. Une petite lueur d'espoir traversa alors le brouillard de terreur qui s'était emparé d'elle.

— Jackson, coassa-t-elle. Tu es... venu.

— Évidemment ! Je te l'avais promis, non ?

La sueur et la pluie aveuglaient à moitié Jackson. Katy semblait à deux doigts de lâcher. Il avait l'impression que le moindre souffle d'air supplémentaire l'enverrait dans le précipice. La terreur l'envahit.

— Je vais te ramener à la maison, en sécurité, Katy. Donne-moi la main, et on va rentrer tous les deux.

— Je... je ne peux pas.

— Mais si, tu le peux. Je te ramène à l'abri, au chalet.

Le chalet. Le grand lit chaud de Jackson, le gros édredon, un bon feu dans la cheminée...

Un feu...

— Jackson, il faut que je te raconte ! cria-t-elle. Au cas où je tomberais, tu dois savoir la vérité. C'était le shérif Harvey.

Les mots sortaient précipitamment.

— Il m'a tout avoué. Il a tué Crystal... et Matt.

— D'accord, ma puce. On parlera de ça plus tard. Donne-moi la main.

— Il a... endormi Ajax... et Regis...

— Tout à l'heure, Katy. Tu me raconteras tout ça plus tard. Pour l'instant, essaie de me tendre la main.

Elle ferma brièvement les yeux.

— Je ne peux pas. Je n'ose pas bouger... J'ai peur de lâcher ma prise.

— Tu n'as rien à craindre. Je suis là, juste là, je peux presque te toucher. Regarde, tu vois ma main, Katy ?

Il étira le bras aussi loin qu'il le put, si bien que l'extrémité de ses longs doigts solides se retrouva à quelques centimètres de l'endroit où elle se blottissait.

— Tends-moi la main, répéta-t-il. Je ne te laisserai pas tomber. Aie confiance en moi, ma chérie.

— Je... je ne peux pas lâcher, s'écria-t-elle, des larmes se mêlant à la pluie sur ses joues.

— Alors, c'est moi qui descends.

— Non ! C'est trop dangereux. On va tomber tous les deux...

— Jamais de la vie.

— Attends, je vais y arriver. Je vais le faire...

Il retint son souffle tandis qu'elle desserrait ses doigts de la petite saillie rocheuse à laquelle elle se cramponnait. Elle éleva la main de quelques centimètres. Soudain, un éclair illumina le ciel, et le vent redoubla. Katy referma précipitamment la main sur sa prise, en sanglotant.

Son corps tout entier tremblait. Jackson vit la femme livide, trempée et transie plaquée contre la montagne, et un élan de panique lui transperça le ventre. Elle avait l'air si fragile, une plume dans un ouragan. Elle semblait en état de choc. Il avait téléphoné à Smoke de son téléphone portable dès qu'il était arrivé au chalet et avait vu la porte grande ouverte, la corde et la sculpture en bronze renversée, à l'intérieur. Les secours n'allaient pas tarder, mais il ne pouvait pas se permettre d'attendre. Katy risquait de glisser ou de s'évanouir, ou même d'être emportée par une bourrasque. Ce maudit orage gagnait encore en intensité.

— Ça va aller, Katy. Ça va aller. Ne t'affole pas. Je suis là, juste au-dessus de toi.

— Ne… ne me quitte pas.

— Je ne te quitterai jamais, ma chérie. Jamais.

Elle leva les yeux et le vit se pencher au-dessus du rebord de la corniche, jusqu'à ce que la partie supérieure de son corps mince et musclé pende dans le vide. Le vent fouettait ses cheveux noirs, la pluie lui battait le visage. Mais Jackson ne cillait pas. Le bout de ses doigts effleurait la paroi rocheuse à trente centimètres au-dessus de la tête de Katy. Il se pencha encore.

— Jackson, non ! Tu vas tomber !

— Je ne tomberai pas. Et toi non plus. Lève la main, maintenant. Juste un tout petit peu. Tu peux y arriver.

En était-elle capable ? Son corps se couvrit d'une sueur froide, des frissons la traversèrent. Elle avait l'impression que la fureur du vent pouvait l'emporter à tout moment au fond du ravin…

Elle resserra les doigts sur ses prises dérisoires.

— Katy, regarde-moi.

La voix de Jackson était calme et ferme. Elle se concentra là-dessus, sur la force tranquille de Jackson, sur la certitude qu'il avait de pouvoir la hisser.

« Aie confiance en moi… »

Elle releva la tête et vit son visage, son expression sombre et résolue, sa mâchoire contractée. Un homme obstiné. Un homme obstiné, merveilleux et magnifique.

Elle prit une grande inspiration, lâcha une de ses prises, et lentement, très lentement, leva la main vers lui.

Le vent hurlait, et elle se mordit la lèvre. Puis elle tendit la main plus haut…

— Je te tiens ! dit-il vivement, en refermant ses doigts solides autour des siens. Doucement.

Le contact de ses doigts, la chaleur de sa main malgré la pluie lui redonnèrent du courage et de la volonté. Comme si elle se réveillait d'un cauchemar, elle l'aida à la hisser jusqu'en haut, puis sur la corniche, où elle atterrit enfin, lourdement. Aussitôt, Jackson l'attira loin du vide, vers le sentier. Là, il la prit dans ses bras et berça contre lui son corps frigorifié tandis que la tempête hurlait tout autour d'eux.

— Mon Dieu, que t'a fait ce fumier ?

Il prit son visage entre ses mains.

— S'il n'est pas mort, je jure que je le tuerai. Je le tuerai.

Il embrassa fébrilement son visage, ses cheveux, ses mains. Katy lui rendit ses baisers, ses lèvres s'accrochant aux siennes aussi désespérément que ses mains s'étaient agrippées à la montagne.

— Il est en bas... quelque part... lâcha-t-elle entre deux baisers.

Jackson fronça les sourcils.

— Alors, il est mort. Même s'il a survécu à la chute, il doit être gravement blessé, incapable de se relever. Smoke ira voir quand il arrivera. Moi, je m'en fiche pas mal. Je te ramène au chalet avant que tu n'attrapes la mort. J'ai cru que je t'avais perdue, Katy, mais maintenant que je te tiens, je n'ai pas l'intention de te regarder tranquillement attraper une pneumonie.

— Toi aussi, tu pourrais attraper froid, chuchota-t-elle.

Ses dents s'entrechoquaient. Pour se réchauffer, elle l'embrassa de nouveau, en serrant fort ses épaules, pelotonnée contre son corps solide et puissant.

— Alors, allons-y.

Il enfouit ses mains dans ses cheveux et l'embrassa une dernière fois. Au même moment, un éclair illumina la nuit noire, et ils virent un reflet dans les yeux de l'autre, des promesses à faire et à tenir, une vie à vivre...

Puis, luttant tête baissée contre le vent, ils descendirent ensemble la montagne qui avait failli les avaler.

32

— Je pensais bien que je te trouverais là.

Katy s'arrêta devant le poteau du corral où son père observait Cleo et Minuit qui gambadaient sous le soleil estival. Il était à peine 11 heures, mais l'air était déjà étouffant. Engoncé dans sa chemise blanche bien repassée et sa cravate noire, Big John ne semblait guère à l'aise. Il ne répondit pas et garda les yeux rivés sur les chevaux.

— C'est l'heure.

Elle lui toucha le bras, et il sursauta comme si elle l'avait pincé. Elle laissa retomber sa main.

— Papa ? Ça va ?

— Ça va, oui. Mais je ne sais pas trop si je vais venir à cette messe.

Katy étouffa un soupir. Depuis que ses parents étaient rentrés de Paris et avaient découvert la vérité au sujet de la mort de Matt et du shérif Harvey, son père se montrait plus taciturne que jamais. Il ouvrait à peine la bouche, parcourait toute la journée le domaine à cheval ou en Jeep et s'enfermait dans son bureau dès la fin du dîner. Sa peau était grise sous son hâle, et sa bouche semblait constamment pincée.

— D'accord. Si cela t'est trop pénible, ce n'est pas la peine de venir. Maman comprendra.

Elle comprenait toujours.

— Je peux rester à la maison avec toi, si tu veux, proposa-t-elle au bout d'un moment.

— Ai-je l'air d'avoir besoin qu'on me dorlote ? fit-il sèchement.

Katy fronça les sourcils.

— Non, mais tu as l'air d'avoir besoin de vider ton sac, répliqua-t-elle du tac au tac.

Elle le regarda à la dérobée, résistant à la tentation de planter les poings sur ses hanches.

— Vas-y, papa, dis-le. Tu m'en veux atrocement parce que je t'ai obligé à partir à Paris, parce que tu as raté la naissance du poulain. Parce que j'ai découvert ce qui s'est réellement passé il y a quatorze ans et que j'ai remué tous ces souvenirs. Tu aurais préféré ne jamais plus avoir à en parler ni à y repenser, et encore moins aller à une messe commémorative et te tenir devant la tombe de Matt. Tu m'en veux, alors reconnais-le et crevons l'abcès. Ça te fera du bien de parler, pour une fois...

— Tu as failli mourir.

Il pivota vers sa fille, les bras pendants, et elle vit une profonde douleur dans ses yeux. Elle vit autre chose, aussi, quelque chose qui ressemblait à de la panique.

— Tu as failli mourir, Katy, répéta-t-il, comme si c'était à peine pensable. Pendant que je n'étais pas là.

— Mais... je ne suis pas morte.

Elle plongea les yeux dans les siens, stupéfiée par sa réaction.

— Et je vais bien, papa, ajouta-t-elle doucement. Je vais bien.

Il secoua la tête, les yeux encore assombris par une angoisse et une souffrance issues du plus profond de son âme.

— Ce salopard a failli te tuer. Un homme que j'appelais mon ami a été à deux doigts de t'assassiner...

— Oh, papa...

Elle se rapprocha de lui, la gorge serrée.

— Nous croyions tous qu'il était notre ami. Personne ne pouvait deviner.

— J'aurais dû le savoir.

— Tu n'avais aucune raison de te méfier de lui. Stan Harvey était un professionnel du mensonge. Il avait une facette que personne n'avait jamais vue.

Et elle découvrait une facette de son père qu'elle n'avait jamais vue non plus.

— Ce n'est pas ta faute, papa, insista-t-elle en lui touchant le bras.

Cette fois, elle sentit la tension vibrer dans son corps, mais il ne se dégagea pas.

— Et ce n'est pas non plus ta faute si tu n'étais pas là quand c'est arrivé. Tu ne peux pas tout contrôler, tu sais. Personne ne le peut.

— J'aurais dû être là, Katy. J'aurais dû mieux te protéger.

Une douleur aiguë se lisait dans ses yeux, et un élan d'émotion serra la poitrine de Katy.

— Je crois m'être assez bien débrouillée pour me protéger, dit-elle d'un ton léger, en essayant de sourire.

Mais l'émotion de son père la touchait profondément. Elle ressentit soudain pour ce grand ours mal léché une bouffée de tendresse et un instinct de protection insolite.

— Et bien sûr, il y avait Jackson.

— Dieu merci, marmonna Big John.

— C'est quelqu'un de drôlement bien, en temps de crise, tu sais. Sans lui, je n'aurais jamais pu me hisser sur cette corniche.

— Il n'est pas seulement bien en temps de crise. Je crois que tu t'en es rendu compte.

— Oui, dit-elle avec un sourire doux qui illumina son visage. Je l'ai compris.

Big John se retourna brusquement et s'appuya contre le poteau du corral, la tête baissée. Le silence n'était troublé que par les hennissements des chevaux, les aboiements de Mojo au loin, la porte-moustiquaire qui claquait. Puis Katy entendit le son sourd des sanglots de son père et vit ses larges épaules tressauter.

— Papa...

Consternée, Katy s'approcha maladroitement.

— S'il te plaît, qu'y a-t-il ? chuchota-t-elle, redoutant la réponse.

Pendant des années, elle avait espéré que son père s'ouvrirait, se détendrait, cesserait de toujours tout garder pour lui. Maintenant, il semblait craquer sous le poids des émotions accumulées pendant si longtemps, et le cœur de Katy se brisa de le voir si bouleversé.

— Je ne t'ai jamais dit...

Il se ressaisit, tentant de calmer ses sanglots pour s'exprimer de façon cohérente.

— Je suis désolé pour... ton bébé. Pour tout. Je ne savais jamais... quoi dire...

— Je sais, papa, je l'ai toujours su. Tu n'as pas besoin de...

— Tu ne comprends pas, Katy ?

Il se tourna vers elle, ses yeux gris brillants de larmes. Il la prit par les épaules et les serra avec désespoir.

— J'ai failli te perdre sur cette montagne, et je ne t'ai jamais dit... combien je t'aime. Je ne t'ai jamais dit à quel point je suis fier de toi, de la femme que tu es devenue. Tu aurais pu mourir, et je n'aurais jamais prononcé ces mots... Je n'aurais jamais eu l'occasion de te dire comme je suis content que tu sois revenue et...

Il s'interrompit, la voix étouffée par les sanglots, et Katy se jeta dans ses bras. Elle lui caressa le dos, le serra contre elle, les larmes aux yeux.

— Est-ce un câlin privé, ou peut-on s'inviter ?

La voix calme de Dorsey Templeton interrompit les sanglots mêlés du père et de la fille. Katy leva la tête de l'épaule de son père et adressa à sa mère un grand sourire.

— C'est un câlin de groupe, dit-elle.

Big John ouvrit les bras à sa femme et ils s'étreignirent tous les trois, laissant le chagrin et l'amour couler entre eux, tandis qu'une brise estivale descendait de la montagne.

Et là, debout entre ses deux parents, Katy se réjouit de la décision qu'elle avait prise. La décision de protéger le secret de Matt. À quoi bon révéler le stupide égarement de ce soir d'automne ?

Matt était un adolescent, un être humain et non un saint, même si elle l'avait vénéré. Il avait agi de façon irresponsable, ce soir-là ; il avait obéi à ses pulsions et ses hormones, comme le faisaient tous les adolescents. D'ailleurs, d'après ce qu'elle avait découvert, personne n'avait regretté plus que lui ce qui s'était passé au *Tumbleweed* après la fermeture, cette nuit-là.

La pauvre Crystal était morte dans la honte, la colère et le ressentiment. Mais Katy savait une chose avec certitude : Matt s'était soucié d'elle, après cette fameuse nuit. Le lendemain de la soirée au *Tumbleweed,* il avait voulu la revoir, il était allé la trouver avant d'aller au lycée, pour prendre de ses nouvelles, pour se faire pardonner aussi, sans doute. Mais au lieu de lui apporter la paix, son initiative lui avait valu la mort.

Contre toute attente, c'était Wood Morgan qui avait finalement raconté à Katy les détails qu'elle ignorait encore, en privé, alors qu'ils étaient tous les deux seuls au restaurant, après la fermeture.

— Tu connais Tammie, avait-il marmonné, lui faisant la grâce pour une fois dc paraître mal à l'aise, voire honteux. Elle ne me pardonnerait jamais de l'avoir trompée, même si cela s'est passé longtemps avant qu'on se marie. Sans parler de la drogue…

Sa voix s'était éteinte, et il avait baissé la tête.

— Si je devais tout recommencer, jamais je ne toucherais à cette saloperie. Jamais je n'en proposerais à

Crystal. Si Tammie était au courant, si quelqu'un à Thunder Creek l'apprenait...

Il avait inspiré profondément.

— C'en serait fini de mes affaires et de ma respectabilité. Mais le pire, Katy, c'est que cela représenterait une déchéance intolérable pour Tammie. Pour notre couple. Elle ne supporterait pas l'humiliation. Elle est si fière et si têtue qu'elle demanderait le divorce. Et elle partirait avec les enfants. C'est une perspective qui m'effare, Katy. J'ai une place dans cette communauté. Ma femme et mes enfants aussi. Alors, je te le demande, je t'en supplie, n'en parle à personne. Personne n'a besoin de savoir. Même Matt avait accepté de garder le secret, avait-il ajouté. Ne crois-tu pas que tu devrais honorer le pacte en sa mémoire ?

— Tu n'as pas à me dire ce que je dois faire en mémoire de mon frère, avait grondé Katy en se levant avec colère. Tu ne penses qu'à toi. Tu te fichais pas mal de Matt ou de Crystal ; tout ce qui comptait, c'était de protéger ta précieuse réputation !

— Ce n'est pas si monstrueux, ce qu'on a fait ce soir-là. D'accord, c'était assez glauque, mais... on était tous complètement ivres. Et Matt n'a rien fait avec Crystal, lui. Lorsqu'il a repris connaissance et qu'il nous a vus, il était écœuré. Tu crois que tes parents aimeraient savoir cela ? Tu veux vraiment qu'ils soient aussi déçus que toi par leur cher fils si parfait ?

Katy avait serré les poings.

— Je ne suis pas déçue, pas par Matt, avait-elle répliqué. Il regrettait ce qu'il avait fait et il voulait tout raconter à Allison, mais tu l'as convaincu de conclure ce pacte parce que tu étais mort de frousse. Et tu as payé Elam pour qu'il se taise, puis pour qu'il me tire dessus. Tu te fiches bien des conséquences de tes actes sur les autres. Tout ce que tu espères, c'est de ne pas te faire pincer !

— Katy...

Wood avait blêmi devant sa fureur.

— Tu vas tout dire à tes parents, alors ? Ne fais pas ça, je t'en prie. Je suis prêt à tout. Je te paierai, je te laisserai garder le restaurant, je dirai à Tammie de cesser d'insister…

— Très bonne idée, Wood, avait-elle grincé. Que Tammie ne m'approche plus. Et toi non plus. Je garde le restaurant, bien sûr, mais ce n'est pas à cause de toi.

Elle était allée à la porte et la lui avait tenue ouverte. Le crépuscule peignait le ciel de chaudes teintes ocre et charbonneuses. Elle avait senti la colère la déserter aussi rapidement qu'elle était montée, ne laissant en elle que du dégoût pour cet homme.

— Garde ton sale petit secret, Wood. Je ne dirai rien. Mais ne va pas t'imaginer que je fais ça pour toi. Je pense seulement que ça ne mènerait à rien de tout révéler. Ça n'apporterait que de la douleur. Or, il y a eu assez de douleur à cause de cette soirée-là.

— Je te remercie, Katy. Plus que tu ne l'imagines. Si je peux faire quoi que ce soit…

— Bonne nuit, Wood, avait-elle conclu en laissant claquer la porte-moustiquaire.

La cérémonie commémorative eut lieu en petit comité. C'était Dorsey qui l'avait souhaité – elle voulait pouvoir se recueillir sereinement devant la tombe de son fils et réfléchir à sa disparition à la lumière de ce qu'avait découvert Katy. Matt n'était pas mort accidentellement. Il avait été assassiné. Il avait voulu venir en aide à une malheureuse fille, mais il s'était trouvé au mauvais endroit au mauvais moment et était devenu une victime à son tour.

Rassemblés sous le ciel bleu électrique, silencieux, ils rendirent hommage et dire un nouvel adieu au fils, petit-fils et frère qui avait découvert un crime et avait voulu le faire savoir. Entre Jackson et Bessie, la tête courbée, Katy contemplait la pierre d'un blanc éclatant sur laquelle était gravé le nom de son frère.

Ce jour était très différent de celui de l'enterrement de Matt. À l'époque, éperdue de douleur et de colère, elle avait détesté Jackson Brent et l'avait rendu coupable de la mort de son frère. Elle glissa sa main dans la sienne, la serra fort et sut que la place de Jackson était ici, avec eux, que c'était ce qu'aurait voulu Matt. Que c'était ce qu'elle voulait, elle.

Il referma les doigts autour des siens, ses longs doigts solides, et elle se demanda où était passé le vide de son cœur. Le manque était comblé, à présent. Là où il y avait eu solitude et amertume régnait désormais la paix. Et tandis qu'elle pensait à Matt et à sa vitalité, à sa gentillesse et à sa patience, à sa courte mais heureuse vie, elle éprouva dans sa peine un sentiment d'espoir nouveau. Il lui sembla que les arbres étaient plus épanouis, leurs feuilles plus vertes, que les fleurs sauvages qu'elle avait cueillies et déposées sur la tombe de son frère dégageaient un parfum plus intense que celui de n'importe quel bouquet acheté dans une boutique, que la présence et l'énergie des amis et de la famille rassemblés autour d'elle apaisaient et stimulaient son âme. Elle jeta un coup d'œil vers l'homme superbe et silencieux debout à côté d'elle, lui sourit et vit dans ses yeux le reflet de sa propre douleur et de la paix nouvelle qui l'envahissait, tandis qu'elle faisait enfin son deuil de la mort de Matt.

Margie et Lee étaient là, ainsi que Smoke et Ellen, Ralph et Diane McIntyre, Ada et Billy, Pat et Riley et quelques autres amis de ses parents. Et, à la surprise de Katy, Allison Leggett était venue aussi.

Son mari et elle restèrent en retrait du petit groupe pendant cet instant de recueillement. Puis, lorsque chacun retourna à sa voiture, Allison s'approcha, seule, des Templeton. Après avoir salué Dorsey, Big John et Bessie, elle prit Katy à part.

— Il fallait que je lui dise au revoir, dit-elle simplement. Cette fois, c'est pour de bon.

Katy scruta son visage. Allison ne lui avait pas demandé si elle avait découvert quel terrible secret avait caché Matt. Manifestement, elle préférait ne rien savoir. C'était son choix, songea Katy. Et peut-être, après toutes ces années, cela valait-il mieux.

Mais elle trouva quelque chose de changé chez l'ancienne petite amie de son frère. Allison paraissait moins tendue, moins triste que le jour où Jackson et elle étaient allés lui rendre visite. Elle semblait presque... heureuse.

— Je suis contente, Allison. Contente que tu lui dises enfin au revoir.

— Il était grand temps, en effet. J'aurais dû en prendre conscience plus tôt. Tu avais raison. Je n'étais pas juste envers moi-même, ni envers ma famille.

Elle jeta un regard par-dessus son épaule vers l'homme qui se tenait à quelques pas derrière elle, le visage grave, les mains dans les poches.

— Rusty est quelqu'un de bien.

Elle haussa les épaules avant d'ajouter :

— Personne ne sera jamais comme Matt. C'était mon premier amour, et rien ne peut remplacer ça. Mais Rusty m'aime, lui aussi, et... tu sais quoi ? Je l'aime aussi. Et j'aime nos garçons.

Ses petites boucles d'oreilles en or scintillèrent au soleil quand elle releva le menton.

— Enfin... j'ai décidé de profiter le plus possible de ce que j'ai.

Elle sourit à Katy.

— Rusty et moi, nous avons longuement discuté, et nous allons tous les deux faire un effort. Nous souhaitons tous les deux que les choses aillent mieux. Je me laissais aller, et c'était injuste pour nous tous, mais maintenant, je me suis ressaisie. Matt voudrait me voir heureuse. Et... en fait, moi aussi, j'ai envie d'être heureuse.

Le cœur de Katy s'allégea.

— Il n'y a aucune raison pour que tu ne le sois pas, répondit-elle doucement. Cela n'a pas ennuyé Rusty de venir ici aujourd'hui ?

— Non. Nous avons beaucoup évoqué le passé, et aussi l'avenir. Nous partons en vacances dans quelques jours. Ce seront nos premières vacances sans les enfants depuis la naissance de Neddy. Nous allons à Aruba, et...

Elle rit, et Katy crut presque voir la jeune fille insouciante dont elle se souvenait.

— Rusty m'a annoncé ce matin qu'il avait réservé la suite pour jeunes mariés, à l'hôtel. Pour la première fois depuis des années, nous serons seuls tous les deux avec un grand lit, un jacuzzi et la plage. Ce ne sont pas des vacances qui vont tout guérir comme par enchantement, nous le savons bien, mais... ça marquera un nouveau départ.

— Ça a l'air merveilleux, dit Katy en la serrant dans ses bras. Tu veux venir déjeuner à la maison avec nous ? Cela nous ferait très plaisir que vous vous joigniez à nous, Rusty et toi.

— Non, il faut que nous retournions chercher les garçons. Mais merci, dit Allison en lui touchant le bras. Je suis désolée pour ce qui est arrivé à Matt et pour tout ce que tu as dû endurer. Mais je veux que tu saches que le jour où tu es venue me voir et où tu m'as obligée à réfléchir à certaines choses... ce jour-là a changé ma vie.

« Il a changé la mienne aussi », songea Katy plus tard dans la cuisine, après le repas que sa grand-mère, sa mère et elle avaient préparé pour leurs proches.

Stan Harvey était mort. Les policiers chargés de l'enquête avaient découvert le croquis de Matt dans le double fond d'un tiroir, chez lui, au Last Trail Ranch, ainsi que des photographies de Crystal posant nue pour lui et un carnet d'adresses contenant les noms et coordonnées de six ou sept femmes de réputation douteuse. La police avait appris ainsi que bien souvent, lorsque le shérif prétendait se rendre à une conférence ou à un séminaire professionnel, il emmenait en réalité ces jeunes femmes dans des hôtels de luxe.

Stan Harvey avait tué Crystal dans un moment de rage, puis, poussé par le désespoir, avait assassiné Matt. Il avait interrompu la vie de deux jeunes gens en pleine santé et avait réussi à cacher ses deux crimes pendant quatorze ans.

Les parents de Crystal allaient maintenant pouvoir lui donner un enterrement décent. Et lui dire adieu. On avait retrouvé et exhumé le corps de Crystal, et sa dépouille avait été envoyée à sa famille, à Tucson.

Tout s'était passé si vite... songea Katy. Mais à présent, Seth lui semblait loin, bien loin. Penser à lui n'était plus douloureux. Elle était enfin capable d'aller de l'avant, d'éprouver des sentiments positifs et merveilleux.

Elle ne se sentait plus perdue. Elle avait enfin trouvé ce qu'elle cherchait, ici, dans le Wyoming. Elle avait retrouvé ce qui comptait le plus pour elle : sa famille, son pays, le restaurant de sa grand-mère, ses chers vieux amis. Et Jackson.

Elle sentit un délicieux frisson lui parcourir l'échine en songeant à ses yeux bleus intenses, à la façon dont ils s'éclairaient pendant qu'ils faisaient l'amour. Elle aimait l'odeur de sa peau, l'épaisseur de ses cheveux, la manière dont sa bouche dessinait ce sourire aveuglant qui l'enivrait littéralement.

— Il y a au salon un charmant jeune homme qui t'attend, Katykins, déclara Bessie en faisant irruption dans la cuisine, des tasses à café dans les mains, Ada sur ses talons. Va donc le sauver, ordonna-t-elle. Presque tout le monde est parti, mais Big John et Riley lui rebattent les oreilles avec cette fièvre des bouvillons. Retourne donc là-bas, je prends le relais.

— J'ai presque terminé, affirma Katy en mettant la dernière assiette dans le lave-vaisselle.

— Si j'avais trente ans de moins, dit Ada en agitant un doigt dans sa direction, je ne ferais pas attendre un homme comme Jackson Brent.

— Vas-y, ma chérie, insista Dorsey, qui les avait rejointes. Laisse-nous donc terminer.

— C'est une conspiration, ma parole !

Mais Katy sourit aux trois femmes et leur céda volontiers sa place pour aller rejoindre Jackson au salon.

Il se leva en la voyant, s'excusa auprès de Big John et Riley et s'approcha d'elle.

— Si on allait faire un tour à Shadow Point ? suggéra-t-il.

— C'est tentant, dit-elle en inclinant la tête.

Ils n'avaient pas eu beaucoup de temps à eux, ces derniers jours, entre les interrogatoires des enquêteurs, les questions des journalistes et le ramdam général qu'avaient causé la mort de Stan Harvey et la révélation de sa vie secrète. Jackson lui manquait affreusement.

— À cheval ou en voiture ? demanda-t-elle.

— À cheval. Va vite te changer, je prépare les selles.

Dix minutes plus tard, Katy avait retiré son pantalon noir Armani et sa veste ivoire, enfilé un jean, un tee-shirt et ses bottes et s'était fait une queue-de-cheval. Jackson l'aida à grimper sur Charley et enfourcha Myst, un hongre gris aux jambes mouchetées.

Ils chevauchèrent une bonne heure, suivant une piste cachée qui serpentait le long de la rivière puis remontait dans les collines vers Shadow Point, d'où l'on dominait une belle vallée arborée.

Cependant, arrivés là-bas, ils s'aperçurent qu'ils n'étaient pas seuls. Allongés dans l'herbe, les jambes entrelacées, un garçon et une fille s'embrassaient.

Billy se redressa vivement, les yeux écarquillés, et Daffodil poussa un petit cri en reconnaissant les cavaliers.

— Désolé de vous avoir fait peur, dit Jackson en réprimant difficilement un éclat de rire à la vue des deux adolescents cramoisis.

— Nous... euh... On faisait un petit tour en voiture et on s'est arrêtés pour se promener et... enfin, on est arrivés ici pour... se reposer, bredouilla Billy. On va s'en aller...

— Nous ne voulons pas vous chasser. Nous allons trouver un autre endroit pour... pique-niquer, proposa Katy obligeamment.

Ce fut Daffodil qui se leva la première, en tirant sur son tee-shirt et en ajustant son short sur ses hanches.

— Pique-niquer ? Mais vous n'avez même pas de panier ni de couverture, s'étonna-t-elle ingénument.

Jackson rit franchement, cette fois.

— Non ! s'écria Billy avec stupéfaction. Vous êtes venus à Shadow Point pour vous peloter ! Je ne savais pas que les adultes connaissaient cet endroit.

— Hé, fais attention, nous ne sommes pas si vieux ! répliqua Jackson en s'esclaffant de plus belle. D'ailleurs, ce haut lieu du pelotage est célèbre depuis un paquet de temps.

— Et le docteur Brent a dû venir ici plus souvent que tous les habitants de Thunder Creek réunis, ajouta Katy.

Il lui jeta un regard amusé.

— En tout cas, restez, dit Daffodil en souriant et en écartant ses boucles en désordre de ses yeux. Il faut que je rentre. Sérieusement, insista-t-elle en voyant la mine déconfite de Billy. J'ai recommencé à travailler – il faut que je me rattrape, j'ai eu de si mauvais résultats l'an dernier. Mais si je réussis bien cette année, j'aurai peut-être une chance d'obtenir une bourse. Viens, Billy, on y va.

Elle lui tendit la main et le tira sur ses pieds. Il glissa un bras autour de sa taille, et Katy remarqua qu'elle s'appuyait contre lui de façon complètement détendue.

— Tu as raison, admit-il à contrecœur, il vaut mieux rentrer.

À voir la façon dont ils se regardaient, il était clair qu'ils n'aspiraient l'un comme l'autre qu'à retourner batifoler dans l'herbe.

— Au fait, Billy, ta grand-mère était encore chez les Templeton quand nous sommes partis, lâcha Jackson d'un ton détaché. J'ai l'impression que Bessie et elle vont passer tout l'après-midi à parler de Las Vegas.

— C'est vrai ?

Le visage de Billy s'éclaira. Visiblement, la perspective d'une maison vide le tentait presque autant que Shadow Point.

— Dans ce cas, allons-y. La maison sera bien tranquille, et Daff pourra travailler dans le calme.

— Mmm… d'accord, fit celle-ci avec un gloussement.

— Bon. Si vous êtes sûrs que nous ne vous faisons pas fuir…

Jackson mettait déjà pied à terre et prenait la bride de sa monture. Il sourit à Katy, et elle eut envie d'éclater de rire. Il se moquait bien d'avoir interrompu les deux adolescents. Tout ce qu'il voulait, c'était être là avec elle.

Il la prit par la taille pour l'aider à descendre de cheval, et elle sentit des étincelles crépiter entre eux.

— Euh… Katy, je voulais vous remercier, dit Daffodil en s'approchant lentement d'elle. Vous aviez raison… au sujet de Corey… et de ce qu'il m'a fait.

Elle coula un bref regard vers Billy, qui s'était rembruni à l'évocation de ce nom.

— J'étais stupide de le couvrir. De le laisser me traiter comme ça... de me faire du mal. Et je suis désolée pour le chien du docteur Brent. À vrai dire, j'ai traversé une période où j'étais pas mal déboussolée. Complètement idiote, même.

— Tu avais peur, Daffodil. Même les personnes les plus intelligentes peuvent commettre des erreurs sous l'effet de la peur. Mais tu as fini par lui résister, souligna-t-elle. Et tu l'as quitté. Tu peux en être fière.

— Peut-être. Mais j'aurais dû le faire plus tôt. Je me sentais piégée. Trop seule. Maman est revenue, maintenant. Je lui ai tout raconté, et elle m'a interdit de revoir Corey. Comme si j'en avais envie ! ajouta-t-elle avec un ricanement. De toute façon, sa mère est venue le rechercher. Bon débarras.

Elle roula des yeux, avant de sourire à Billy, puis elle se tourna vers Jackson.

— Docteur Brent, comment va Ajax ?

— Plutôt bien, pour un chien qui a reçu une balle et s'est fait chloroformer dans la même semaine. Passe donc le voir un de ces jours avec Billy, si tu veux. Ajax n'est pas rancunier.

Jackson avait dit cela avec désinvolture, mais le message était clair : lui non plus n'était pas rancunier.

— Avec plaisir ! s'écria Daffodil. Merci.

Katy regarda les deux jeunes gens descendre la colline pour rejoindre le sentier qui menait à la route où devait être garée la voiture de Billy. Puis elle leva les yeux vers Jackson.

— Tu es quelqu'un de gentil et de généreux, Jackson Brent.

— Ah, oui ? Pourquoi donc ?

Au moment où il la prit dans ses bras, un oiseau se mit à chanter, quelque part dans les arbres. Le cœur de Katy s'emplit d'allégresse. La proximité de Jackson, l'après-midi ensoleillé, les chevaux qui paissaient à l'ombre, tout concourait à faire de cet instant un moment parfait.

— Tu aurais pu démolir Corey Dillard, mais tu lui as laissé une chance.

— J'ai eu pitié de sa mère. J'espère juste qu'elle tiendra sa promesse et l'enverra suivre ce programme d'aide aux élèves difficiles.

— Tu recueilles les animaux abandonnés, poursuivit Katy. Tu supportes les insinuations de Gram et d'Ada qui veulent à tout prix nous caser. Et tu laisses mon père te casser les oreilles avec ses histoires de bétail un dimanche. Dois-je continuer ?

— Il faut que tu comprennes une chose. Je ne fais tout cela que dans un but précis : obtenir une récompense.

— Oh, une récompense ! murmura-t-elle en passant ses bras autour de son cou pour l'attirer contre elle. Quel genre de récompense ?

Il courba la tête et l'embrassa, lentement, intensément. Les lèvres brûlantes, le cœur battant, Katy l'entendit chuchoter contre sa bouche :

— Ce n'est pas ce que tu crois.

— Mmm... ah ?

— C'est une plus grosse récompense que cela.

— Par exemple, nous déshabiller tout de suite et espérer que personne d'autre ne viendra se peloter ici ?

— Plus tard, oui. C'est la deuxième partie de la récompense.

— Quelle est la première ?

Jackson lâcha sa taille pour prendre son visage entre ses mains. Il inspira profondément.

— Dis-moi que tu vas m'épouser, Katy.

— T... t'épouser ?

— Ce n'est pas la bonne réponse. Tu dois dire : « Je vais t'épouser. » Comme ça.

— Tu ne m'as même pas dit une fois que tu m'aimais.

— Crois-tu que je te demanderais de m'épouser si je ne t'aimais pas ?

Il sourit et passa un doigt sur sa mâchoire, puis sur ses lèvres, avec une tendresse sensuelle qui fit trembler Katy.

— Katy, murmura-t-il en plongeant la main dans ses cheveux. Je t'aime.

Elle ferma les yeux et essaya de respirer. De rester calme et de respirer, simplement.

— J'ai besoin de toi, poursuivit-il. J'ai envie de toi. Je n'aurais jamais pensé dire ça un jour, car je m'interdisais d'avoir besoin de quelqu'un à ce point. Mais je t'aime et je veux que tu partages ma vie... jusqu'à la fin de mes jours. Je veux tout, Katy. Je veux fonder une famille avec toi, me coucher tous les soirs à ton côté, préparer le petit déjeuner avec toi. Je veux construire une maison pour toi. Et ajouter des chambres à mesure que nous aurons des enfants...

— Combien en veux-tu ?

— Trois... quatre. Si ça te va.

— Et tes belles résolutions ? Toi qui ne voulais pas t'engager pour la vie ?

— Elles ont basculé de la montagne au moment où je t'ai hissée en haut de cette corniche et prise dans mes bras.

— Jackson...

Elle l'attira vers elle et l'embrassa. Quand elle interrompit leur baiser, la voix de Jackson était rauque.

— Je ne voulais pas aimer comme cela, Katy. Cela me terrifiait, l'idée que je pouvais tout perdre. Mais maintenant, au diable les angoisses ! Ce qui me fait peur, c'est de ne jamais vivre un tel bonheur. Et la seule femme qui peut me l'apporter, c'est toi, Katy.

— Oui, Jackson. Oui.

Il la dévisagea.

— Tu veux dire…

Il était ridiculement, merveilleusement, adorablement plein d'espoir. Et surpris.

— Tu as bien entendu, cow-boy, murmura-t-elle contre ses lèvres. Oui, je veux t'épouser. Tu ne vas pas changer d'avis maintenant, hein ?

— Sûrement pas !

Il la souleva de terre et la fit tournoyer dans les airs en poussant un cri que l'on dut sûrement entendre jusqu'au comté de Natrona.

— Jackson !

Un fou rire la secoua.

— Lâche-moi, espèce de chien fou !

Il la posa sur ses pieds, mais la plaqua aussitôt contre un arbre et l'embrassa jusqu'à ce qu'ils soient tous les deux hors d'haleine. Malgré l'air frais qui soufflait sur la colline, leur peau à tous les deux resta brûlante même lorsqu'ils se retrouvèrent nus, cachés sous le couvert des arbres.

Le monde disparut, et il n'y eut plus qu'eux deux. Les seuls témoins des vœux qu'ils échangèrent furent la montagne, les oiseaux et le ciel du Wyoming. Ils savaient l'un comme l'autre que la vie pouvait être cruelle, que le destin pouvait se montrer implacable, mais ils savaient aussi que la beauté, l'amour et le bonheur étaient là, pour eux, à portée de main. Et ils les trouveraient, s'en envelopperaient pour construire leur avenir. Ici, à Thunder Creek. Ensemble.

Épilogue

Un an et demi plus tard, par un matin de novembre froid et lumineux, la neige tombait sur le sommet des montagnes Laramie. Un vent glacé dansait sur les pâturages, les vallées et la forêt, et Jackson Brent ramenait sa femme et son bébé de la maternité.

Une colonne de fumée sortait de la cheminée. Deux chambres supplémentaires et une terrasse abritée avaient été ajoutées à l'arrière du chalet, face à Cougar Mountain.

Dès que Jackson ouvrit la porte, ils furent accueillis par deux chiens enthousiastes, le regard curieux de Cammi et l'arôme alléchant du poulet aux légumes qui émanait de la cuisine. Un bon feu crépitait dans l'âtre.

— Eh bien, je commençais à m'impatienter, déclara Bessie, qui accourait de la cuisine en s'essuyant les mains sur son tablier. Tout est prêt dans la chambre du bébé, ajouta-t-elle en posant des yeux brillants de joie sur le petit fardeau que portait Katy. Tu n'auras pas à lever le petit doigt, ma chérie.

— Merci, Gram. Ça sent délicieusement bon. As-tu eu des nouvelles de papa et maman ?

— Tu penses bien ! Ils sont arrivés de Shanghai avec cinq heures de retard. Ils viennent seulement d'atterrir à Los Angeles et doivent reprendre un avion pour Denver dans une heure. Ta mère est prête à réquisitionner l'avion pour le faire décoller plus tôt. Quant à ton père... je préfère te prévenir, c'est une boule de nerfs.

Il dit qu'il aurait dû se douter que tu accoucherais avec trois semaines d'avance, que tu es tout aussi peu fiable et aussi égoïste que Cleo.

— Voilà qu'il me compare à une jument. Charmant, marmonna Katy.

Mais elle ne put s'empêcher d'adresser un sourire rayonnant à Jackson, qui referma la porte en éclatant de rire.

— Je suis prêt à parier que ta mère n'arrivera plus jamais à emmener Big John en voyage. Du moins, pas tant qu'une femelle de son troupeau sera enceinte, ajouta-t-il.

— Oublions Big John, décréta Bessie avec autorité. La seule qui compte vraiment, c'est l'arrière-grand-mère. Laissez-moi donc admirer ce petit bout de chou.

Katy écarta la couverture qui avait abrité du vent et du froid le minuscule visage de sa fille. Elle contempla avec émerveillement le bébé qui tournait les yeux vers elle, et son cœur s'emplit d'une telle joie qu'elle crut qu'il allait exploser.

— Gram, je te présente Mattie, murmura-t-elle, tandis que le visage de la vieille dame s'illuminait. Mattie, voici Gram.

Les grands yeux bleus de Matilda Brent voletèrent vers la vieille dame souriante qui lui caressait la joue. Elle battit des paupières, et ses lèvres dessinèrent une petite moue. Jamais aucun bébé au monde n'avait été aussi beau, songea Katy, que le précieux enfant qu'elle tenait dans ses bras.

— Elle a souri ! s'écria Gram. Tu as vu ? Cette petite est drôlement éveillée. Elle m'a souri !

Jackson semblait incapable d'arrêter de sourire, jusqu'à ce qu'il voie le visage de Katy. Malgré son bonheur, elle était pâle et fatiguée. La naissance avait été difficile – presque dix-huit heures de travail. Cela l'avait épuisée, mais tout s'était très bien passé. Et Mattie, avec ses trois kilos tout ronds, était en parfaite santé.

Pendant le long accouchement de Katy, il n'avait pu que l'encourager. Maintenant, à lui de prendre le relais.

— Il faut que tu te reposes.

— Je me sens bien.

— Justement, il faut que cela continue. Couchés, les chiens ! ordonna-t-il en prenant délicatement le bébé des bras de Katy. Et toi, au lit, ajouta-t-il en regardant sa femme.

Elle fronça les sourcils.

— Ce n'est pas parce que tu es papa que tu dois devenir aussi autoritaire que Big John.

Mais elle devait reconnaître que l'idée de se pelotonner dans leur grand lit était séduisante. Et cela lui plairait encore davantage s'il venait s'y allonger aussi, la serrer contre lui et admirer avec elle leur bébé.

Gram émit un gloussement.

— Inutile de discuter avec lui, Katykins. Laisse-toi donc dorloter. Tu l'as bien mérité, après avoir mis au monde une petite merveille pareille.

— Écoute donc les paroles d'une femme sage, renchérit Jackson.

— Vous vous êtes ligués contre moi, on dirait ! D'accord, je vais me reposer. Mais seulement si tu m'amènes Mattie... après avoir changé sa couche.

— Je pense que je devrais m'en sortir.

Jackson se tourna vers elle. Il y avait un tel amour et une telle tendresse dans ses yeux qu'elle en eut le souffle coupé. Pendant un moment, ils se dévisagèrent, réticents à rompre ce lien. Puis, lentement, Katy sourit.

— Ne sois pas trop long, murmura-t-elle.

Cet échange intime n'échappa pas aux yeux perçants de Bessie Templeton, qui eut un sourire satisfait.

— Eh bien, moi, je vais filer. Il faut que je retourne au restaurant voir si Ada a besoin d'un coup de main à la caisse. Tu avais raison au sujet de la nouvelle serveuse, Katy. Elle est parfaite. Pas aussi maladroite et écervelée que Daffodil Moline.

— Daffodil avait simplement d'autres choses en tête, répondit Katy. Et maintenant, elle va pouvoir s'y consacrer entièrement.

Daffodil était à la faculté, à présent, de même que Billy. Ils avaient tous les deux obtenu une bourse pour l'université du Wyoming et continuaient à donner un coup de main au restaurant l'été et pendant les vacances d'hiver. Billy étudiait la physique dans l'intention de devenir enseignant, tandis que Daffodil avait choisi de se spécialiser en biologie moléculaire. D'ici quelques années, songea Katy en enfilant un épais peignoir et en s'écroulant sur le lit, Mattie leur téléphonerait sans doute pour qu'ils l'aident à faire ses devoirs de sciences.

Gram s'en alla sous les flocons légers, dans son Explorer noire toute neuve qu'elle conduisait comme un général chargeant au volant d'un tank.

Jackson vint rejoindre sa femme, Mattie dans ses bras, douillettement lovée contre la chemise en flanelle de son papa.

— J'ai quelque chose pour toi, dit-il à Katy.

— Venez là, tous les deux.

Il déposa le bébé dans les bras tendus de Katy, et elle ne put que contempler l'adorable et minuscule visage. Dans sa grenouillère jaune ornée d'un petit lapin sur la poitrine, Mattie ressemblait à un ange miniature. Avec ses cheveux châtains et ses yeux étonnamment alertes, elle semblait chercher un moyen d'accomplir quelque action merveilleuse.

« Tu l'as déjà fait, songea Katy en embrassant la petite joue du bébé. Tu es entrée dans nos vies. » Une vague de chaleur et de bien-être la parcourut.

— Jackson, crois-tu que Matt sache que nous avons baptisé sa nièce en son honneur ?

Jackson s'allongea tout près d'elle, et son souffle lui souleva légèrement les cheveux.

— Bien sûr. Et tel que je connais Matt, il veillera bien sur elle. Notre Mattie a un ange gardien tout particulier.

— Moi aussi, j'ai l'impression d'en avoir un.

Elle regarda Jackson, et son cœur déborda d'amour.

— Je comprends exactement ce que tu veux dire, dit Jackson d'une voix douce.

Il se pencha pour l'embrasser tendrement, scellant d'un baiser leur amour et cet instant magique.

— Je crois que je sais ce que je vais offrir à Mattie pour son premier anniversaire, dit-il. Ou son deuxième.

— Quoi donc ?

— Le petit de Cleo, Minuit.

— Tu veux acheter Minuit pour Mattie ? N'est-il pas un peu tôt pour songer à des leçons d'équitation ?

— Il n'est jamais trop tôt. À quel âge as-tu commencé ?

— À trois ans.

— Moi aussi. Bon, d'accord, elle apprendra à le connaître avant de commencer vraiment à monter. Et en attendant, fit-il avec un grand sourire, j'ai un cadeau pour la maman de Mattie.

Ravie, Katy le regarda sortir du tiroir de la table de nuit une petite boîte enveloppée dans du papier doré décoré de cœurs en argent.

— Oh, Jackson…

Elle contempla le cadeau dans son écrin. C'était un fin bracelet en or avec un cœur en diamant et rubis accroché élégamment à un maillon en platine.

— Il est magnifique, murmura-t-elle. C'est la plus jolie chose que j'aie jamais vue.

— Non, c'est toi, corrigea-t-il. Toi et Mattie. Vous êtes mes trésors. Mon présent et mon avenir. Ma vie.

Elle leva les yeux vers lui, certaine que son regard exprimait la même tendresse que le sien.

— Jackson, tu me gâtes trop, fit-elle en riant. Mais continue. Ça me plaît. Oh, je t'aime tant…

Il se rapprocha et caressa ses cheveux, ses joues, aussi délicatement qu'il avait touché ceux de Mattie.

— Je t'aime plus encore, répondit-il d'une voix enrouée.

Elle n'aurait jamais cru que son cœur puisse être comblé à ce point. Là, dans ce chalet, avec une bonne flambée dans le salon et le dîner de sa grand-mère au chaud dans le four, elle avait absolument tout ce qu'elle avait jamais souhaité.

Une famille. Un foyer. Le bonheur.

Et l'amour.

Jackson se pencha pour l'embrasser de nouveau pendant que Mattie bâillait dans ses bras. De l'autre côté de la fenêtre, la neige s'épaississait et tombait sur Thunder Creek, comme elle le faisait depuis des siècles.

Découvrez les prochaines nouveautés de la collection

Amour et Destin

Des histoires d'amour riches en émotions déclinées en trois genres :

Intrigue ***Romance d'aujourd'hui*** ***Comédie***

Le 3 novembre ***Romance d'aujourd'hui***

La blessure du passé

de Mary McBride (n° 7404)

Voilà un an que l'agent secret Cal Griffin a sauvé le président. Grièvement blessé, il est devenu alors un phénomène de mode pour les médias. Et grâce à lui, Holly va peut-être voir sa carrière démarrer. Jeune productrice de télévision, elle vient de se voir confier un reportage sur les héros des temps modernes. Problème : Holly ne croit pas aux surhommes. Elle se rend tout de même dans la petite ville du Texas où vit Cal. Et à sa grande surprise y découvre un homme séparé de sa femme, seul et fragile…

Le 10 novembre ***Intrigue***

Piège en eaux troubles

de Patricia Potter (n° 7385)

Deux hommes entrent dans la galerie d'art dirigée par Sam et lui annoncent qu'elle a un frère jumeau et que son père mourant souhaite la voir. Désemparée, Sam interroge sa mère, qui lui révèle la vérité. Son vrai père et son frère habitent Boston où ils sont à la tête d'une puissante organisation mafieuse. Aussitôt, la jeune femme part afin de les rencontrer, mais l'accueil qu'on lui réserve n'est pas celui qu'elle attendait. Par deux fois on tente de la tuer. Elle fait alors appel à l'agent du FBI Nate pour assurer sa protection…

Le 26 novembre ***Comédie***

Dingue de toi

de Jill Mansell (n° 7401)

Il y a des week-ends comme ça où tout dérape. Les choses étaient pourtant bien organisées : le vendredi soir, j'enterrais ma vie de jeune fille avec les copines, le lendemain, j'épousais Rob. Et nous devenions un gentil petit ménage sans histoires. Sauf que le samedi, j'ai rompu. Du coup, furax, Rob m'a révélé ce que tout le monde sait dans le quartier apparemment depuis vingt-deux ans : à savoir que mon père n'est pas mon vrai père. Et c'est ainsi que moi, Poppy, je me suis retrouvée à Londres. En quête d'un appartement, de mon géniteur, d'un job et de l'âme sœur !

Ce mois-ci, retrouvez également
les titres de la collection

Aventures et Passions

Le 1er octobre

La malédiction des Montfort

de Teresa Medeiros (n° 7397)

Angleterre, XIVe siècle. Holly de Chastel est réputée être la plus belle femme d'Angleterre. Les prétendants se bousculent, mais la jeune fille repousse toutes les demandes en mariage. Jusqu'au jour où son père, lassé, organise un tournoi dont elle sera le prix. Holly, qui n'a pas l'intention d'être la récompense de cette mascarade, s'enlaidit. Pourtant, le baron de Gaven accepte de l'épouser car, depuis des siècles, sa famille est poursuivie par une terrible malédiction...

Le 8 octobre

Séduisant et sans scrupule

de Sabrina Jeffries (n° 7398)

Londres, XIXe siècle. Clara Stanbourne dirige un orphelinat où elle tente de sauver des enfants d'une vie de rapines. Lorsqu'elle découvre qu'un prêteur à gages s'est installé juste à côté, elle ne peut contenir sa colère. Elle se rend chez son nouveau voisin pour lui demander de déménager. Mais elle ne s'attendait pas à rencontrer un homme aussi séduisant et têtu...

Le 22 octobre

Les révoltés des Indes

de Alyssa Deane (n° 7399)

Inde, XIXe siècle. À la suite du décès de sa mère, Roxane décide de quitter l'Angleterre pour l'Inde et de retrouver son père qui les a abandonnées. Elle découvre alors la situation politique du pays, et la colère des Indiens qui gronde, agacés d'être à la merci des Anglais. Dans ce climat hostile, le séduisant capitaine Harrison saura-t-il la protéger ? L'homme s'avère être marié...

QUESTIONNAIRE

Q 2

Aidez-nous à mieux vous connaître.
Répondez à ce questionnaire et pour vous remercier,
nous vous enverrons un livre de votre collection préférée.
Choisissez la collection que vous souhaitez recevoir en cadeau :

Aventures & Passions	1
Amour & Destin	2
Barbara Cartland	3
Escale Romance	4

Si vous êtes parmi les 100 premières, vous recevrez deux livres !
Pour répondre, il vous suffit d'entourer le ou les codes correspondants et de retourner ce questionnaire à l'adresse suivante :

Editions J'ai lu
Service Marketing
84, rue de Grenelle
75007 Paris

1. Quelle est la sous-collection dont provient ce questionnaire ?

* Amour & Destin – Intrigue	1
* Amour & Destin – Romance d'aujourd'hui	2
* Amour & Destin – Comédie	3

2. Depuis combien de temps lisez-vous des livres de la collection Amour & Destin ?

* C'est le premier volume que je lis dans cette collection	1
* Depuis moins d'1 an	2
* De 1 à 2 ans	3
* De 3 à 5 ans	4
* Depuis plus de 5 ans	5

3. Combien de livres de la collection Amour & Destin lisez vous en une année (y compris celui-ci) ?

* 1 à 5	1
* 6 à 10	2
* 11 à 20	3
* 21 à 30	4
* 31 et plus	5

4. Comment avez-vous connu la collection Amour & Destin ?

* Par des amis/relations	1
* Par des publicités/articles	2
* Par la radio	3
* Par la télévision	4
* Dans une librairie	5
* Dans un hypermarché	6
* Par un auteur édité dans une autre collection	7
* Sur Internet	8
* Autres (précisez) :	9

4. Quelle note globale de 1 à 10 donneriez-vous :

* A la collection	___
* Aux couvertures	___
* Aux histoires	___

5. Lisez-vous des livres des 3 autres collections sentimentales de J'ai lu ?

* OUI	1
* NON	2

Si oui :

*** Livres de la collection Aventures et Passions ?**

* OUI	1
* NON	2

Si oui, combien de livres par an :

* 1 à 5	1
* 6 à 10	2
* 11 à 20	3
* 21 à 30	4
* 31 et plus	5

*** Livres de la collection Barbara Cartland ?**

* OUI	1
* NON	2

Si oui, combien de livres par an :

* 1 à 5	1
* 6 à 10	2
* 11 à 20	3
* 21 à 30	4
* 31 et plus	5

*** Livres de la collection Escale Romance ?**

* OUI	1
* NON	2

Si oui, combien de livres par an :

* 1 à 5	1
* 6 à 10	2
* 11 à 20	3
* 21 et plus	4

6. Lisez-vous d'autres collections de romans sentimentaux que les romans des collections J'ai lu que l'on vient de citer ?

* OUI	1
* NON	2

Si oui, combien de livres au total ?

* 1 à 5	1
* 6 à 10	2
* 11 à 20	3
* 21 à 30	4
* 31 et plus	5

Si oui, quelle(s) collection(s) et quel(s) éditeur(s) lisez-vous ?

Nom de la (des) collection(s)	Nom du (des) éditeur(s)
....	....
....	....
....	....

7. Qu'est-ce qui est le plus important pour vous lorsque vous achetez un roman sentimental (donnez deux réponses) ?

*	La couverture	1
*	L'auteur	2
*	Le titre	3
*	Le résumé au dos du livre	4
*	Le prix	5
*	La collection	6
*	L'éditeur	7

8. Etes-vous :

*	Un homme	1
*	Une femme	2

9. Quel est votre âge ? _ _ _

10. Quelle est votre profession / votre activité ?

*	Agriculteur, exploitant(e)	1
*	Artisan, commerçant(e)	2
*	Chef d'entreprise	3
*	Cadre supérieur	4
*	Profession libérale	5
*	Enseignant(e)	6
*	Cadre moyen, technicien(ne)	7
*	Employé(e)	8
*	Ouvrier(e)	9
*	Etudiant(e)/élève	10
*	Retraité(e)	11
*	Autre inactif	12
*	Autre (précisez)	13

11. Quel est le code postal de votre lieu de résidence ? _ _ _ _ _

12. Etes-vous :

*	Marié(e)	1
*	Vivant maritalement	2
*	Célibataire	3
*	Divorcé(e)	4
*	Veuf(ve)	5

13. Combien y a-t-il d'enfants de moins de 16 ans dans votre foyer ? _ _ _

Nom : .... Prénom : ....

Adresse : ....

....

Code postal : .... Ville : ....

Vos réponses sont confidentielles et uniquement destinées à notre service clientèle

7396

Composition Nord Compo
Achevé d'imprimer en France (Manchecourt)
par Maury-Eurolivres
le 8 septembre 2004.
Dépôt légal septembre 2004. ISBN 2-290-34019-7

Éditions J'ai lu
84, rue de Grenelle, 75007 Paris
Diffusion France et étranger : Flammarion